La rose du désert

*

Le prince de ses nuits

*

La prisonnière du cheikh

LIZ FIELDING

La rose du désert

éditions HARLEQUIN

Cet ouvrage a été publié en langue anglaise
sous le titre :
HIS DESERT ROSE

Traduction française de
FLORENCE MOREAU

Ce roman a déjà été publié en décembre 2002 et juin 2007

83-85, boulevard Vincent-Auriol, 75646 PARIS CEDEX 13.
Service Lectrices — Tél. : 01 45 82 47 47
www.harlequin.fr
ISBN 978-2-2802-4792-4

1.

— Rose Fenton était dans l'avion, déclara abruptement le prince Hassan al Rashid à son conseiller en prenant place auprès de lui à l'arrière de la limousine. Je veux savoir ce qu'elle vient faire au Ras al Hajar.

Cette question l'avait taraudé durant tout le voyage.

Pourquoi la célèbre correspondante étrangère d'une chaîne de télévision câblée non moins renommée voyageait-elle dans le jet du régent Abdullah ?

— Sa présence n'a rien de mystérieux, répliqua calmement Partridge. Un voyage exotique, pour se remettre des complications d'une pneumonie, voilà l'explication.

Hassan lui décocha un regard sceptique. Son conseiller se moquait-il de lui ?

Certes, ce citoyen britannique fraîchement émoulu d'Oxford était peu rompu à la politique… Lui en avait appris les règles sur les genoux de son grand-père, feu le roi du Ras al Hajar !

Prévenant les objections du prince, Partridge ajouta :

— Rose est la sœur de Tim Fenton, le vétérinaire en chef des écuries royales. Il a pensé qu'un peu de soleil serait bénéfique à la convalescence de sa sœur.

— Et Abdullah s'est empressé de mettre son jet à leur disposition ! repartit Hassan, ironique.

— Son Altesse est un grand admirateur de la célèbre journaliste, l'ignoriez-vous ?

Comme Hassan levait les yeux au ciel d'un air agacé, Partridge poursuivit :

— De toute façon, le jet faisait déjà le trajet pour vous, alors…

— Partridge ! C'est l'inverse qui s'est produit. Lorsque j'ai prié l'ambassade d'organiser mon vol de retour, on m'a annoncé que je pourrais profiter du jet qu'Abdullah mettait à la disposition d'un sujet britannique. Nous savons tous les deux que le régent se moque éperdument de mon confort personnel. Et il offre à une journaliste son palace volant… Même la reine d'Angleterre emprunte des lignes commerciales, de nos jours !

— Et pour cause ! Cette dernière n'est pas en mesure de réaliser un reportage flatteur sur le régent, pour l'une des chaînes d'informations les plus regardées au monde.

Les intentions d'Abdullah n'étaient donc pas aussi innocentes que cela !

— Merci, Partridge, soupira Hassan, notant au passage l'humour toujours pince-sans-rire de son conseiller. J'avais deviné qu'il y avait anguille sous roche — et que tu finirais par me dire de quoi il s'agissait…

Hélas ! La situation ne prêtait pas à rire.

Rose Fenton serait accueillie comme une princesse ; cette offensive de charme s'intégrait en toute logique dans la stratégie d'Abdullah. Tandis que Faisal, le successeur au trône et demi-frère cadet d'Hassan, peaufinait ses études de commerce aux Etats-Unis sans montrer aucun empressement à regagner le royaume, Abdullah s'employait activement à pérenniser sa régence. C'était d'ailleurs ce qui avait précipité le retour d'Hassan au pays…

Comment Faisal pouvait-il être à ce point insouciant ?

— Et Mlle Fenton, sait-elle ce qu'on attend d'elle ?

— Non, je ne crois pas.

— Mouais… Et son frère, le connais-tu ? L'as-tu déjà rencontré ?

— Oui, au club de sport des amis du régent, et à des repas mondains. C'est un homme fort affable. Et aussi très attentionné. N'a-t-il pas demandé un congé pour se rendre au chevet de sa sœur ? C'est pourquoi Son Altesse lui a suggéré de la convier ici, afin que le climat et les beautés du royaume agissent favorablement sur sa santé.

— Suggéré ? Ordonné, très certainement ! Quand mon cousin a quelque chose en tête, toute discussion est inutile !

Cependant, devait-il concéder, pourquoi Rose Fenton aurait-elle décliné l'invitation ? Abdullah avait banni de son pays les journalistes étrangers. Quelle aubaine pour Mlle Fenton, de coiffer ainsi ses confrères au poteau !

— Permettez-moi de vous rappeler, Votre Excellence, que Rose Fenton est une brillante journaliste. Si votre cousin attend d'elle une hagiographie, il risque, à mon avis, de sérieusement déchanter.

— J'aimerais te croire…

Le régent ne reculerait devant aucun déploiement de luxe pour impressionner son hôte. Certes, le prince ne doutait pas un instant de l'excellente réputation de Mlle Fenton, et de son intégrité ; mais pour être journaliste, elle n'en était pas moins un être humain. Et qui dénigrerait un hôte qui déploie devant vous le tapis rouge ? L'occidentale Rose Fenton ne partageait probablement pas les vues rétrogrades d'Abdullah ; il n'empêche qu'une interview en tête à tête avec un régent d'ordinaire allergique aux médias était pour elle un sacré scoop, quelles que fussent par ailleurs ses convictions et sa déontologie…

— Dis-moi, Partridge, puisque tu as l'air si bien renseigné… Quelles réjouissances mon cher cousin a-t-il concoctées pour son hôte de choix ? Je présume qu'il entend la distraire et… qu'il espère qu'elle prendra du bon temps, chez nous.

Il savait pertinemment que, si son cousin s'intéressait à Rose Fenton en tant que reporter, il n'était pas pour autant insensible à son physique très avenant et à sa superbe chevelure fauve. Sans qu'il sût pourquoi, cette idée lui était détestable.

Du reste, Partridge non plus n'était pas dupe : la question d'Hassan le fit légèrement rougir. Preuve supplémentaire, s'il en fallait, de l'effet dévastateur que produisait, sur le sexe opposé, la belle et talentueuse Rose Fenton…

— Il a effectivement prévu quelques divertissements. Une promenade en boutre le long du littoral, une garden-party dans le désert, une visite de la capitale — commentée par le plus illustre de nos architectes…

— Bref, on lui réserve les honneurs d'un chef d'Etat, maugréa Hassan.

Un éclair diabolique brilla soudain dans ses yeux : et si un événement inattendu privait Rose Fenton de ces plaisirs ?

— Qu'a-t-on prévu d'autre ? s'enquit-il encore.

— Eh bien… un cocktail à l'ambassade d'Angleterre, cela va de soi…

— J'ai l'impression que tu me caches quelque chose. A moins que tu ne me réserves le meilleur pour la fin ?

— Son Altesse donne également en l'honneur de Mlle Fenton… une réception dans son propre palais, annonça Partridge d'un air embarrassé.

— C'est bien cela ! Il la traite comme un dignitaire en visite officielle, s'énerva Hassan. Toutefois… n'est-ce pas un programme fatigant pour une convalescente ?

— Allons ! Rose Fenton est guérie. Elle a certes surmonté de rudes épreuves — d'autant que le premier symptôme de sa maladie a eu lieu en direct, devant la caméra. Le micro lui a brusquement échappé et elle s'est affalée sur le sol. Mais, vous, vous l'avez vue, dans l'avion ! Avait-elle l'air en forme ?

— Je n'ai pas passé mon temps à l'observer. Elle paraissait…

Il s'interrompit, se remémorant le gracieux visage de Rose Fenton…

Elle portait un chemisier blanc, orné d'un col à frou-frou qui soulignait l'ovale de son visage. Ses joues lui avaient paru plus creuses que la dernière fois qu'il l'avait vue, sur la chaîne satellite. Cela, en contrepartie, agrandissait ses beaux yeux noirs en amande.

Sentant probablement les siens rivés sur elle, elle les avait levés du roman dans lequel elle était plongée pour le gratifier d'un regard direct et curieux. De toute évidence, elle aurait volontiers tué le temps en discutant avec lui.

L'espace d'un instant, il fut tenté d'engager la conversation et d'appeler l'hôtesse pour qu'elle fît l'intermédiaire : la présence de cette Occidentale dans le jet privé de son cousin l'intriguait, sa beauté le troublait…

Heureusement pour lui, il s'en était sagement abstenu.

Il n'était pas très judicieux, vu son métier, de rechercher

sa compagnie. Comment contrôler ce qu'elle raconterait sur lui, par la suite ? En outre, un tel échange, dont Abdullah serait rapidement informé, risquerait d'être préjudiciable à la belle journaliste, dans les cercles du palais : le prince n'y était pas particulièrement apprécié.

Oui, il était préférable pour elle, pour tromper son ennui, qu'elle s'en tînt à son roman. Un roman qui devait être passionnant, avait-il pensé non sans ironie en en lisant le titre : *Le Cheik du désert et la princesse des brumes...*

Partridge attendait toujours sa réponse.

— Oh, elle a l'air en forme, répondit-il sur un ton irrité.

La chaleur étouffante l'assaillit sitôt franchi le hall climatisé de l'aéroport. Elle dut s'arrêter pour reprendre son souffle.

A Londres, d'où elle avait décollé le matin même, le printemps était timide et le temps encore bien frais, bien qu'eussent éclos les premières jonquilles. Elle devait s'habituer à ce brusque changement de température !

— Rose, ça va ? demanda anxieusement Tim. Le voyage a dû t'épuiser.

— Ah, non, Tim, ne commence pas !

Son frère n'allait pas prendre le relais de sa mère !

Elle détestait qu'on soit à chaque instant aux petits soins pour elle. Si elle avait été gravement malade, à présent elle allait bien mieux — et elle était avide de recouvrer son indépendance.

— C'est juste la chaleur, Tim. Cesse de me traiter comme une invalide.

Qu'elle se sentît à fleur de peau, chaque fois qu'on se préoccupait de sa santé, ne trahissait-il pas, nonobstant, une certaine faiblesse ? Ne serait-elle pas injuste de tenir rigueur à son frère de son extrême gentillesse ?

— Excuse-moi, reprit-elle. Depuis un mois, maman me traite comme une Dame aux camélias sur le point de rendre son dernier souffle. Je... suis un peu à cran. J'aimerais profiter de ma liberté !

— Je dois admettre que tu ne parais pas en aussi mauvaise

forme que je ne m'y attendais. Maman m'a tenu un discours si alarmiste, au téléphone ! J'ai failli t'accueillir avec une chaise roulante.

— Tu vois, ce ne sera pas nécessaire, fit-elle d'un petit air hautain.

— Une canne suffira, alors ? la taquina-t-il.

— Si tu tiens à ce que je te botte les fesses avec, libre à toi !

— Je suis heureux de constater que tu es réellement sur le chemin de la guérison, dit son frère en éclatant de rire.

— Je n'avais pas le choix ! Soit je guérissais, soit je mourais d'ennui. Maman surveillait toutes mes lectures. Lorsqu'elle a découvert que je regardais les actualités, elle a menacé de jeter la télé par la fenêtre !

— Rose, tu exagères !

— Comme si j'en étais capable, se récria-t-elle en roulant de grands yeux innocents. Bon, j'exagère un peu, d'accord. Mais je t'assure que le voyage ne m'a pas fatiguée. Ce jet était si luxueux ! Entre parenthèses, je vais avoir du mal à me réhabituer aux vols en classe économique…

Elle inspira l'air chaud à pleins poumons.

— Mmm, je crois que ce dépaysement va me faire le plus grand bien !

— Tu sais néanmoins que j'ai reçu des ordres stricts. Je dois veiller à ce que tu ne fasses pas de trop gros efforts physiques.

— Quel dommage ! Et moi qui espérais qu'un prince du désert au regard d'aigle m'enlèverait sur un grand étalon noir, s'exclama-t-elle en riant. Mais non, je plaisante. Gordon m'a donné un exemplaire du *Cheik du désert et la princesse des brumes*, pour le lire dans l'avion. Je ne sais pas si mon rédacteur voulait me mettre en garde ou stimuler mon imagination…

— Et tu l'as vraiment lu ?

— Oui, pourquoi ? Je te le prêterai, si tu veux. Les hommes croient à tort que ce genre de littérature est réservé aux femmes. Crois-moi, c'est très bénéfique pour le moral.

— Si tu veux un conseil, prends-le pour un avertissement, déclara-t-il, inquiété par son enthousiasme. En tout cas, maman m'a formellement interdit de te laisser monter à cheval. Tu ne dois pas t'exposer au soleil, ni nager, ni…

— Cela fait des semaines qu'elle me tyrannise. Ne m'en veux pas si je désobéis.

— Promets-moi au moins de faire la sieste l'après-midi. Et de ne pas nager. Rose, tu nous as tellement effrayés en t'écroulant devant la caméra !

— Je dois dire que j'ai commis une grave erreur professionnelle. Je suis censée donner l'information, pas la faire…

Le lent passage d'une longue limousine noire aux vitres fumées la fit taire.

Nul doute que c'était grâce à l'occupant de cette voiture que son frère avait obtenu une place pour elle dans le jet privé de l'émir — celui-ci ayant profité du retour du prince pour se montrer magnanime.

Vêtu d'un costume noir à la coupe impeccable, d'une chemise blanche à fines rayures et d'une cravate de soie, le prince aurait pu passer pour le P.-D.G. d'une société internationale… au premier abord, du moins.

Lorsque leurs regards s'étaient croisés, ils s'étaient mutuellement reconnus. L'hôtesse, plus rompue aux habitudes des princesses orientales qu'à celles des journalistes un peu curieuses, avait promptement tiré le rideau de sa cabine pour lui permettre de voyager en toute tranquillité… hélas. Car le prince Hassan al Rashid était une des personnalités qu'elle souhaitait absolument rencontrer durant ce séjour !

Parmi tous les clichés des officiels du Ras al Hajar, la photo de ce prince au nez aquilin et aux yeux gris perçants avait immédiatement retenu son attention — et alimenté sa rêverie. Dans le rôle du ravisseur du désert, il était parfait…

Dans le jet, elle avait rougi sous son regard. Elle, la baroudeuse de vingt-huit ans qui n'avait pas froid aux yeux ! Elle s'était sentie l'âme d'une midinette.

Rose, pourtant, n'était pas ce qu'on appelle une midinette. Elle avait déjà été mariée, avait couvert une guerre et interviewé une demi-douzaine de chefs d'Etat.

Et en vertu de cette expérience, elle était capable de reconnaître un homme dangereux quand elle en voyait un…

Selon les mœurs de son pays, le prince Hassan lui avait témoigné un plus grand respect en ne lui adressant pas la parole qu'en venant lui faire la conversation. Mais si sa déception professionnelle était normale, la cruelle frustration qu'avait ressentie la femme en elle l'avait troublée.

Histoire de mœurs ? Voire. Cela semblait aux antipodes de la réputation de ce don Juan, dont la richesse, si l'on en croyait la rumeur, passait directement de ses puits de pétrole aux poignets et au cou des plus belles femmes de la jet-society — ou bien se perdait sur les tables des casinos du monde entier…

Quand il revenait chez lui, au Ras al Hajar, il endossait apparemment un rôle plus conventionnel. N'avait-il pas, juste avant de débarquer, troqué son costume italien dernier cri contre celui d'un prince du désert ? C'était dans cette tenue, d'ailleurs, que l'avaient salué les hauts fonctionnaires alignés en rang serré sur le tarmac.

La brise chaude avait alors gonflé son sarouel et sa tunique couleur safran, accordés aux motifs rehaussés de fils d'or de sa chéchia. Elle avait senti l'impatience qui bouillait dans ses veines face à ces béni-oui-oui s'inclinant respectueusement devant lui.

Suivant la direction du regard de sa sœur, Tim lâcha :

— C'était le prince Hassan…

Désireuse d'en apprendre davantage à son sujet, elle feignit d'ignorer jusqu'à son existence.

— Le prince qui ?

— Personne qui mérite ton attention, décréta Tim. Une sorte de play-boy local.

— Vraiment ? Vu le cortège qui l'attendait, toutes les courbettes qu'on lui a faites, on aurait pu croire qu'il était le successeur au trône.

— Il n'est successeur à rien du tout. Et si on lui fait toutes ces courbettes, pour reprendre tes propres termes, c'est parce que son père a risqué sa vie pour sauver l'ancien émir.

— Oh, fit Rose en jouant les ingénues, et il en est mort ?

— Non, repartit son frère en lui lançant un regard méfiant. Il a été sérieusement touché à l'épaule et à la jambe. Pour le récompenser, l'émir lui a accordé la main de sa fille favorite. Il n'a pas pu profiter très longtemps des largesses que lui avait values son acte de bravoure…

— Il n'a donc pas survécu à ses blessures ?

— Si. Il est mort quelques mois plus tard dans un accident de voiture.

— Quelle horreur ! fit Rose d'un air attristé avant d'enchaîner, les yeux pétillants : Mais était-ce vraiment un accident ?

— Chassez le naturel, il revient au galop ! Tu es en vacances, Rose ! Enfin, pour répondre à ta question, je n'en sais rien. Tout le monde s'est interrogé, et faute de preuve, l'affaire a été classée…

— Hum, hum, fit-elle comme la limousine disparaissait de son champ de vision.

En tant que journaliste, quoi de plus normal que d'être intriguée par ce personnage si proche du trône — et qui ne pourrait jamais y prétendre ? Sans compter qu'elle avait une envie personnelle encore plus grande de découvrir ce qui se cachait derrière les yeux gris de cet homme au charisme indéniable.

Son regard était empreint d'une telle force, d'une telle conviction ! Il avait beau avoir la réputation d'un play-boy, il n'en avait décidément pas les yeux. Ce mystère, cette contradiction la laissaient rêveuse.

— Sois miséricordieux, Tim, dis-m'en un peu plus sur ce prince, minauda-t-elle tandis qu'il lui tenait la portière de sa voiture. Son père est mort avant sa naissance, n'est-ce pas ?

— Oui, mais tu m'as l'air aussi bien renseignée que moi. Rongé par la culpabilité, l'émir a été d'une incroyable indulgence envers lui. Il l'a trop gâté. Cela ne pouvait qu'engendrer des ennuis.

— Quel genre d'ennuis ?

— Les femmes, le jeu… Un homme condamné à l'oisiveté s'occupe comme il peut. Hassan n'est pas très bien accueilli dans les cercles du pouvoir.

— Ah bon ? Pourquoi ?

— Ecoute, Rose, ça suffit. Tu es là pour te reposer, pas

pour enquêter. Le Ras al Hajar n'est pas une démocratie, et les journalistes un peu trop indiscrets ne sont pas les bienvenus.

— Je ne suis pas indiscrète, juste… intéressée.

Terriblement intéressée par le beau prince, oui ! Les hommes dotés d'un tel regard ne couraient pas les casinos sans une raison précise !

— Rosie, tu es l'invitée du prince Abdullah, alors mets en veilleuse tes réflexes professionnels. Je t'en supplie.

Cela faisait des années que son frère ne l'avait pas appelée Rosie. Nul doute qu'il voulait lui montrer que, toute journaliste qu'elle était, elle n'en demeurait pas moins sa petite sœur, et qu'ici elle était dans son domaine à lui. D'accord, elle cesserait de l'interroger. Il ne lui apprendrait pas, de toute façon, que les origines écossaises du père d'Hassan avaient empêché qu'il devînt un héros national : elle connaissait par cœur le dossier de presse.

— Excuse-moi, Tim. La force de l'habitude. L'ennui, aussi…

— Nous ferons tout pour que tu ne t'ennuies pas. J'ai organisé une petite fête en l'honneur de ton arrivée et le prince Abdullah a lui aussi prévu des réjouissances.

Après tout, se consola Rose, fêtes et réceptions n'étaient-elles pas les caisses de résonance des derniers commérages ? Tim lui énuméra ce qui l'attendait.

— Tiens, tiens, s'étonna-t-elle. Une fête au palais royal, carrément ?

— Je crois que le régent n'est pas insensible à tes charmes. Autant que tu le saches. Et je crois qu'il aimerait que tu fasses de lui un portrait flatteur.

— Ne suis-je pas censée oublier le travail ?

— Ne me dis pas que cela ne te tente pas ! Avoir le privilège d'interviewer en exclusivité le chef d'un Etat aussi riche et stratégique que le Ras al Hajar !

— Abdullah n'est que le régent, lui rappela Rose. Qu'en est-il de ce jeune émir qui doit bientôt revenir des Etats-Unis ? Le régent rechignerait-il à lui laisser le trône ?

Comme Tim l'enveloppait d'un regard lourd de reproches, elle ajouta, d'un air faussement contrit :

— Sois sans crainte, je ne ferai pas de vagues. Je resterai prudemment à l'ombre, au bord de la piscine, à feuilleter des magazines people.

— C'est préférable.

— Tu dois immédiatement partir pour les Etats-Unis, Partridge, résolut Hassan après mûre réflexion, et en ramener Faisal.

— Votre Excellence, je…

— Je sais, je sais, il profite de sa liberté et n'a aucune envie de rentrer. Néanmoins…

— Il vous écouterait mieux que moi.

— Vu les circonstances, je ne peux m'absenter.

— Que dois-je lui dire exactement ?

— Dis-lui que, s'il veut régner un jour sur le royaume, il est temps qu'il revienne — avant qu'Abdullah ne s'autoproclame roi. Je ne peux être plus explicite.

Là-dessus, il descendit de la limousine et se dirigea vers la porte superbement sculptée d'une vieille tour de guet qu'il avait transformée en maison d'habitation. La bâtisse était splendide et l'intérieur tout aussi munificent. Les cailloux blancs crissèrent sous ses pieds.

— Et Mlle Fenton ? hasarda Partridge.

— Quoi, Mlle Fenton ?

— Qu'avez-vous en tête à son sujet ? insista son conseiller.

— Pardon ?

Partridge aurait-il vu clair dans son jeu ?

— Que crois-tu que je vais faire d'elle ? le défia-t-il. L'enlever et la retenir prisonnière dans le désert, comme un bandit du temps passé ?

— Nooon…

— Il est vrai que c'est ce que mon grand-père aurait fait, blagua à demi Hassan.

— Il vivait dans un autre temps, lui répondit sèchement Partridge. Très bien, je vais faire mes valises.

Trente minutes plus tard, le prince remettait à son conseiller une lettre rédigée à l'attention de son demi-frère et l'accompagnait jusqu'à la jeep qui allait le conduire à son jet.

La cour était encombrée de cavaliers, chaussés de cuissardes de soie ; des faucons, immobiles, reposaient sur leurs poignets.

— Vous partez à la chasse ? s'enquit Partridge.

— La brume londonienne a rouillé mes poumons ! J'ai besoin pour les purifier de l'air brûlant du désert.

Au beau milieu duquel il serait de surcroît moins facilement repérable, si jamais Abdullah préparait un mauvais coup, songea-t-il *in petto*…

— A demain au téléphone, Partridge.

— Nous y voilà, claironna Tim.

— Oh ! quelle villa enchanteresse ! s'écria Rose.

Elle était sise à flanc de colline, dans un îlot de verdure, et offrait sur la côte un admirable panorama. Non loin se trouvait le haras du régent, dont Tim avait la responsabilité. En contrebas, une palmeraie s'étendait ; des oiseaux chantaient dans les lauriers-roses en fleurs.

— Je m'attendais au désert et aux dunes…

— Hollywood façonne notre imaginaire, sœurette !

La porte d'entrée s'ouvrit et un serviteur s'inclina devant Rose.

— Rose, voici Khalil. Il cuisine, fait le ménage… bref, il s'occupe de tout ici. Sans lui, je serais perdu.

Rose adressa un large sourire au timide jeune homme.

Son regard s'émerveillait devant tout ce qui l'entourait : des superbes tapis du hall à la piscine, sertie dans les ramures du jardin, que l'on apercevait par l'immense baie vitrée, en passant par les lampes à arabesques…

— Cela change de ton appartement londonien !

— Tu trouves ma villa luxueuse ? Tu n'as encore rien vu. Ne serait-ce que les écuries royales ! Les chevaux ont à leur disposition une piscine vingt fois plus grande que la mienne. Sans parler de l'infrastructure de la clinique vétérinaire, et…

— Tim, dispense-moi pour l'heure de la visite complète.

Je meurs d'envie de prendre une bonne douche — et de me vêtir plus légèrement !

— Bien sûr, Rose.

Il la conduisit à ses appartements, à l'étage supérieur de la maison. En franchissant le seuil de sa chambre, elle demeura interdite.

— Toutes ces roses… C'est toi qui… ?

— Non, le régent les a fait livrer ce matin.

D'énormes bouquets envahissaient la pièce.

— N'est-ce pas un peu… excessif ? C'est une roseraie, pas une chambre !

— Ici, on ne lésine pas sur les moyens ! On fait tout à grande échelle. Rose, puis-je m'absenter une heure ? Il y a une jument qui…

— Pars tranquillement.

— Si tu as besoin de moi…

— Je pousserai une complainte, digne d'une captive dans sa cage dorée, fit-elle malicieusement, et tout le royaume sera à mes pieds.

— Sers-toi du téléphone, ce sera plus sûr. A tout à l'heure.

Une fois seule, elle contempla ses roses.

Elles étaient magnifiques, avec leurs pétales satinés, couleur crème — et fort odorantes. Mais quel cliché désespérant !

Il y avait fort à parier que Hassan al Rashid n'aurait, lui, jamais versé dans ces banalités. Dût-il l'ensevelir sous les fleurs, le régent ne parviendrait jamais à retenir son attention, entièrement acquise aux beaux yeux gris du prince…

2.

— Tu ne peux pas le trouver ? rugit Hassan. C'est impossible ! Des gardes du corps le suivent en permanence et…

— Il a réussi à échapper à leur vigilance, l'interrompit Partridge.

La liaison téléphonique par satellite n'était pas excellente et la voix de son conseiller lui parvenait accompagnée d'un désagréable écho.

— Apparemment, continua Partridge, il y aurait une fille en jeu…

Incorrigible Faisal ! pensa rageusement Hassan. Que ces crétins de gardes du corps, payés pour ne pas le quitter d'une semelle, aillent au diable !

Mais à quoi bon s'énerver ? se ravisa-t-il bientôt. N'était-il pas naturel de tenter de fuir une prison dorée ? Lui aussi en était passé par là. Autrefois, il avait pris un malin plaisir à déjouer la surveillance de ses « gardiens » — c'était que, amoureux, il aspirait à une plus grande intimité…

Qu'importait, en l'occurrence, il fallait de toute urgence localiser Faisal.

— Remue ciel et terre, Partridge. Et ramène-le *illico presto* au Ras al Hajar. Dis-lui que…

Que quoi, au juste ? Qu'il était navré ? Qu'il comprenait, mais que… Ah, autant ne pas épiloguer ! Quoi qu'il dise, Faisal serait furieux de se sentir traqué.

— Dis-lui que le temps presse.

— J'agirai au mieux, Excellence.

Les mots de Partridge résonnèrent longuement à l'oreille d'Hassan.

Il se tenait sur le seuil de sa tente et se remémora alors les paroles de son grand-père sur son lit de mort, après qu'il eut nommé son plus jeune petit-fils, Faisal, héritier du trône et Abdullah, régent. Ce jour-là, feu le roi lui avait assuré qu'il agissait au mieux pour son pays — une manière de s'excuser de ne pouvoir le consacrer héritier. Emporté par la fougue de sa jeunesse, Hassan n'avait pas voulu comprendre et en avait tenu rigueur à son aïeul.

Aujourd'hui, plus mûr et plus avisé, il savait que, pour régner sur un pays, un homme devait agir non pas selon son cœur mais selon son devoir.

Dans quelques jours, Faisal aurait vingt-cinq ans et, conformément aux vœux de son grand-père, la régence devrait prendre fin. Si son jeune demi-frère voulait réellement monter sur le trône, il devait sans plus tarder renoncer à ses plaisirs personnels.

En attendant, il était impératif d'empêcher Abdullah de redorer son blason grâce à l'intervention de Rose Fenton et, partant, de regagner les faveurs du peuple. Manœuvre stratégique qui légitimerait, par la suite, un éventuel coup d'Etat…

Par ses hommes qui la talonnaient, discrètement, il savait qu'elle avait déjà visité de la capitale les quartiers qui renvoyaient l'image la plus positive du pays. Abdullah pourrait aisément la leurrer, c'était un fin diplomate.

A supposer que la belle journaliste ne soit pas corruptible, qu'elle ne se laisse pas soudoyer par les nombreux présents dont le régent ne manquerait pas de la couvrir, ce dernier détenait une arme redoutable : son frère, idéal moyen de chantage pour forcer Rose à coopérer.

Après tout, songea Hassan, ne rendrait-il pas service à Mlle Fenton en court-circuitant les intentions d'Abdullah ? Elle échapperait ainsi à ses pressions plus ou moins subtiles…

Si Rose Fenton était portée disparue, le régent aurait fort à faire entre la famille affolée, le ministère anglais des Affaires étrangères et les commentaires acerbes de la presse internationale — et n'aurait plus le temps de travailler à l'usurpation du trône. Il était même possible qu'il le quitte de son plein gré — comme le prévoyaient les textes rédigés par le grand-père d'Hassan — afin que Faisal réglât le délicat dossier du rapt de la célèbre ressortissante britannique. Si Abdullah appréciait les privilèges liés au statut de chef d'Etat, il était en revanche moins enclin à en assumer les inconvénients…

Les méthodes qu'Hassan s'apprêtait à faire siennes seraient fortement désapprouvées par son conseiller. Néanmoins, s'il ne se priverait pas de le fustiger en privé, il le soutiendrait officiellement corps et âme : cela faisait toute la différence.

— Une course de chevaux ? répéta Rose en beurrant un toast.

Cela faisait six ans qu'elle n'avait pas mis les pieds sur un champ de courses — les occasions, pourtant, n'avaient pas manqué. Les hippodromes éveillaient en elle des souvenirs trop chers… et trop douloureux.

— Oui, expliqua Tim. A la tombée de la nuit, quand la température commence à baisser, le champ de courses est inondé de lumières et l'ambiance quasi magique. Tu ne peux pas rater ça…

— Je ne suis pas sûre de vouloir y assister.

— Comme tu voudras… Etant donné mes fonctions, je dois impérativement m'y rendre. Je passerai ensuite te prendre…

— Pour aller où ?

Tim brandit l'enveloppe qu'il venait de recevoir au courrier.

— Après la course, on nous invite à dîner.

— Encore ? Je rêve de manger une pizza, tranquille, devant la télé ! Enfin… Qui nous invite ?

— Simon Partridge.

— L'ai-je déjà rencontré ? Son nom ne me dit rien.

— C'est le conseiller du prince Hassan.

Voilà qui changeait tout ! Elle n'avait pas revu le beau prince depuis qu'il s'était engouffré dans sa limousine, à l'aéroport. Elle l'avait cherché en vain aux divers dîners auxquels elle avait assisté depuis. C'était à croire qu'il avait disparu de la surface de la terre !

— Je gage que tu t'entendras bien avec lui. Il avait une folle envie de te rencontrer. Hélas, ses fonctions l'ont appelé hors de la capitale le jour même de ton arrivée.

— Quel dommage ! dit-elle en riant. Mais, au Ras al Hajar, quand on quitte la capitale, où va-t-on exactement ?

— Nulle part, répliqua son frère sur le même ton. C'est bien là le problème. En franchissant les frontières de la mégapole, on laisse la civilisation derrière soi.

— J'ai connu cela, dans un pays semblable à celui-ci. On découvre alors une tout autre civilisation. Autrement plus fascinante que notre bonne vieille société de consommation…

— Le désert est un monde à part. C'est pourquoi le prince Hassan, par exemple, lorsqu'il rentre chez lui, se précipite sur son cheval, entraînant derrière lui ses hommes, ses chiens et ses faucons, pour aller se ressourcer. Et si tu es son conseiller, tu te dois de l'accompagner.

— Je vois.

Ce qu'elle comprenait encore mieux, c'était que si Partridge était de retour en ville… le prince l'était aussi.

— A propos, reprit-elle, n'est-il pas étonnant qu'un prince de la trempe d'Hassan ait un conseiller britannique ?

— Son grand-père en avait déjà un. Et son père était écossais, comme tu le sais certainement. Hassan peut être assuré d'une chose : Partridge ne le trahira pas par loyauté envers sa tribu ou pour des querelles familiales ! Eh bien, acceptes-tu cette invitation ?

— Entendu.

Tim lui adressa un grand sourire. Au même instant, son portable sonna.

— Très bien, j'arrive sans tarder… O.K. Rose, le numéro de Simon est enregistré dans la mémoire de mon appareil fixe. Peux-tu l'appeler pour lui dire que nous viendrons ?

— D'accord.

Dès que la porte claqua derrière son frère, elle décrocha le combiné.

— Monsieur Partridge ? Simon Partridge ?

— Euh… Je présume que j'ai l'honneur de parler à Mlle Rose Fenton.

— Elle-même ! Comment le savez-vous ?

— Votre voix est reconnaissable entre toutes, mademoiselle Fenton.

La sienne, nota Rose, était celle d'un homme plus âgé qu'elle ne l'aurait cru. Son timbre était grave, son rythme lent ; on devinait une personnalité autoritaire. Une main de fer dans un gant de velours… Elle n'allait pas se laisser troubler par une voix.

— Probablement parce que je parle trop, rétorqua-t-elle un peu crispée. Tim a dû partir en urgence et m'a chargée de vous appeler. Nous acceptons avec grand plaisir votre invitation à dîner.

— Je ne doute pas une seconde que tout le plaisir sera pour moi.

Son formalisme était bien insolite. Depuis combien de temps habitait-il au Ras al Hajar ? Un résident de ce pays maîtrisant à la perfection la langue anglaise n'aurait pas eu un autre ton.

— Auparavant, mon frère se rendra aux courses de chevaux et…

— Tout le royaume assiste aux courses, quoi de plus normal ? Il n'y a pas grand loisir, au Ras al Hajar. Vous aussi, vous viendrez, n'est-ce pas ?

— Eh bien…

— Vous seriez impardonnable de manquer ce spectacle.

— Entendu, je viendrai.

Si tout le monde assistait à l'événement, le prince serait forcément là, lui aussi…

— Parfait. A ce soir, mademoiselle Fenton.

— A tout à l'heure, monsieur Partridge.

Elle reposa le combiné, légèrement excitée.

Hassan éteignit le portable qu'il avait, le matin même, acheté au souk sous un nom d'emprunt, et le jeta négligemment sur le sofa.

Du seuil de son immense tente, il apercevait la splendide palmeraie que les méandres de l'oued arrosaient. Au-delà des montagnes escarpées s'étendait un pays frontalier. Au printemps, cette oasis se parait des couleurs du paradis. Il avait la vague impression, cependant, que Rose Fenton ne verrait pas les choses sous cet angle…

— Rentre à la maison au plus tôt, Faisal, murmura-t-il à la façon d'une conjuration.

Au son de sa voix, le sloughi qui dormait à ses pieds se leva gracieusement et vint loger son museau fuselé dans la paume d'Hassan.

Sa garde-robe désespérait Rose.

La veille, au cocktail de l'ambassade, elle avait eu l'impression d'être l'invitée la moins chic de l'assemblée. On ne pouvait pas dire que Tim avait été de bon conseil ! Sa robe noire toute simple et passe-partout… ne passait pas tant partout que cela, en tout cas pas dans des soirées qui semblaient n'avoir pour objet que de permettre aux femmes d'exhiber leurs derniers achats en date chez des couturiers réputés.

Quand elle avait fait ses bagages, elle imaginait passer la moitié de son temps à paresser au bord de somptueuses piscines — et non à parader dans des dîners mondains…

Comment s'habillait-on pour aller aux courses, dans ce pays ? se demanda-t-elle en soupirant. Qui plus est quand on se rendait par la suite chez le conseiller d'un prince. Et quel prince !

Elle eut soudain une idée de génie : son *shalwar kameez* acheté lors d'un reportage au Pakistan. Imparable. Elle avait eu l'intention de le porter lorsqu'elle interviewerait le régent. Tant pis, elle grillerait cette cartouche !

Le pantalon était coupé dans une soie verte moirée et la tunique, d'une trame plus légère, se déclinait dans un camaïeu plus clair. Ainsi accoutrée elle eût fait fureur, au cocktail de l'ambassade…

*
* *

— Waouh ! s'écria Tim en rentrant. Tu es superbe.

En règle générale, il ne prêtait pas grande attention à sa toilette. Sa réaction inquiéta Rose.

— Ho, ho, j'ai l'impression que, ce soir, tout le monde va porter un jean et que je vais encore me faire remarquer.

— Quelle importance ! Tu vas à coup sûr séduire Simon.

— Ce n'est pas le but recherché.

Encore que Simon Partridge eût une voix fort séduisante… Qui sait ? Il détournerait peut-être son attention du prince.

Tim consulta sa montre.

— Il est temps de partir. Tu es prête ?

— Oui, j'ai tout ce qu'il faut.

Elle jeta un dernier coup d'œil au contenu de son sac à main. Téléphone portable, magnétophone de poche, carnet et stylo, elle pouvait affronter le monde.

— Est-ce loin d'ici ? s'enquit-elle une fois qu'ils furent montés dans la Ranger.

— Cinq kilomètres à peine. Une fois passées les collines que tu aperçois là-bas, on roule sur un terrain plat — très agréable. Un avant-goût du désert, en quelque sorte.

Comme ils abordaient les premières dunes, un cheval sans cavalier apparut brusquement devant la voiture, crinière au vent. Tim fit une embardée pour éviter l'animal, et la Ranger dérapa sur quelques mètres.

— C'est l'un des chevaux d'Abdullah ! s'exclama Tim en reprenant le contrôle de son véhicule. Son préféré. Désolé, Rose, je dois absolument le rattraper !

Il remonta le frein à main d'un coup sec et descendit de la voiture.

— Puis-je t'aider ? offrit Rose tandis que son frère ouvrait le hayon pour se saisir d'un licou.

— Non. Enfin, si… Appelle les écuries du téléphone de la voiture et demande-leur d'envoyer un van. Le numéro est enregistré.

— Je leur dis de venir où, exactement ?

— Dis-leur que nous sommes entre ma villa et les écuries, ça suffira.

Tim disparut dans l'obscurité.

Rose voulut allumer la lumière intérieure : il faisait très sombre dans l'habitacle. Zut ! L'ampoule était grillée. En marmonnant, elle décrocha le téléphone. Aucune tonalité. Décidément, rien ne fonctionnait dans cette Ranger. Elle ouvrit son sac, à la recherche de son mobile, un Samsung dernier cri offert par Gordon. Elle n'était pas encore assez familiarisée avec le clavier pour s'en servir dans le noir, aussi sortit-elle du véhicule afin de s'éclairer à la lumière des phares.

A peine eut-elle mis le pied dehors que ceux-ci s'éteignirent à leur tour. Le sort s'acharnait-il contre elle ?

Non loin, son frère tentait d'amadouer le cheval. L'animal poussait des hennissements nerveux. Ses sabots martelaient le terrain pierreux. Puis le sable étouffa le bruit de son galop. Pas de chance, se dit Rose : il venait de nouveau d'échapper à Tim…

Elle fut alors plongée dans le silence le plus total. Les ténèbres s'intensifiaient. C'était une nuit sans lune. Seules les étoiles brillaient au firmament…

Elle sentit subitement une présence dans son dos.

— Tim ?

Non, pensa-t-elle aussitôt, le souffle court. Tim s'était aspergé d'après-rasage, ce soir. Or, la personne qui se tenait derrière elle ne dégageait aucune odeur…

Tétanisée, elle fit volte-face. Un homme drapé dans une *djellaba* noire la toisait. Sa tête était enserrée dans un keffieh qui ne découvrait que ses yeux.

Elle n'eut pas besoin d'en voir plus.

Elle reconnut immédiatement Hassan.

Une violente bouffée d'adrénaline la submergea. Ce n'était plus le play-boy en costume italien qui se tenait devant elle, ce soir. C'était un tout autre Hassan. Mieux en accord, indubitablement, avec son regard anthracite. Un regard dans lequel dansaient des lueurs dangereuses… Il ne venait pas pour la secourir, elle en aurait fait le pari.

Prise de panique, elle fit demi-tour pour s'enfuir… Il la bâillonna d'une main impérieuse. Puis, passant son autre bras autour de sa taille, il la souleva de terre, plaquant son dos contre sa large poitrine. Elle sentit tout contre ses hanches l'épée attachée à la ceinture de son ravisseur.

Il ne venait définitivement pas en ami.

Ses cours d'autodéfense ne lui furent d'aucune utilité : il la maintenait de sorte à contrer d'éventuelles prises. Ses coudes étaient immobilisés et ses pieds ne touchaient pas le sol. Aucun appui pour riposter !

Elle se débattait toutefois, tâchant de lui assener quelques coups de pied dans les tibias. Impassible, il se contenta de resserrer son étreinte et attendit qu'elle se calme.

A quoi bon dépenser vainement de l'énergie ? se raisonna-t-elle. Autant la réserver pour plus tard…

— Je vous saurais gré de ne pas crier, mademoiselle Fenton. Je n'ai aucune envie de tirer sur votre frère.

Sa voix — tout comme ses yeux, la pression de sa main — était dure, déterminée. Il ne plaisantait pas.

Donc, il savait qui elle était. Assurément, il l'avait déjà repérée dans l'avion. Curieux ! A bord du jet, il ne lui avait pas adressé la parole. Pourtant sa voix lui était familière. Elle l'avait entendue tout récemment…

Oui ! C'était cette voix qui avait insisté pour qu'elle assiste aux courses de chevaux ! Elle avait accédé au désir de ce timbre si troublant, à l'autre bout du fil… Finalement, tout rentrait dans l'ordre. Cette voix correspondait davantage à un prince qu'à son conseiller.

Mais il n'allait tout de même pas l'enlever ?

Elle avait beau avoir lu *Le Cheik du désert et la princesse des brumes,* elle n'en gardait pas moins les pieds sur terre. Pourquoi prendrait-il un tel risque ? D'un claquement de doigts, il pouvait avoir toutes les femmes à ses pieds. C'était absurde !

— Eh bien, mademoiselle ?

Avait-elle le choix ?

Elle hocha la tête pour lui signifier qu'elle demeurerait silencieuse.

— Merci, fit-il avec la courtoisie un peu formelle qui le caractérisait.

Et, comme pour prouver qu'il était un gentleman, il retira incontinent sa main de sa bouche et la libéra. Peut-être était-il si habitué à ce qu'on lui obéisse qu'il ne concevait pas un seul instant qu'elle pût faire fi de sa promesse et se mettre à hurler.

A moins — et elle en eut la chair de poule — que ce ne fût pas si important que cela qu'elle criât ou non...

Où était Tim ?

Elle fit face au prince.

— Qu'avez-vous fait de mon frère ?

— Rien, n'ayez crainte. Il tente toujours de rattraper l'étalon favori d'Abdullah et, si vous voulez mon avis, il en a pour un petit moment... Par ici, mademoiselle Fenton.

Elle aperçut l'ombre d'une Land Rover dans la direction qu'il avait indiquée d'un geste vague de la main. Elle devait s'enfuir, maintenant ou jamais. L'obscurité serait son alliée... Comme s'il devinait ses pensées, Hassan resserra de nouveau son étreinte et la conduisit d'un pas vif vers sa voiture.

— Vous... plaisantez, je suppose, lui dit-elle en enfonçant ses talons dans le sable pour freiner la marche.

— Vous croyez ?

Il jeta un coup d'œil derrière lui.

Elle suivit son regard. La lune montait et elle distingua soudain une silhouette dans le lointain : Tim ! Il était parvenu à maîtriser l'étalon — du moins provisoirement, car l'animal se cabrait et hennissait furieusement — et tentait de revenir vers la Ranger, sans la moindre intuition du danger.

— Je n'ai plus le temps de tergiverser, l'avertit Hassan.

La couvrir d'une étoffe et la jeter par-dessus son épaule, comme un vulgaire sac de pommes de terre, fut l'affaire d'une seconde.

Pourquoi avoir joué la journaliste imperturbable qui assistait en spectatrice à la scène de son propre enlèvement au lieu de résister sérieusement ? Trop tard à présent !

Non ! Elle avait mis son minuscule Samsung dans la poche de son pantalon. A la première occasion, elle appellerait le journal…

Il la déposa sans ménagement à l'arrière de la Land Rover, qui démarra en trombe à peine le hayon refermé. Ce n'était pas vraiment ainsi que l'auteur décrivait la scène du rapt, dans son roman. Elle aurait dû chevaucher à travers le désert, nichée contre le vigoureux torse de son ravisseur, et lutter faiblement pour sauver son honneur…

Le corps à corps avec Hassan était malgré tout fort suggestif. Il avait retiré la cape épaisse dont il l'avait enveloppée et la maintenait, à l'aide de son bras, sur le sol du véhicule.

Pour troublante que fût la position, elle devait rassembler ses esprits.

Quelle mouche avait piqué le prince ?

Pauvre Tim ! Il allait être complètement paniqué. Sans parler de sa mère. Pam Fenton donnerait là sa pleine mesure ! A moins que le régent fasse en sorte que l'incident ne s'ébruitât pas hors des frontières du Ras al Hajar…

Pour sa part, elle était étonnée de son propre sang-froid.

Tout de même, elle aurait dû être un peu effrayée ! Mais rien, rien du tout. Quelques velléités de fuite… Passé le premier moment de surprise, elle n'avait plus ressenti qu'une sorte d'indignation face aux procédés fort peu romantiques du cheik du désert.

Que recherchait Hassan ?

Certainement pas une petite discussion courtoise autour d'un thé, sinon il serait venu lui rendre visite, chez Tim.

Une rançon ? Ridicule !

A moins qu'il ne s'agisse d'une manœuvre politique, destinée à déstabiliser le régent ? Ne murmurait-on pas que, entre Abdullah et Hassan, il ne régnait pas une franche cordialité ? Elle imaginait déjà la une des journaux.

Oui, bien sûr, il l'enlevait pour plonger le régent dans l'embarras. Elle serait un instrument de chantage ? Voilà qui ne lui plaisait absolument pas !

Sous l'effet de la colère, elle tourna son visage vers

le prince et, plongeant ses yeux dans les siens, demanda d'un air de défi :

— Lorsque vous invitez une femme à dîner, Excellence, vous mettez tout en œuvre pour qu'elle ne décline pas votre invitation, n'est-ce pas ?

3.

— Que voulez-vous dire ? fit Hassan, interloqué.

— Dites-moi, cher prince, Simon Partridge sait-il que vous vous annoncez sous son nom, lorsque vous invitez une femme à dîner ? Si je ne m'abuse, c'était bien vous ce matin, au téléphone…

— Bravo, madame la journaliste !

— J'espère que le dîner n'a pas été annulé. Autant vous prévenir, je ne me contenterai pas de pain et d'eau fraîche : je meurs de faim.

— Soyez sans crainte, mademoiselle Fenton, un dîner a été prévu. En revanche, Partridge ne pourra pas nous honorer de sa présence. Il est en déplacement à l'étranger. Et il ignore qu'il m'a servi de prête-nom. Il n'est d'ailleurs au courant de rien.

— J'imagine qu'il sera furieux, quand il saura de quelle façon vous l'avez impliqué dans votre histoire.

— Effectivement, je crois devoir me préparer à de violents reproches de sa part.

En vérité, elle aurait bien aimé elle aussi lui dire sa façon de penser… Cependant la voix d'Hassan avait des inflexions si cassantes qu'il serait assurément plus sage de laisser à Partridge le privilège de la leçon de morale. Pourvu que le conseiller du prince ne fût pas absent trop longtemps !

— Peut-être ne le savez-vous pas, mais je me remets tout juste des suites d'une grave maladie. Vous m'avez traitée sans beaucoup de ménagement…

— Pensez-vous que des vacances trépidantes — cocktails à

l'ambassade, dîners mondains et visites de la capitale — soient plus indiquées ? rétorqua-t-il avec arrogance.

— Est-ce pour cette raison que vous m'avez enlevée ? Pour que je ne me surmène pas ? En somme, vous êtes mon ange gardien.

— En quelque sorte, oui, acquiesça-t-il tandis qu'un sourire s'esquissait sur ses lèvres. J'ai bien peur que, dans toute cette affaire, mon cousin n'ait pensé qu'à ses propres intérêts.

Tout comme elle, Hassan était donc persuadé qu'Abdullah cherchait à l'utiliser. Le régent la traitait comme un personnage de haut rang afin qu'elle lui soit redevable d'un reportage élogieux. Croyait-il qu'elle était dupe de la censure qu'il exerçait sur elle, chaque fois qu'il donnait l'ordre de tirer les rideaux de la limousine ? Nul doute qu'ils traversaient alors des bidonvilles.

Ce stratagème avait eu pour effet contraire d'attiser sa curiosité : elle envisageait prochainement de se draper dans une *abbeyah* noire, vêtement traditionnel féminin, puis, sa chevelure fauve dissimulée sous un modeste foulard, de circuler incognito dans ces quartiers interdits. A l'insu de Tim, bien sûr, qui n'approuverait certainement pas une telle entreprise.

— En ce qui concerne la course de chevaux, nonobstant, je suis navré de vous avoir privée de ce spectacle.

— Oh ! comme c'est touchant, dit-elle, narquoise.

— En tant que cheik, je veillerai à ce que vous vous reposiez et vous relaxiez au Ras al Hajar, poursuivit-il, placide.

— Ainsi apprendrai-je au reste du monde que le prince Hassan al Rashid est un hôte parfait ? repartit-elle non sans impertinence.

La Land Rover cahotait sur un chemin sillonné d'ornières, ce qui accentuait l'inconfort de leur position.

— Qu'êtes-vous venue chercher au juste, au Ras al Hajar ? Du repos… ou une idylle ? Le roman que vous lisiez dans l'avion le laissait supposer.

Quelle perfidie !

— Au moins, le cheik de mon roman avait du panache, lui.

— Du panache ?

— Une Land Rover ne pourra jamais remplacer un étalon. Un étalon noir comme la nuit, doté, cela va de soi, d'un tempérament de feu. C'est le mode de transport que l'on utilise traditionnellement pour les enlèvements dans le désert. J'ai l'impression d'avoir été trompée sur la marchandise.

— Vraiment ? fit-il, soufflé par son audace. Désolé, mais notre lieu de destination est relativement éloigné et nous disposons de trop peu de temps… En outre, je doute qu'une chevauchée à bride abattue dans le désert soit recommandée à une convalescente. Je prends toutefois bonne note de votre souhait.

— Trop aimable à vous !

Elle avait beau manier l'ironie pour refouler la peur, elle n'en était pas moins nerveuse. Les plus mordantes passes d'armes ne changeaient rien au fait qu'il venait de la kidnapper et qu'elle était à sa merci.

Elle sentit sa gorge se serrer.

« Surtout, ne pas céder à la panique », se répéta-t-elle.

Sa chaîne prodiguait à ses reporters, avant leur départ vers des zones dangereuses, des conseils adaptés à toutes sortes de circonstances. En l'occurrence, elle était censée faire parler son ravisseur pour le forcer à la considérer comme une personne — et non comme une monnaie d'échange.

Néanmoins, à la façon dont les hanches dures du prince se pressaient contre son ventre à chaque ornière et dont ses jambes touchaient les siennes, il pouvait difficilement oublier qu'elle était une personne. Et qui plus est, une personne de sexe féminin.

Raison supplémentaire pour continuer à parler !

— Votre curieuse invitation à dîner va vous valoir de graves ennuis. Si vous aviez envie de me rencontrer, pourquoi ne pas m'avoir abordée dans l'avion ? Ou m'appeler sous votre véritable identité, chez mon frère ?

— Comment se fait-il que vous m'ayez immédiatement reconnu, tout à l'heure ? demanda-t-il à son tour.

— Peu de bandits locaux parlent l'anglais que l'on enseigne à Oxford et encore moins ont les yeux gris. Et puis, votre voix était celle que j'avais entendue quelques heures plus tôt, au téléphone. Si vous vouliez conserver l'anonymat, il fallait me faire enlever par un de vos hommes de main.

— Je vous trouve bien effrontée, pour une femme dans votre situation, mademoiselle Fenton.

L'admiration perçait malgré lui dans le timbre de sa voix.

Avec nonchalance, il retira son keffieh. Dans la clarté lunaire, son visage se déclinait en angles clairs et obscurs. Ses traits étaient plus durs que dans son souvenir.

— Et en ce qui concerne mon éducation, sachez que, ma mère étant arabe et mon père écossais, je n'ai rien à voir avec un gentleman anglais.

Précision inutile ! C'était justement ce qui la fascinait chez lui. Ce côté rugueux et sauvage qu'il cachait à peine sous un vernis policé…

— Il y a pire, comme carte de visite.

Dans la pénombre, elle vit la blancheur de ses dents étinceler.

— Diable, vous n'avez pas froid aux yeux ! constata-t-il dans un large sourire.

Mais à qui croyait-il avoir affaire ?

Tout le monde savait que Rose Fenton montait toujours en première ligne et n'avait peur de rien ! Cela ne signifiait pas qu'elle était incapable de repérer le danger. Du reste, ne l'avait-elle pas flairé dès l'instant où le prince avait posé le pied dans le jet ? Le magnétisme fatal qu'il exerçait sur elle…

Heureusement qu'elle était dans l'obscurité ! De la sorte, il ne pouvait déchiffrer l'expression de son visage ni lire dans ses pensées.

— Ne voulez-vous pas savoir où je vous conduis ?

— Si je vous l'avais demandé, me l'auriez-vous dit ?

— Non, répondit-il sèchement, comme si les bravades de Rose commençaient sérieusement à l'agacer. Sachez seulement que je ne vous ai pas enlevée pour le plaisir de la conversation — même si c'est un plus inattendu.

— Me conduisez-vous dans un harem, au beau milieu du désert ?

— Dieu m'en garde ! Combien de femmes comme vous un seul homme pourrait-il supporter ?

L'allusion au harem ne l'amusait visiblement pas...

N'était-elle pas en droit de le tourmenter à son tour ? Elle avait besoin d'assouvir sa curiosité. Bien avant qu'il nc l'enlève, elle se posait quantité de questions sur le beau prince. En fait, depuis qu'elle avait vu sa photo, dans le dossier de presse.

Elle lui lança un regard provocateur qui le fit imperceptiblement tressaillir. Sa majesté était-elle troublée ? Un temps, elle eut l'impression que les rôles étaient inversés : elle était la ravisseuse et lui l'otage.

— Pour répondre à votre question, Votre Altesse, lui dit-elle enfin, sachez que si un homme était assez chanceux pour avoir conquis une femme comme moi, je mettrais un point d'honneur à ce qu'il n'en désire jamais une autre.

Il la croyait sans peine. Quelle sacrée femme ! Bien qu'elle ne sût rien du sort qu'il lui réservait, qu'elle fût sa prisonnière, elle n'hésitait pas à le houspiller...

Force lui était de reconnaître qu'il n'était pas insensible à ses charmes. Elle était si différente de toutes les femmes qu'il avait rencontrées jusque-là. Ni timide, ni aguicheuse, ni effrayée... A moins que, en raison de sa profession, elle n'excellât à dissimuler sa peur ?

Il aurait aimé la rassurer sur ses intentions. Ne l'aurait-elle pas accusé de se justifier ? Et n'aurait-elle pas eu raison ? Un enlèvement n'avait rien de bien glorieux, quelles qu'en fussent les motivations.

Il était préférable de maintenir avec elle une certaine distance. Et de ne pas baisser la garde. Qui sait si, tout en discutant avec lui, elle ne s'apprêtait pas à bondir hors de la jeep ?

A cette pensée, il resserra son étreinte. Elle avait légèrement glissé et c'est sur sa nuque, non pas sur ses épaules, que ses doigts se refermèrent.

Des doigts frais et longs. Rose frissonna. Et ce frisson n'était pas dû à la peur...

— Détendez-vous, lui ordonna-t-il.

Puis il ajouta, comme si lui-même était gêné par leur position :

— Relevez la tête, que je place cette cape dessous. Ce sera plus confortable, nous ne sommes pas encore au terme de notre voyage.

Il avait plié en boule l'étoffe dont il l'avait tout à l'heure recouverte, avant de la jeter à l'arrière du véhicule. Elle s'exécuta, non sans s'enquérir :

— Dans combien de temps allons-nous arriver ?

Il venait de se redresser. Le dos appuyé contre le hayon et les jambes étendues sur le sol, il lui interdisait tout accès à la sortie. Elle était toujours allongée, la tête désormais légèrement surélevée. Ils n'étaient plus l'un à côté de l'autre, mais se faisaient face.

Craignait-il vraiment qu'elle s'enfuie pour lui barrer si délibérément l'accès à la sortie ? s'étonna-t-elle. Elle n'était tout de même pas téméraire à ce point ! Qu'il se détende, lui aussi ! Elle n'avait aucune envie de sauter hors de la Land Rover, pour se retrouver dans la nuit froide du désert.

— Vous n'avez pas répondu à ma question, lui reprocha-t-elle avant d'ajouter : A l'heure qu'il est, je jurerais qu'un impressionnant déploiement d'hélicoptères et de jeeps est déjà à nos trousses.

— C'est possible, dit-il en jetant un coup d'œil à sa montre. A supposer que l'étalon n'ait pas de nouveau échappé à votre frère… Et comme il n'a plus de téléphone…

— C'était donc vous !

— L'un de mes hommes s'est chargé du sabotage.

— Et c'est vous qui avez détaché le cheval d'Abdullah…

Ah ! il avait bien manigancé son plan — sachant pertinemment que Tim allait tout abandonner séance tenante pour rattraper la bête si chère au régent.

— A votre avis, si votre frère s'aperçoit de votre enlèvement et que le cheval court toujours, qui fera-t-il passer en premier ? Vous ou l'animal ?

Elle eut envie de le gifler !

— Qu'auriez-vous fait, à sa place ?

— Je me serais élancé à votre recherche.

Avec la ferme intention de tuer son ravisseur, compléta-t-elle *in petto*.

— En tant que gentleman anglais, railla-t-il, votre frère se trouvera devant un horrible dilemme : accomplir son devoir ou agir selon son cœur. Votre frère est-il un homme passionné ?

Qu'il était tentant de lui répondre que son frère allait bientôt les rattraper, après une folle cavalcade sur l'étalon du régent, et lui planter un couteau dans le dos ! Tentant… et tout à fait invraisemblable.

En un sens, il valait sans doute mieux que Tim soit un gentleman avisé, exactement tel qu'Hassan se le représentait…

— J'ignore quelle sera la réaction de Tim, dit-elle prudemment — et cyniquement. C'est la première fois qu'on kidnappe sa sœur.

La jeep parvint enfin à destination. « Quel périple ! » pensa-t-elle en se massant les épaules.

Hassan avait déjà sauté à terre et lui tendait le bras, comme à la descente d'un carrosse.

— Mademoiselle Fenton, je vous en prie…

Quelle agaçante courtoisie !

— Je ne bougerai pas.

— Comme vous voulez. Mais vous allez mourir de froid, dans la voiture.

Pour toute réponse, elle défroissa la cape et la plaça sur ses épaules. Il jura dans sa barbe et déclara :

— Ne soyez pas ridicule ! Vous tremblez.

Certes, si la jeep avait cessé de vibrer, Rose frissonnait toujours. Le froid n'en était pas la cause. Ce tremblotement incontrôlable était la juste révolte de son corps à la suite du choc qu'elle avait subi. Son enlèvement en était bel et bien un, même si elle s'était montrée bravache durant tout le trajet.

Peut-être que si elle s'était mise à hurler, à pleurer, à trépigner, si elle l'avait supplié, il l'aurait relâchée. En règle générale, les hommes détestaient les hystériques. Ne lui avait-elle pas facilité la tâche en jouant les intrépides ?

A la réflexion, n'était-ce pas la pensée de son portable qui l'avait incitée à se comporter ainsi ? Car il lui suffirait d'un appel pour anéantir les plans d'Hassan. Elle attendait simplement le moment propice pour le donner.

— Venez maintenant ! lui intima-t-il. Votre réputation est sauve. J'ai la preuve que vous êtes une femme courageuse.

Là-dessus, il la prit dans ses bras et la porta jusqu'à la tente. Elle n'eut pas la force de protester.

Un feu de camp illuminait l'endroit. Elle aperçut des silhouettes et l'ombre des palmiers se dessinant contre le ciel nocturne — puis se retrouva à l'intérieur d'une tente immense. Jusqu'à présent, elle n'avait vu ce genre de tentes qu'à la télévision.

La première pièce dans laquelle ils passèrent était couverte de tapis et meublée de sofas. Tirant un rideau qui menait à un second espace, il la déposa sur un énorme lit à baldaquin. Un vrai décor des *Mille et Une Nuits* ! Là, il avait respecté la tradition : c'était comme dans son roman. Quelques bougies brûlaient dans une lampe en cuivre ajourée… Dès qu'il l'eut lâchée, elle fit mine de se redresser ; d'une main autoritaire, il l'en empêcha et entreprit de lui retirer ses chaussures.

— Sortez, regimba-t-elle. Je suis assez grande pour le faire moi-même.

Loin de l'écouter, il ôta tranquillement sa deuxième chaussure. Sa tâche accomplie, il se mit à la jauger d'un air un peu hautain, au point qu'elle se sentit rougir. Un sourire satisfait se peignit sur le visage d'Hassan.

— Derrière cet autre rideau, vous trouverez de l'eau et tout ce dont vous avez besoin pour vous rafraîchir. Venez me rejoindre dans le salon dès que vous serez prête et nous dînerons.

Il tourna les talons et laissa retomber le rideau derrière lui.

Quel culot ! Il reprenait les règles du jeu social comme si de rien n'était. Hélas, elle mourait de faim… En soupirant, elle balaya la pièce du regard.

C'était peut-être une tente, mais ce n'était pas du camping !

Tout comme le jet du régent était davantage un palace

qu'un avion. Décidément, dans ce royaume, la démesure n'était pas un vain mot.

Le sol de la chambre était lui aussi garni de tapis, et des tentures de soie gainaient la toile de la tente. Un large coffre était placé près du lit. Elle s'avança pieds nus sur la broderie soyeuse pour en soulever le couvercle.

Elle y trouva quantité de peignes, brosses, miroirs… et ses produits habituels de beauté ! Jusqu'à son écran total ! Le prince était un hôte bien remarquable… Néanmoins toutes ces attentions n'induisaient-elles pas que son séjour risquait de durer plus longtemps qu'elle ne le croyait ?

Hassan ne cessait de se lisser nerveusement les cheveux. Il s'était préparé à des larmes, des cris — pas à une telle insolence !

Que ferait-il d'elle ? Elle était comme le lait sur le feu, il faudrait la surveiller jour et nuit ! D'autant que la tente ne fermait pas à clé… Encore qu'au beau milieu du désert, où s'enfuir ?

Avec cette Rose Fenton, tout était possible !

Quand elle fit son entrée dans le salon, il en eut le souffle coupé. Encore une fois, elle venait de le bluffer avec son superbe *shalwar kameez* ! S'il n'avait pas vu jusque-là la façon dont elle était habillée , il s'attendait à la voir apparaître dans une banale tenue occidentale. Il en était pour ses frais !

Cette soie verte sous ses cheveux fauves ravissait le regard et lui prêtait des faux airs d'Orientale. Pour un peu, elle aurait ressemblé à ses sœurs, qui utilisaient abondamment le henné. Elle avait les yeux si noirs ! Il en conçut un vif trouble, comme si la captive forçait la porte de sa vie privée…

— Lorsque vous campez, vous le faites sans conteste avec panache, fit-elle.

— Cela vous déplaît-il ?

— Non, Votre Altesse, au contraire. Une chambre avec suite dans le désert ! C'est inespéré.

Elle s'assit sur le sofa, devant la table basse, et déplia sa serviette.

— Cessez de m'appeler Votre Altesse. Hassan suffira.

Elle éclata de rire.

— Dois-je comprendre que vous souhaitez que nous soyons amis ?

— Non, mademoiselle Fenton. Ces titres ronflants m'insupportent, c'est tout.

Elle le dévisagea du coin de l'œil.

Il portait une *djellaba* ceinturée à la taille par une lanière en cuir au bout de laquelle pendait un kandjar d'un autre temps. Il était en argent sculpté, magnifique. Le couteau qui se profilait à ses côtés, en revanche, n'avait rien d'une décoration.

Elle jouait avec le feu en le provoquant sans arrêt. Mais il lui était bien difficile de dompter sa nature !

Il souleva la cloche en argent du plat déposé sur la table basse et lui servit de l'agneau grillé ; du riz saupoudré de safran et de pignons l'accompagnait.

Ils mangèrent en silence. La nourriture était succulente et permit à Rose de reprendre des forces, après toutes ces émotions.

En dessert, on leur apporta des amandes et des dattes, ainsi qu'un café léger, délicatement parfumé à la cardamome.

Avalant une gorgée de l'agréable breuvage, elle demanda :

— Allez-vous enfin me dévoiler la raison de ce kidnapping ? Puis-je vous rappeler que mon frère et ma mère vont se faire un sang d'encre pour moi ? Ils ne savent pas quel hôte exquis est mon ravisseur ! Je ne parviens pas à croire que votre manœuvre ait pour seul dessein d'irriter votre cousin.

— Votre père, ne va-t-il pas s'inquiéter, lui aussi ?

— Mon père est inscrit aux abonnés absents, dans ma vie. Le seul rôle qu'il ait joué dans celle de ma mère, c'est celui du géniteur. Il faut dire que cette dernière est une féministe de la vieille école. Elle a d'ailleurs publié plusieurs livres sur le féminisme.

— Votre père ne vous a-t-il pas manqué pendant votre enfance ?

— Et le vôtre ? répondit-elle du tac au tac.

Il darda sur elle un regard pénétrant.

— Pourquoi, au juste, êtes-vous venue au Ras al Hajar ? Vous auriez pu aller prendre le soleil ailleurs.

— L'opportunité. Mon frère m'a invitée dans sa villa…

— Votre frère ? Dites plutôt que c'est Abdullah ! La preuve, il a mis son jet à votre disposition.

— Pas du tout ! Ce vol était organisé à votre attention, j'en ai simplement profité.

— Détrompez-vous ! Abdullah ne traverserait même pas la rue pour me serrer la main, alors son jet… Mon cousin se sert de vous pour asseoir ses ambitions politiques, mademoiselle Fenton. Le fait-il à votre insu, ou êtes-vous consentante ?

— Je crois que vous surestimez mon influence. Je ne vois pas en quoi je peux aider le régent, Votre Altesse.

— Je ne suis pas Votre Altesse ! Le titre est réservé à Abdullah. Du moins pour le moment.

« Des aspirations au trône, peut-être ? » songea-t-elle.

Il n'était certainement pas agréable de se voir déshériter par son grand-père pour laisser la place à son jeune frère ! Elle voulait bien le lui concéder. Indubitablement, une lutte pour le pouvoir sourdait au Ras al Hajar. Pour sa part, que le jeune Faisal montât un jour sur le trône ne lui semblait rien moins qu'assuré.

— Je vous propose un marché. Si vous cessez de m'appeler Mlle Fenton sur ce ton si particulièrement irritant, je vous appellerai Hassan, proclama-t-elle.

4.

Rose Fenton savait si bien manier l'art de la provocation que, dite par elle, l'expression « Votre Altesse » s'apparentait davantage à une insulte qu'à une marque de respect.

— Et si je change de ton, pourrai-je continuer à vous appeler Mlle Fenton ? demanda-t-il alors d'une façon bien trop polie pour être honnête.

— Optez pour Rose, ce sera préférable. Et maintenant, pour en revenir à ma mère…

— Ecoutez, je regrette profondément l'inquiétude que va lui valoir votre disparition, et j'aimerais réellement pouvoir vous autoriser à la rassurer. Ce n'est hélas pas possible.

— La rassurer ? Qu'insinuez-vous ?

— Tout simplement que vous ne courez aucun danger.

— C'est à moi d'en juger, non ? Du reste, ma mère ne serait nullement rassurée. Quant à moi, je me fiche éperdument de vos regrets. Personne ne vous a contraint à m'enlever — et vous devrez répondre de vos actes.

Il ignora ces reproches.

— Etes-vous proche de votre mère ?

Sa question parut la surprendre.

— Oui… Enfin, je crois que oui.

Non, conclut Hassan, elle ne devait pas être si proche que cela de sa mère. D'une part, sa réponse était peu convaincante. D'autre part, comment deux femmes douées d'une personnalité aussi forte auraient-elles pu s'entendre ?

— Ma mère est hyperprotectrice, c'est là tout son problème.

— Voilà qui m'arrange ! Cela servira ma cause si elle remue ciel et terre pour vous retrouver.

Fort mécontente d'être l'otage de service, elle poussa un profond soupir.

— Et quelle est donc cette cause ? Qu'a-t-elle donc de si extraordinaire pour que vous vous sentiez le droit d'agir de la sorte ?

Il s'attendait à cette question. Etait-elle naïve au point de croire qu'il allait lui fournir une réponse ? Prenant une datte dans le grand plat en argent, il mordit dans sa chair sucrée.

Très bien, il ne voulait pas répondre, se dit Rose. On verrait bien si elle ne finirait pas par lui arracher des aveux. Elle changea de tactique.

— Et que ferez-vous si ma mère décide d'adopter un profil bas et n'alerte pas le ministère des Affaires étrangères — ce que Tim ne manquera d'ailleurs pas de lui conseiller ?

— Mon intuition me dit que votre mère fera l'exact opposé de ce qu'on lui conseillera.

— C'est une femme imprévisible : il se pourrait qu'elle vous déçoive. Votre kidnapping n'aura servi à rien. Il est principalement destiné à placer Abdullah dans une position embarrassante, n'est-ce pas ?

— Si vous le dites…

Oh, elle savait pertinemment qu'il y avait autre chose en jeu, et elle ne désespérait pas de l'apprendre de sa propre bouche. N'était-ce pas là l'essence de son métier : amener les gens à s'expliquer ?

Hassan s'adossa contre le sofa et la scruta avec intensité.

Il aurait donné sa main à couper qu'elle connaissait sur le bout des doigts la situation politique du Ras al Hajar.

— Quelle autre raison pourrait-il bien y avoir ? reprit-elle.

« Des quantités, fausse ingénue ! » pensa-t-il. Empêcher qu'elle devienne l'obligée d'Abdullah, détourner ce dernier de sa course au pouvoir, donner à Partridge le temps de rentrer au pays avec Faisal…

Mais la liste ne s'arrêtait pas là. Depuis que Rose Fenton était assise à ses côtés, qu'il découvrait que son tempérament était à l'image de sa chevelure de feu, il avait de nouvelles raisons, toutes personnelles celles-ci, de la retenir prisonnière…

— Je ne souhaite pas laisser au régent le monopole des relations publiques.

Il consulta sa montre.

— Nous avons trois heures de décalage avec Londres. C'est parfait. L'annonce de votre disparition pourra faire la une des journaux télévisés, ce soir.

Quelle arrogance ! Il ne doutait décidément de rien.

— Dois-je comprendre que vous envisagez de donner une conférence de presse ?

Un large sourire se peignit sur ses traits.

— Pas encore. Je ne le ferai qu'à la dernière minute, une fois que les relations se seront envenimées entre votre ministère des Affaires étrangères et le plus haut dignitaire du Ras al Hajar.

— Je vois.

Elle imaginait très bien l'ébullition, à l'annonce de sa disparition, de la salle de rédaction de sa chaîne. Gordon ne manquerait pas de se poser des questions d'ordre déontologique : fallait-il faire de la publicité à cette affaire ? Cela ne risquait-il pas de nuire à Rose ? Ses concurrents n'auraient certainement pas les mêmes scrupules. Pauvre Gordon ! Nul doute qu'il appellerait sa mère pour lui soumettre son dilemme.

— Pourquoi me cachez-vous vos véritables motivations ? Puisque, selon vous, je suis un personnage influent, peut-être pourrais-je vous aider ?

— Qu'espérez-vous ? Un scoop ? Cela ne vous suffit-il donc pas de faire l'événement ?

— A vrai dire, je m'en serais bien passée.

— Vous ne risquez rien avec moi, lui garantit-il derechef.

Désireux de détendre l'atmosphère, il se mit à rire de bon cœur. Ses traits aristocratiques semblèrent s'illuminer de l'intérieur et, d'une voix aussi douce que du velours, il ajouta :

— Au contraire, grâce à moi, vous serez encore plus célèbre. La prochaine fois que vous négocierez un contrat, c'est vous qui fixerez vos émoluments. On s'arrachera vos services.

— Je ne travaille pas dans le show-biz ! Je suis journa…

— Allons, Rose, vous et moi savons que les médias sont un immense show-biz. L'information non-stop avec une jeune et jolie femme derrière le micro, sur le terrain, voilà qui ajoute un frisson d'excitation, une touche de glamour. Le monde entier sera scotché à son poste pour savoir ce que devient l'adorable et valeureuse Rose Fenton ! Les reporters envahiront l'ambassade pour obtenir des visas que le malheureux Abdullah, au risque d'être conspué par la presse entière, sera forcé de leur accorder. Vous, les journalistes, prenez toujours tout tellement à cœur !

Elle n'apprécia pas son ironie.

Comment osait-il se gausser ouvertement d'elle-même et de sa profession ? A cause de lui, sa famille devait se ronger les sangs ! Et quel toupet de l'assimiler à une potiche que l'on plaçait devant le micro pour faire de l'audience !

Elle se fichait éperdument de la gloire et de l'argent. Elle ne voulait qu'exercer honnêtement son métier. Traquer la vérité. *A fortiori*, n'était-il pas légitime qu'elle cherche à connaître le dessous d'une affaire dans laquelle elle était impliquée au premier chef — et contre son gré ?

— J'ai le droit de savoir pourquoi je suis ici, décréta-t-elle.

— N'est-ce pas pour vous reposer ? Cette oasis me paraît idéale. Les montagnes sont toutes proches, l'air y est bien plus agréable qu'en ville. Vous pourrez vous baigner dans la rivière, bronzer tranquillement. Qui plus est, le chef mitonne d'excellents plats. Goûtez ces dattes fourrées à la pâte de pistaches, elles sont délicieuses…

Il lui tendit le plat avec un petit sourire frondeur. Impulsivement, elle se leva et repoussa l'assiette de la main. Les dattes se répandirent sur le sol.

— Etranglez-vous avec, lui cria-t-elle en se ruant vers la sortie.

Seule dans l'obscurité, elle fut soudain désemparée. Que faire après ce geste héroïque ?

Hors de question qu'elle revienne dans la tente, et souffre sa prunelle narquoise !

Les hommes du prince, réunis autour d'un feu de camp, cessèrent tout net de parler et de rire. Leurs regards convergèrent dans sa direction. Elle piqua un cent mètres vers la Land Rover. Ouf ! le véhicule n'était pas fermé à clé. Elle bondit sur le siège, côté conducteur.

Elle tremblait comme une feuille. Hassan avait raison, il faisait plus frais, par ici. Quelle direction prendre ? Le royaume était escarpé… à l'est, croyait-elle se souvenir. Par conséquent, elle devait rouler vers le nord pour rejoindre la côte.

Evidemment, personne n'avait eu la bonne idée de laisser la clé sur le contact. Qu'à cela ne tienne ! Elle arracha prestement quelques fils qu'elle fit entrer en contact. Victoire ! Le moteur se mit à vrombir. La liberté était au bout du chemin ! Elle en était elle-même tout étonnée. Presque autant que les sbires d'Hassan qui, jusque-là, s'étaient contentés de l'observer, leurs visages ricanant dans la lueur des flammes.

En un rien de temps, ils furent sur leurs pieds.

Plus rapide que l'éclair, Hassan les devança.

Comme elle passait la marche arrière, il ouvrit la portière et, sans un mot, la tira brutalement hors du véhicule. Puis, agrippant avec fermeté son bras, il la ramena dans la tente.

Mue par une fureur incontrôlée, elle hurlait. Pourtant, souhaitait-elle réellement s'enfuir sur les pistes inconnues du désert, en pleine nuit ? Elle était sûre, en revanche, qu'il venait de lui infliger la pire humiliation de sa vie.

Elle avait ressenti une telle griserie ! Ne lui prouvait-elle pas qu'elle, Rose Fenton, était de taille à l'affronter ? Elle écumait de rage. Sa tranquille arrogance, lorsqu'il l'avait contrainte à lâcher le volant ! S'il n'avait pas prononcé un mot, tout en lui semblait dire : « Vous pensiez m'échapper ? Quelle bonne blague ! »

Son bras, tel un étau, lui enserrait la taille. Elle le griffa.

— Lâchez-moi !

— Et si je vous écoutais, où iriez-vous, vous pouvez me le dire ?

Elle ferma les poings et se mit à le bourrer de coups. Saisissant ses poignets, il la maîtrisa aisément.

— Cessez de vous comporter comme une idiote et répondez à ma question. Où comptiez-vous aller ?

Il savait qu'elle l'ignorait. Pourquoi prenait-il un malin plaisir à la mortifier ?

— Mademoiselle Fenton, ne soyez pas timide ! Vous avez fait preuve d'une dextérité exemplaire en démarrant la voiture sans la clé de contact. Chapeau ! Mais après, quel était votre plan ?

Elle pinça les lèvres, résolue à demeurer muette. Il ne riait plus. C'était au moins un petit succès !

— Eh bien, vous n'avez rien à dire ? Cela m'intéresse d'un point de vue purement pratique, mademoiselle Fenton.

Il avait martelé son nom d'un ton sarcastique.

— Oui, qu'aviez-vous en tête ? Au cas hautement improbable où vous échapperiez de nouveau à ma vigilance, le savoir me permettrait de vous rattraper avant le lever du soleil et d'éviter que sa brûlure ne vous transperce jusqu'aux os.

— C'est bon, cet intermède était stupide, voilà, vous êtes satisfait ? Mais vous, Hassan, votre conduite est-elle plus glorieuse ? Comment un homme aussi raffiné que vous, aussi intelligent et cultivé, peut-il s'abaisser à ces procédés barbares ? C'est proprement ignoble. Vous n'avez pas le droit de faire ça.

— Faire quoi ?

Il l'avait attirée plus étroitement à lui. Leurs visages étaient si proches l'un de l'autre qu'elle sentait son souffle saccadé sur son front. Un muscle de sa mâchoire tressaillit ; la colère incendiait ses yeux gris acier.

— Que croyez-vous que je vais faire de vous ?

— Très chère Altesse, répliqua-t-elle, vous m'avez enlevée, je suis votre captive, ne me demandez pas en plus de lire dans vos pensées.

Elle avait beau donner le change, elle était à bout. Des larmes piquaient ses yeux. Des larmes de rage et d'impuissance. Cet Hassan était insupportable, il…

Sans qu'elle s'en rendît compte, elle se retrouva nichée dans le creux de ses bras. Un apaisement subit la submergea quand elle entendit les battements réguliers de son cœur, contre son oreille. Qu'il était doux d'être consolée !

Cela faisait des années qu'elle n'avait pas pleuré. Presque six ans, exactement. Et il y avait si longtemps qu'un homme ne l'avait pas doucement bercée alors qu'elle laissait libre cours à ses émotions…

Oh, elle ne se leurrait pas : Hassan ne cherchait pas spécialement à la consoler — plutôt à la calmer. Force lui était de reconnaître qu'il savait maîtriser une femme hystérique. A la pensée qu'il pût avoir une longue pratique en la matière, elle se raidit et rejeta la tête en arrière.

— Je suis navrée… Je perds rarement mon sang-froid. Toutefois ce n'est pas tous les jours qu'on est victime d'un enlèvement. A présent, si vous le permettez… j'aimerais me retirer dans ma chambre.

A peine eut-elle pivoté sur ses talons qu'il la rappela à mi-voix :

— Rose…

Elle n'aimait pas beaucoup ce nom, qui était en réalité l'abréviation de Rosemary — prénom qu'elle exécrait. Or, dans la bouche d'Hassan, il lui parut le plus beau mot de la terre. Elle s'immobilisa.

— Promettez-moi que vous ne tenterez plus jamais de vous enfuir.

Et sinon, que ferait-il… ?

Lentement, elle se retourna. Toute trace de colère avait déserté le beau visage d'Hassan.

— Je vous en prie, Rose.

Etait-ce bien Hassan, le donneur d'ordres, qui quasiment la suppliait ?

— Non, Hassan. Je ne vous ferai pas une telle promesse. Si j'en ai l'opportunité, je m'enfuirai de nouveau.

— Pourquoi vouloir compliquer les choses ?

— Vous avez toujours la possibilité de me libérer, si ça ne vous plaît pas.

Qui sait, alors, si elle ne dédaignerait pas cette liberté pour rester près de lui ? Elle n'avait rien contre la compagnie d'Hassan — mais contre sa manière de la lui imposer.

— J'espérais que vous finiriez par vous sentir mon hôte. Vous me contraignez à faire de vous ma prisonnière.

— Si vous souhaitiez que je sois votre hôte, il fallait m'inviter, et non m'enlever.

— Seriez-vous venue ?

Sans l'ombre d'une hésitation !

Elle ne pouvait pas le lui avouer. Du moins, pas maintenant…

Elle tendit vers lui ses poignets serrés l'un contre l'autre, comme si elle attendait qu'il lui passe les menottes, et déclara :

— Il est temps que nous voyons enfin les choses en face.

Il la regarda, livide dans la lumière des bougies.

Puis, à pas lents, il s'avança vers elle et s'empara de ses poignets offerts. Il retira l'écharpe qu'elle portait au cou, l'enroula autour de ses mains. Plongeant son regard brûlant dans le sien, il l'attira à lui.

Ses lèvres effleurèrent les siennes, telle l'aile du papillon un bouton de rose. Elle allait s'évanouir…

— Est-ce cela que vous voulez ? murmura-t-il d'une voix rauque.

Son baiser fut impétueux, sa langue ardente. Quelle fougue ! Cherchait-il à la punir ? Elle aurait dû se débattre, le mordre, le frapper… Elle ne put que capituler.

Cet homme était si fort ! Il la protégerait toute sa vie, lui donnerait de superbes enfants et veillerait sur eux farouchement…

Oui, ce prince du désert éveillait en elle des besoins archaïques. En l'embrassant, ne cédait-il pas lui aussi à de sauvages pulsions ? La passion les tenait tous deux à sa merci ; aucun ne dominait l'autre…

Elle s'abandonna à la fatalité de ce baiser — répondit avec une ferveur égale à ses jeux de langue enivrants. Elle le désirait de tout son corps, de toute son âme… Il était le premier homme, depuis six ans, à réveiller son désir annihilé par le chagrin.

Dès qu'Hassan avait mis le pied dans le jet d'Abdullah, elle avait été foudroyée par la force de son regard et tourmentée par une unique obsession : qu'il la prenne dans ses bras, et l'embrasse, l'embrasse à perdre haleine, à perdre la raison, à…

Il la relâcha brusquement — si brusquement qu'elle vacilla. Ses yeux restèrent soudés à elle, comme sous un sortilège. Il recula de quelques pas.

— Moi aussi, je déteste me départir de mon sang-froid ! Disons que nous sommes à égalité et restons-en là.

Là-dessus, il sortit de la tente.

Elle eut quelque difficulté à reprendre son souffle.

C'était moins la colère que son désir inassouvi qui faisait trembler son corps. Elle libéra ses mains de l'écharpe, la jeta par terre et se précipita derrière lui. Hélas ! Hassan avait disparu dans la nuit. Son majestueux lévrier était allongé à l'entrée de la tente ; un homme armé faisait les cent pas. Il s'inclina respectueusement devant elle.

Elle n'avait plus droit aux ricanements, c'était un progrès !

Le moteur de la Land Rover se fit entendre.

Hassan, probablement, partait voir comment le monde avait réagi à l'annonce de sa disparition.

« Bon débarras ! » pensa-t-elle en relevant le menton. Ce départ brutal et ses propres frustrations la ravageaient.

Son agacement fit place à un intense sentiment de solitude, lequel engendra sa mélancolie… La devinait-il ? Le lévrier vint se frotter contre elle. Elle caressa d'un geste automatique son poil ras et doux, puis réintégra sa prison dorée. L'animal la suivit et s'allongea au pied de son lit, le museau appuyé sur ses longues pattes fines.

Il attendait le retour de son maître… Il n'y avait qu'un lit ; puisqu'elle était là la première, ce serait le sien ! Elle n'était pas d'humeur à le partager.

« Vraiment ? » se récria une petite voix intérieure.

N'avait-elle pas espéré que ce baiser… dégénère ? Mon Dieu, dans quelle situation s'était-elle mise ! Elle n'était pas du genre à se jeter dans le lit du premier venu qui la séduisait ! N'était-elle pas une femme trop occupée pour tomber amoureuse ?

Mais Hassan avait sur elle un pouvoir prodigieux. Dès qu'il l'avait prise dans ses bras, toute envie de protester avait fondu comme neige au soleil. Cet homme était fort dangereux, elle le savait depuis le début. Elle n'était pas loin de le soupçonner de s'adonner à la magie noire…

Elle retira ses chaussures et se laissa choir sur le lit. Elle sentit alors son portable contre sa cuisse.

Hassan n'eût pas foncé à plus vive allure sur la piste s'il avait été poursuivi par une meute de loups ; il serrait le volant au point d'avoir des crampes dans les doigts.

Avait-elle conscience de l'effet qu'elle produisait sur ses sens ? En jouait-elle ?

Bon sang, ne pouvait-elle pas se contenter d'être belle ? La beauté s'amadoue. Il avait déjà résisté à de splendides femmes — qui auraient tout donné pour être ses captives. Cependant n'était-ce pas précisément parce que Rose lui tenait tête qu'elle l'impressionnait tant ?

Pas un instant, elle n'avait endossé le rôle de la victime. Elle lui avait dit clairement ce qu'elle pensait de cette prise d'otage. Pire encore : elle s'était moquée de lui !… et avait fini par lui faire perdre la tête.

Elle lui avait rendu son baiser avec tant de passion ! Un véritable volcan…

Si Partridge ne ramenait pas Faisal au plus vite, il s'exposait à de sérieux ennuis.

Rose considérait, indécise, son portable. Qui appeler ?

Tim ? Non, il se retrouverait ballotté comme une balle de ping-pong entre les deux cheiks.

Gordon ? C'était nettement préférable.

Elle devrait trahir le nom de son ravisseur…

Non, elle ne pouvait livrer Hassan. Ne lui fallait-il pas, néanmoins, être loyale envers l'employeur de son frère ? Encore que, de son côté, le régent cherchât à la manipuler…

Hassan aussi, d'ailleurs, et lui, il l'avait carrément prise en otage !

Peut-être, mais le prince savait certainement mieux embrasser que le régent…

Et puis, instinctivement, elle se rangeait aux côtés d'Hassan dans l'étrange combat qu'il menait contre Abdullah — lequel ne lui inspirait pas confiance.

Misère ! Qu'était-il arrivé à la journaliste impartiale qu'elle était ?

Bon. Attendre de connaître toute la vérité avant de contacter Gordon : c'était l'attitude la plus sage.

Sa mère ?

Elle composa le numéro. Occupé.

Elle réessaya quelques minutes plus tard. Même chose. Sa mère devait être en ligne avec toutes les autorités du pays…

Découragée, elle éteignit l'appareil pour ne pas décharger inutilement ses batteries.

Où le cacher ?

Tiens, cette grande boîte posée près de son lit ferait l'affaire. Au fait, que contenait-elle ? Elle souleva le couvercle. Une admirable chemise de nuit de soie ! Elle la sortit, la déplia. Le vêtement, à manches longues, se boutonnait jusqu'au cou et descendait jusqu'aux pieds. Drôle de présent pour un ravisseur ! Quelque chose de plus sexy n'aurait-il pas été plus approprié ? Hassan n'était pas un geôlier ordinaire…

La cachette la plus sûre pour son portable était encore son *shalwar kameez*. Elle le replaça dans la poche du pantalon et se déshabilla rapidement. Drapée dans sa chaste chemise de nuit, elle se glissa entre les draps. Avant de s'endormir, elle se demanda quel genre de garde-robe Hassan avait prévu pour elle…

Il resta un long moment devant le lit, à contempler la belle alanguie. Comment une femme qui créait tant de remous sur son passage pouvait-elle dormir d'un sommeil si paisible ? Qu'il était tentant de la réveiller, de la déranger… s'il n'eût été le premier à en pâtir !

Elle était si belle. L'éclat de ses cheveux cuivrés renforçait la pâleur de son teint… L'emprise qu'elle avait sur lui le dépassait, le rendait fou !

Il aurait toutes les peines du monde à se séparer d'elle, le moment venu.

5.

Douillettement enroulée dans les couvertures, et encore tout ensommeillée, Rose s'étira paresseusement.

Dans quelques minutes, elle se lèverait et renouerait avec la vie. Pour l'instant, elle savourait ce temps suspendu entre la nuit et le jour, celui du réveil en douceur. Mais…

Quel était ce poids chaud lové contre son dos ?

Elle se figea, ouvrit lentement les paupières… Le soleil filtrait à travers les interstices de la tente. Ses yeux parcoururent le coffre de bois, le tapis, tombèrent sur son *shalwar kameez*, posé sur une chaise sculptée…

Les souvenirs de la veille s'imposèrent à son esprit dans toute leur tragique clarté. Ils expliquaient cette présence, dans le lit…

Que devait-elle faire ?

Se retourner et se retrouver dans les bras de son ravisseur afin qu'ils terminent ce qu'ils avaient entrepris ? Ou bien devait-elle jouer les outragées ?

Optant pour la seconde solution, elle repoussa les couvertures avec indignation. Son compagnon sauta immédiatement hors du lit et retomba souplement sur ses pattes.

C'était le sloughi d'Hassan, pas son maître, qui était venu se blottir contre elle !

Déroutée, elle se laissa choir sur le lit. Le soulagement le disputait en elle à la déception. L'air dépité du noble animal lui indiqua que la raison de cette brutale expulsion lui échappait…

— Si je comprends bien, on te permet de dormir sur

le lit, n'est-ce pas ? Ma mère aurait une crise cardiaque, si elle savait ça.

D'ailleurs, pensa Rose, sa mère n'appréciait pas davantage les maris, dans les lits. Seuls les amants recevaient le sceau de son approbation. Sur ce sujet, la mère et la fille n'avaient jamais été d'accord.

Un mouvement dans l'angle de la pièce attira soudain son regard. Hassan, vraisemblablement alerté par le bruit, soulevait le rideau.

— Avez-vous bien dormi ?

La voix d'une tierce personne brisa sans crier gare cet élan de courtoisie matinal.

— Ah, je m'en doutais !

Une femme de petite taille, vêtue d'une *abbeyah* et d'évidence débordante d'énergie, s'introduisit alors dans la chambre.

— Pour l'amour du ciel, Hassan, où as-tu donc la tête ? s'exclama-t-elle, outrée.

Qui était-ce ? La femme du prince ? L'idée qu'il fût marié ne l'avait même pas effleurée.

Hassan ne chercha pas tout de suite à se défendre et, du reste, la nouvelle venue ne semblait pas attendre une réponse de sa part. Retirant son fichu et son *abbeyah*, elle révéla la jeune femme charmante qu'elle était. Elle portait un chemisier de soie, et une jupe coupée dans la même étoffe qui s'arrêtait aux genoux.

— Je suis Nadeem al Rashid, dit-elle à Rose en lui tendant la main. Veuillez excuser le comportement de mon frère. Comme tous les hommes, il agit souvent sans réfléchir. Mais le cauchemar est terminé. Vous allez venir chez moi jusqu'au retour de Faisal. Entre-temps, nous chercherons un motif pour justifier votre disparition.

« Faisal ? »

L'esprit de Rose se mit aussitôt en marche.

Cette femme devait être la demi-sœur d'Hassan. Elle semblait fermement décidée à réparer les dégâts causés par ce dernier. Visiblement, dans la famille, on n'hésitait pas à passer à l'action !

Rose décocha une œillade moqueuse à Hassan, qui évita son regard. Le beau prince qui se faisait tancer par sa sœur, voilà qui ne manquait pas de piquant ! Elle eut la charité de ne pas en rire ouvertement.

— Faisal est-il au moins au courant de ton initiative ? s'enquit Nadeem sur le même ton énervé. Eh bien, parleras-tu enfin ?

— J'ai envoyé Partridge aux Etats-Unis pour qu'il ramène au pays Faisal, qui a échappé à la surveillance de ses gardes du corps… Personne ne sait où il est.

— Voilà qui est fort inconscient de sa part ! Il est vrai qu'il a manqué d'un exemple édifiant !

— On va le retrouver, certifia Hassan, serrant les mâchoires pour ne pas céder à sa provocation. De toute façon, cette histoire me regarde, moi, et moi seul. Merci pour ton aide, mais tu peux repartir.

Pourquoi avait-il fallu que sa sœur déboulât dans sa retraite et se mît en tête de prendre le commandement des opérations ?

— Tranquillisez-vous, assura Nadeem à Rose sans tenir compte des propos de son frère, j'ai tout prévu. Je vous ai apporté une *abbeyah*. Je pourrai ainsi vous conduire chez moi en tout anonymat.

Puis elle ajouta à l'adresse d'Hassan :

— Comment as-tu osé kidnapper Mlle Fenton ? Notre pays l'accueille comme une hôte de marque et…

Nadeem enchaîna en arabe. Quoique Rose ne comprît pas cette langue, elle ne doutait pas un instant que la jeune femme sermonnait durement son frère, le puissant Hassan.

Vraiment, quel impayable spectacle ! Néanmoins… si Nadeem obtenait gain de cause ? Elle serait obligée de la suivre… Contrariée à cette pensée, elle interrompit la diatribe de l'oratrice.

— Excusez-moi…

A ces mots, cette dernière la considéra, bouche bée.

— Désolée de vous couper, poursuivit Rose. Je comprends votre colère, mais… en tant que principale intéressée, n'ai-je pas également mon mot à dire ?

Hassan eut un signe de tête reconnaissant. Croyait-il qu'elle intervenait pour ses beaux yeux ? Non, c'était par conscience professionnelle ! Et uniquement pour cette raison. Du moins était-ce ce dont Rose voulait se convaincre…

Si la princesse Nadeem était animée des meilleures intentions du monde, elle préférait rester au cœur de l'action. Près du prince, qui suscitait les événements…

Devançant son explication, Nadeem s'assit sur le rebord du lit et s'empara gentiment de la main de Rose.

— Mademoiselle Fenton, je conçois aisément que vous souhaitiez regagner sans tarder la villa de votre frère et jouir de vos vacances. Hélas, la situation ne le permet pas ! Abdullah s'apprête à s'emparer du trône, et Faisal, cet insouciant, a choisi précisément ce moment pour disparaître dans la nature, afin d'assouvir on ne sait quel besoin…

Elle jeta un regard furibond à Hassan, accompagné de quelques paroles en arabe. Elle devait maudire les hommes en général, et plus particulièrement ses frères !

— Le branle-bas général déclenché par votre disparition va accaparer l'attention d'Abdullah pendant quelques jours, reprit-elle. Vous pourrez rester chez moi jusqu'à ce que tout rentre dans l'ordre. Hassan ne manquera pas de vous récompenser pour ce sacrifice.

— Me récompenser ?

Nadeem suggérait-elle qu'Hassan lui remettrait l'équivalent local de la Légion d'honneur ?

— Rose, fit Hassan, s'éclaircissant la voix, dites-moi ce dont vous avez envie, et vous l'obtiendrez. Un *lakh* d'or, une rivière de diamants, ce que vous voulez…

Ah, c'était donc ça ! Un dédommagement matériel…

— La vérité, Hassan, c'est tout ce que je veux, lui répondit-elle en dardant sur lui ses yeux noirs et pétillants. Toute la vérité, et rien d'autre. Et je reste ici.

— Rose, se récria Nadeem, stupéfaite, vous ne pouvez pas…

Hassan, fort de l'appui de Rose, reprit le contrôle de la situation.

— Elle le peut et elle le veut. Mlle Fenton est assez grande pour savoir ce qu'elle fait.

— Hassan, tu…

— Nadeem, ne vas-tu pas à la clinique, aujourd'hui ?

— Cet après-midi uniquement, rétorqua sèchement la jeune femme. A propos, puis-je te demander de nouvelles couveuses ?

— Bien sûr. Partridge s'en occupera dès son retour.

Nadeem savait mener sa barque, songea Rose comme cette dernière gratifiait son frère d'un large sourire.

— Merci beaucoup, Hassan, au nom de toutes les mères et de tous les enfants du Ras al Hajar. Et maintenant, mademoiselle Fenton…

— Appelez-moi Rose.

— … puis-je faire quelque chose pour vous, Rose ?

— Votre frère a veillé à tout. Malheureusement, en ce qui concerne les vêtements…

Elle désigna sa chemise de nuit.

— … ce n'est pas tout à fait mon style.

— Navré que mon choix ne soit pas à votre goût, grommela Hassan. J'ai apporté une malle pleine de vêtements à votre taille. Je suis certain que vous allez trouver votre bonheur.

Il sortit de la pièce et revint trente secondes plus tard, chargé d'une énorme malle.

— Fort bien, Hassan, lui dit Nadeem. Peux-tu nous laisser seules, s'il te plaît ?

— Allons, Rose n'est pas une jeune vierge qui ne peut supporter la vue d'un homme dans sa chambre. Si elle souhaite que je parte, elle me le fera savoir. Toutefois… si vous vous mettez à trier des vêtements, je vais rapidement m'ennuyer… Prendras-tu le petit déjeuner avec nous, Nadeem ?

— Je boirai volontiers une tasse de café, merci.

Et, comme il ne bougeait pas d'un pouce, elle articula, exaspérée :

— Alors, à tout à l'heure…

Dès qu'il se fut éclipsé, elle se tourna vers Rose et, sur le ton de la confidence :

— Peu importe ce que raconte Hassan. Si vous ne voulez pas rester ici, dites-le sans crainte et je vous emmène chez moi.

— Non, cela me convient. Vraiment.

Nadeem eut un petit sourire lourd de sous-entendus. Pour masquer sa gêne, Rose changea de sujet.

— Qu'est-ce qu'un *lakh* d'or ?

— Le *lakh* est une unité de mesure. Cela représente cent kilos d'or.

— Oh, fit Rose, impressionnée.

Nadeem se méprit sur sa réaction.

— Ne craignez rien. Que vous restiez ici, ou que vous veniez avec moi, Hassan devra dans les deux cas dédommager votre frère pour le sort qu'il vous a fait subir.

— Dédommager mon frère ?

Pour le coup, si Hassan offrait de l'argent à Tim en guise d'indemnité, ce dernier risquait bien de sortir de ses gonds et de lui appliquer, une fois n'étant pas coutume, son poing sur la figure.

Nadeem semblait très sérieuse.

— Evidemment ! Il vous a déshonorée.

Pensait-elle qu'Hassan avait partagé son lit ? Ou bien le seul fait qu'elle se soit retrouvée seule avec lui, sous sa tente, avait-il suffi à la « déshonorer » ? Elle jugea plus sage de ne pas exiger d'éclaircissement.

— A moins que votre frère ne veuille le tuer ? s'inquiéta Nadeem, mélodramatique.

Rose rit.

— Franchement, je ne crois pas ! Ce n'est pas du tout dans son tempérament.

— J'oubliais que vous, les Anglais, étiez si flegmatiques. Hassan, lui, aurait certainement tué votre frère, eût-il été à sa place… Si vous ne voulez ni argent ni sang, il ne reste qu'une solution. Hassan devra vous épouser. Laissez-moi arranger les choses et vous ne serez pas déçue.

Rose n'avait pas envisagé cette option !

— Votre frère n'est-il pas déjà marié ? Un homme de son âge, de son statut…

— Hassan, marié ? Encore faudrait-il qu'il trouve une femme qui le supporte !

— Puisque les noces sont arrangées, dans votre pays…

— Hassan n'est pas un homme comme les autres. Il est impossible ! Avec vous, il sera obligé d'accepter : c'est une question d'honneur. Croyez-moi, ce n'est pas faute d'avoir essayé de le caser… Mais il voyage bien trop pour se contenter d'une douce femme de notre royaume qui lui donnerait de nombreux enfants. Par ailleurs, il est trop oriental pour épouser un mannequin ou une actrice — le genre de créatures qu'il fréquente pourtant assidûment à Londres, Paris ou New York. A long terme, une telle union ne pourrait pas fonctionner.

— Pourquoi ?

— Les hommes de mon pays sont excessivement possessifs et Hassan ne fait pas exception à la règle. Or, cela ne s'accorde pas avec les aspirations des femmes modernes.

— Vous-même, comment vous accommodez-vous des traditions de votre pays ? Etes-vous heureuse ?

— J'y travaille ! J'ai un gentil mari, de beaux enfants, un métier passionnant dans un pays que j'aime. Vous savez, mon frère aussi, en dépit de ses incessantes pérégrinations, adore le Ras al Hajar. Il ne pourrait vivre nulle part ailleurs. Ah, il aurait fait un grand émir, tandis que Faisal… Voyez-vous, Faisal n'a aucune notion du sacrifice…

— Et Abdullah ?

Nadeem sursauta — s'avisait-elle qu'elle avait trop parlé ? Regardant sa montre, elle déclara :

— Je n'ai pas beaucoup de temps. Trions ces vêtements.

— Eh bien, s'enquit Hassan comme ils terminaient leur petit déjeuner — Nadeem était déjà repartie —, qu'avez-vous appris ?

— Pardon ?

— Ma sœur est une incorrigible bavarde. Je gage que vous n'avez eu aucune difficulté à lui soutirer toutes sortes de renseignements.

— Votre sœur est une femme charmante, réfléchie et généreuse.

— Si elle vous a fait une si bonne impression, c'est qu'elle a dû être extrêmement volubile.

— Elle ne m'a rien appris que je ne sache déjà. En réalité, son principal souci semble être la réparation dont vous êtes redevable à mon frère pour m'avoir « déshonorée ».

Il perçut clairement son ironie. Nonobstant, il était persuadé qu'elle était à ses côtés et le soutiendrait contre Abdullah.

— Dites-moi votre prix…

— Selon Nadeem, il y a trois solutions : l'or, le sang… ou le mariage ! Et elle a décidé que, en l'occurrence, le mariage était le plus approprié.

Il toussota, puis avala rapidement une gorgée de café. Troublé, le bel Hassan ?

— Peut-être a-t-elle raison, marmonna-t-il.

Il se leva.

— Je constate que vous portez un jodhpur. Voulez-vous monter, ce matin ?

Avec quel art il détournait les conversations embarrassantes !

« Voilà qui t'apprendra à faire de l'esprit dès le petit déjeuner, ma pauvre Rose », rumina-t-elle, mécontente d'elle-même. Elle était incapable d'affronter son regard perçant, ce matin…

Comme le kandjar qu'il portait à la taille ne disparaissait pas de sa vue, elle comprit qu'il était planté devant elle et attendait une réponse.

Voulait-elle chevaucher en compagnie d'Hassan ? Etait-ce pour cette raison que spontanément elle avait choisi le jodhpur, faisant fi des protestations de Nadeem ?

Cela faisait une éternité qu'elle n'avait pas galopé aux côtés d'un homme qu'elle aimait. La tentation était grande… Elle prit le parti de gagner du temps.

— Je préfère porter des pantalons en toile que des robes de soie. Votre sœur n'a pas apprécié mon choix. Ce jodhpur vous appartenait-il ?

— Probablement, je ne sais plus.

Manifestement, l'idée qu'elle portât ses vêtements le mettait mal à l'aise.

— Désolé de n'avoir pu vous fournir vos habits.

— Oh, vous m'avez au moins apporté mes boots.

— C'est plus adapté au terrain que des sandales.

— C'est Khalil, n'est-ce pas, qui vous a donné mes boots et indiqué de quels produits de toilette je me sers ?

— Khalil ?

— Oui, le domestique de mon frère, ne faites pas l'innocent.

— Eh bien, voulez-vous faire du cheval, oui ou non ?

Comme d'habitude, il esquivait la réponse.

— C'était l'un des divertissements au programme, non ?

— Savez-vous monter à cheval ?

— Oui, mais… ne craignez-vous pas que l'on me repère ? Si on me recherche en hélicoptère, ce sera facile. Avec mes cheveux, on peut difficilement me manquer.

— Vos cheveux ne sont pas un problème. Contrairement à votre tempérament, on peut y remédier. Attendez…

Une minute plus tard, il revenait avec un keffieh, qu'il lui tendit. Elle tenta de l'installer sur sa tête ; il était trop grand.

— Laissez-moi faire.

D'une main habile, il fixa la coiffure, dissimulant son épaisse chevelure. L'effleurement de ses doigts, sa proximité, son attention, tout concourait à la perturber.

— Voilà, ça tiendra.

— Merci, dit-elle, la gorge sèche.

— L'équipement ne serait pas complet sans cela.

Il enveloppa les épaules de Rose d'une cape couleur ocre dont l'étoffe était extrêmement fluide, et en noua les cordons autour de son cou.

— Vous avez l'air d'un authentique Bédouin !

Lui-même plaça un keffieh blanc sur sa tête et, de la main, lui montra deux chevaux qui broutaient, non loin de la Land Rover. L'un était noir comme la nuit ; l'autre, pommelé et un peu plus petit. C'était celui-ci qu'il lui réservait.

— Quel est son nom ? demanda-t-elle en flattant l'encolure de l'animal.

— Iram.

Prenant appui sur les mains nouées d'Hassan, elle enfourcha gracieusement la bête, puis chaussa les étriers. L'ayant imitée, le prince s'élança fougueusement vers l'étendue infinie de sable qui rejoignait l'azur, à l'horizon. Elle partit au galop derrière lui, retrouvant, intactes, les sensations d'autrefois. L'équitation, ce devait être comme le vélo : une fois qu'on savait en faire, c'était pour toujours. Cependant, Hassan était un sacré cavalier et il était ardu de suivre son rythme…

Soudain, il tira sur la bride de son cheval et pila. La bête se cabra ; il la fit pivoter sur elle-même pour vérifier que sa compagne le talonnait. Tel un oiseau aux ailes déployées, Rose rasa le cavalier et le dépassa sans s'arrêter, soulevant au passage un nuage de sable…

Il lui emboîta incontinent le pas, et reprit les devants, sa large cape noire virevoltant autour de lui. C'était une course merveilleuse, excitante, éreintante…

Finalement, ils atteignirent une petite colline escarpée et descendirent, épuisés mais heureux, de leurs montures. Tous deux riaient des émotions grisantes qu'ils venaient d'éprouver, de ce puissant sentiment de liberté…

Hassan redevint sérieux et arrima son regard pénétrant au sien.

— Vous êtes une excellente amazone, Rose. Qui vous a appris à monter ?

— Un ami…

— Un homme ! C'est bien ce qui me semblait. A la façon dont vous vous tenez…

— Il élevait des chevaux, de superbes chevaux… C'était mon mari.

Il accusa le choc de l'information.

— Vous êtes… divorcés ?

— Non, il est décédé.

Un lourd silence s'installa entre eux. Elle devina qu'il hésitait à lui demander si sa mort avait un rapport avec les chevaux.

— Ce n'était pas un accident de cheval, précisa-t-elle. Il souffrait de problèmes cardiovasculaires. Je l'ignorais.

Cela faisait cinq ans qu'elle n'avait pas évoqué son mari. Elle avait continué à vivre, appelant l'oubli de ses vœux. Elle n'était pas femme à s'enfermer dans les souvenirs, et ceux-ci étaient particulièrement douloureux.

— Un jour, son cœur a tout simplement cessé de battre…

— Pardonnez-moi, Rose…

— C'était il y a longtemps.

— Pas si longtemps que ça. A votre âge…

— Cela fait presque six ans.

Si Michael avait vécu, elle aurait certainement deux bambins, maintenant. A l'époque, elle avait préféré attendre — elle était si jeune ! Son amour exclusif refusait de partager son mari avec quiconque, même des enfants.

Sa vue se brouilla et elle trébucha contre une pierre. D'un geste preste, Hassan la rattrapa. Puis il passa son bras autour de sa taille.

— Heureusement que votre profession est accaparante. Elle a dû vous permettre de surmonter ce drame.

— Jamais mon métier n'a pu compenser cette perte. J'aimais mon mari et il m'aimait…

Inconditionnellement, acheva-t-elle *in petto*. Il n'avait d'yeux que pour elle, sa très jeune et jolie femme, et elle ne vivait que par lui.

— Dites-moi… cette témérité qui a fait votre renom, à vos débuts, n'était-elle pas liée à des envies suicidaires ?

Sa première impulsion fut la colère. De quel droit osait-il la psychanalyser ? Allons, se raisonna-t-elle, il ne voulait pas la blesser… Il n'était pas responsable de sa douleur passée.

— Peut-être, juste après sa mort…

Elle devait mettre un terme à cette éprouvante conversation.

— Toujours est-il que depuis j'ai été cataloguée comme une fonceuse et que je dois être à la hauteur de ma réputation. Cela me vaut pas mal de problèmes.

— C'est ce que j'ai remarqué…, dit-il à voix basse.

Imperceptiblement, il resserra son étreinte.

Allait-il de nouveau l'embrasser ?

Vain espoir. Il laissa retomber sa main… non sans un dilemme intérieur évident.

Il n’allait pas céder si naturellement aux élans de son cœur…, pensa-t-elle.

Il était temps de revenir à la réalité. Il était temps d’en savoir plus sur Hassan.

— La coutume veut que les hommes du Ras al Hajar portent la barbe. Pourquoi avez-vous rasé la vôtre ? l’interrogea-t-elle sans ambages.

6.

Il se mit à rire.

— Qui vous a dit que j'en ai déjà porté une ? Ce n'est pas obligatoire, vous savez. Peut-être suis-je un rebelle né…

Elle leva des sourcils sceptiques : croyait-il vraiment s'en sortir à si bon compte ? Elle n'était pas une ingénue à qui il pouvait raconter des histoires.

— La brebis galeuse de service, en somme ? Un peu facile, non ?

— J'avais vingt et un ans lorsque j'ai coupé ma barbe…

A son ton, elle comprit qu'il allait passer aux confidences.

Il attacha les chevaux à un arbrisseau et se saisit de la gourde fixée à la selle de son étalon. Puis il l'invita à s'asseoir sur un rocher poli par l'érosion, tout en lui tendant la flasque d'eau.

Elle se désaltéra avec grand plaisir. Hassan, prenant place à côté d'elle, but à son tour quelques gorgées bien fraîches.

Devant eux, le terrain escarpé descendait, en une forte pente, jusqu'au littoral. Sur une mer d'un bleu si vif qu'elle se confondait avec l'azur, des vagues éblouissantes reflétaient un soleil de plomb…

C'était une contrée implacable, où les ombres des rochers et des rares arbres rabougris s'allongeaient, en un mince fil, à l'infini. Rose était bien loin de sa verte Angleterre. Et pourtant, si désolé qu'il fût, ce paysage n'était pas sans exercer une certaine fascination sur elle. Le climat intransigeant qui l'avait modelé lui prêtait une étrange beauté, empreinte d'éternité.

Nadeem lui avait confié que le désert agissait comme un

opium sur le cœur de son frère. Elle le comprenait. Elle lui jeta un regard en coin, attendant qu'il continue.

Il passa une main sur son menton fraîchement rasé…

— Peu avant de mourir… et étant donné le contexte social du pays, mon grand-père a estimé que je ne serais pas en mesure de contenir les différentes tribus du Ras al Hajar. C'était une époque agitée. Les puits de pétrole commençaient à rapporter d'impressionnants capitaux. L'argent attise la haine et les rivalités… Arguant du fait que mon père était britannique, les familles influentes auraient pu m'évincer facilement du pouvoir.

— Votre grand-père n'avait-il pas d'autres fils… ?

— Il avait une demi-douzaine de filles, mais un seul fils. Comme j'étais l'aîné de ses petits-fils, le trône devait logiquement me revenir. Bien que le vœu le plus cher de mon grand-père eût été que je lui succède, sa sagesse l'en a dissuadé.

— C'est pourquoi il a fait de Faisal son héritier.

Il opina du chef.

— Ma mère s'était remariée peu après la mort de mon père. Un mariage politique. Elle a eu deux filles, Nadeem et Leila. Puis Faisal est né. Sa généalogie étant plus orthodoxe que la mienne… il a toutes les qualités pour régner.

— Il est encore très jeune, observa Rose.

— Certes. Un jour ou l'autre, il faut apprendre à grandir… Et accepter son destin.

Ces ultimes paroles s'adressaient davantage à lui-même qu'à son frère. Se remettrait-il jamais d'avoir été écarté du trône par son grand-père bien-aimé — à cause du sang qui coulait dans ses veines ? se demanda Rose. Cette blessure semblait profonde ; elle eut pour lui de la compassion.

— A l'époque, la décision de votre grand-père a dû vous paraître bien injuste…

— Effectivement… je me suis senti déchu avant même d'être monté sur le trône. Le plus dur à encaisser, ce fut la nomination d'Abdullah comme régent et garant de la paix dans notre pays.

Son regard se durcit.

— Mon grand-père ne se doutait pas qu'Abdullah s'accrocherait au trône ! Maudit soit ce traître qui s'en donne à cœur joie avec les caisses de l'Etat pour entretenir sa cour… tandis que notre peuple souffre d'analphabétisme, que les hôpitaux manquent de fonds !

Rose pensa alors aux centres médicaux qu'Abdullah lui avait fait visiter. Leur équipement ultra-sophistiqué n'avait rien à envier aux meilleurs hôpitaux européens. Dans un autre registre, l'immense hall où on l'avait conduite faire du shopping pouvait rivaliser sans difficulté avec les plus grandes galeries marchandes américaines.

Les propos d'Hassan confirmaient les soupçons de Rose : on ne lui avait montré que le bon côté de la médaille, le monde dans lequel se vautraient quelques privilégiés. Une prospérité de carton-pâte… On préférait cacher la misère du peuple aux yeux des visiteurs.

Enroulant ses bras autour de ses genoux et posant dessus son menton, Rose déclara :

— Personne ne peut vous tenir rigueur de la situation actuelle du Ras al Hajar.

— Je le sais bien. Nul n'a jamais songé à me rappeler pour mettre un terme à ces gabegies. Lorsque j'ai été déshérité, je me suis rasé la barbe, bien décidé à ne plus me préoccuper du sort de mon peuple — et à profiter des largesses de mon grand-père. En guise de dédommagement, il m'avait laissé une fortune… J'étais jeune, j'étais malheureux : j'ai mené une vie de débauche. A la grande joie d'Abdullah et de ses compères, qui espéraient que je finirais par m'autodétruire… Jusqu'à ce que ma mère, malgré sa phobie de l'avion, vînt en Angleterre pour me tirer l'oreille !

Décidément, les membres féminins de la famille jouaient volontiers les gendarmes auprès de lui… A cette pensée, Rose ne put réprimer un sourire.

— Si vous êtes revenu au pays, vous n'avez pas pour autant laissé repousser votre barbe…

— On aurait cru la rumeur répandue par Abdullah — à savoir que je cherchais à m'emparer du trône. En négligeant de m'attirer par des signes extérieurs la sympathie de mon peuple, je peux tranquillement surveiller le régent et préparer le retour de Faisal. Oui… — il eut pour elle un regard en biais — pendant que mon cousin parcourt le pays à la recherche de Rose Fenton, je tâche de rapatrier mon frère.

Soudain, le bruit d'un hélicoptère, dans le lointain, rompit le silence du désert. Hassan s'appuya sur un coude, pas le moins du monde soucieux.

— Que feriez-vous s'ils venaient jusqu'au campement ? s'enquit-elle.

— Je tirerais sur le premier qui aurait l'impudence d'entrer dans la tente des femmes.

— Comme si vous aviez un harem ! Je suis la seule femme, dans cette tente, si je ne m'abuse.

— Une femme ou cent, quelle est la différence ?

— Tout de même, tuer un…

— Qui a parlé de tuer ? Je me contenterais de tirer. Une balle dans une cuisse suffit à décourager le plus vaillant des hommes. C'est la règle du jeu…

— Un jeu bien primitif !

— Vous savez, nous avons tous une part primitive en nous. Et nous serions présomptueux de croire pouvoir la contrôler toujours… D'ailleurs, vous et moi avons pu le constater, hier soir…

Elle détourna les yeux. Le regard perçant d'Hassan devenait insupportable. L'hélicoptère s'éloignait…

— Rentrons, tant que je peux encore bouger, lui dit-elle. Je n'ai pas fait de sport depuis des mois, et je vais avoir d'atroces courbatures.

— Si vous voulez… concéda-t-il comme à regret.

Avec la souplesse d'un félin, il se releva et tendit sa main pour l'aider à se redresser. Une fois qu'elle fut debout, il plongea ses yeux dans les siens, et offrit, de sa voix de velours :

— Je peux vous faire un massage, quand nous serons de retour au campement.

Il n'en fallait pas plus pour que l'imagination de Rose partît au galop…

Elle sentait déjà les doigts vigoureux d'Hassan courir

sur ses épaules et son dos, le long de ses cuisses… Elle ne doutait pas un instant qu'il pût faire des miracles.

Elle se devait de se ressaisir.

— Ne pensez-vous pas, rétorqua-t-elle, que ce serait… déraisonnable ?

Quel était le seuil du supportable ? Par quelles épreuves un homme devait-il passer avant de voir la fin du tunnel ?

Telles étaient les questions que se posait Hassan, tout en attendant impatiemment que Simon Partridge daigne décrocher, à l'autre bout de la terre.

Rose Fenton aurait bientôt le monde entier à ses pieds. Il imaginait aisément la suite des événements. Son rédacteur publierait sa biographie et Hollywood s'en arracherait les droits d'adaptation.

Pour son propre malheur, plus le temps passait, et plus l'emprise qu'elle exerçait sur lui s'affermissait. L'interrogeait-elle, il passait aux aveux sans retenue ! Sans parler de ses regards… Il avait l'impression qu'elle lisait dans le secret de son cœur.

Et voilà qu'il lui avait proposé un massage ! Comment pouvait-il s'humilier à ce point ?

Tout simplement parce que l'idée de ses doigts glissant sur sa peau douce et soyeuse le rendait fou…

Il devait résoudre cette affaire au plus vite !

— Alors, Partridge, tu réponds, oui ou non ? maugréa-t-il à haute voix.

Comme si son correspondant pouvait l'entendre… !

Sa peau de satin, ses lèvres si sensuelles…

Il cessa de faire les cent pas et, les yeux clos, se laissa submerger par le souvenir de sa bouche, le goût de sa langue…

Et dire qu'il s'était juré de n'instaurer aucun lien personnel avec sa captive ! Elle était journaliste, et par principe, il se méfiait des journalistes…

Dès le premier contact téléphonique, les douces inflexions de sa voix avaient fait sur lui des ravages…

Allons, où avait-il la tête ? C'était dès le premier regard échangé dans l'avion qu'elle avait pris possession de lui, oui !

Rose Fenton avait quelque chose de spécial. Un charme particulier qui rassemblait chaque soir des millions de téléspectateurs devant leur écran. Il faisait que le monde entier se préoccupait en ce moment de son sort.

Et il avait compris ce que c'était…

C'était la part de vulnérabilité qui affleurait derrière son ostensible bravoure. Elle prenait toujours le parti de rire plutôt que de pleurer ; lui, Hassan, l'avait vue s'effondrer et en avait été si ému que…

— Allô… Allô, qui est à l'appareil ? ânonna une voix tout endormie.

— Partridge, enfin !

— Excellence ? Que se passe-t-il ?

— Rien, et c'est là le hic, répliqua sèchement Hassan. L'as-tu retrouvé ?

— Dès que je mettrai la main sur lui, je vous le ferai savoir. Il est quatre heures du matin ici et…

— Et alors ?

— Et alors je me suis couché à deux heures ! Je sais juste que Faisal prend du bon temps dans les Adirondacks, avec une jeune fille. Personne ne connaît l'identité de cette fiancée, ni l'adresse du chalet où ils logent. Soyez assuré que l'on met tout en œuvre pour les retrouver…

Il s'interrompit pour bâiller, et le téléphone satellite émit quelques crachotements.

— En parlant de personnes portées disparues, comment va Mlle Fenton ?

Le ton sarcastique de son conseiller fit sourire le prince.

— Je présume que c'est vous, l'auteur de cet abject enlèvement ? Sa disparition fait la une des actualités.

Cette nouvelle ne pouvait que réjouir Hassan.

— Qui soupçonne-t-on ?

— Pour l'instant, aucune piste précise n'a été évoquée. Ou alors, les secrets sont bien gardés. Abdullah soutient la thèse selon laquelle Rose se serait égarée dans le désert, pendant que Tim tentait de rattraper son cheval. Elle serait tombée dans un ravin…

— Et on ne lui rit pas au nez ?

— C'est une hypothèse bien plus acceptable que celle d'un enlèvement. Quelle folie ! Vous m'aviez promis de ne pas recourir à cette extrémité !

— Vraiment ? Je ne m'en souviens pas. Quoi qu'il en soit, ne t'affole pas. Rose Fenton est en bonne santé. Et ravie d'être mon hôte.

Il perçut un grognement dubitatif et gêné à l'autre bout du fil.

— Tu t'inquiètes inutilement, Partridge ! Rose Fenton fait face à la situation. En réalité, elle en tire plutôt avantage. Et elle ne court aucun danger.

— C'est à voir…

Son conseiller connaissait sa réputation de don Juan — même si, aux yeux de l'intéressé, elle était très exagérée.

— Si le sort de Rose Fenton te préoccupe à ce point, ramène sans tarder Faisal au pays. Tu pourras me dire ainsi de vive voix ta façon de penser !

Rose s'engouffra dans la tente, heureuse d'échapper à la brûlure du soleil. Elle retira son keffieh et ses cheveux cuivrés cascadèrent sur ses épaules… Elle mourait de chaud et était couverte de poussière de la tête aux pieds. L'idéal eût été une bonne douche, suivie d'un bain dans l'eau fraîche de la piscine. Hélas, la villa de Tim était inaccessible !

Elle eut un flash. L'oued !

Hassan approuverait-il… ? Qu'à cela ne tienne ! Ne l'avait-il pas abandonnée à elle-même ?

Elle lui tenait grief de la laisser seule ici, avec pour toute compagnie ses gardes et son chien. Ses confidences lui avaient fait croire qu'il ferait d'elle sa complice…

A tort !

Après s'être assuré qu'elle se dirigeait vers la tente, il était en effet reparti dans un nuage de sable — sans spécifier le lieu de sa destination. Nul doute qu'il se rendait à son Q.G., afin de mesurer les répercussions de son coup d'éclat…

Elle versa de l'eau dans une vasque en cuivre et s'en aspergea abondamment le visage et le cou. Puis elle se servit un verre de thé glacé.

Durant tout ce temps, elle ne cessa de réfléchir. C'était décidé ! Elle allait appeler sa mère. Puis elle vérifierait sa messagerie — qui avait dû être prise d'assaut par Gordon. Il était le seul à la savoir en possession d'un téléphone cellulaire.

Sur le seuil de la tente, tout en sirotant son thé, elle contemplait l'oasis, plongée dans un silence profond. Aucune stridulation, aucun pépiement, aucun aboiement ou chuchotement : chacun économisait son énergie, sous la chaleur accablante.

Ne pas rester debout quand on peut s'asseoir. Ne pas rester assis quand on peut s'étendre. Cette philosophie ne manquait pas d'attrait en ce cuisant début d'après-midi…

Fermant les yeux, elle s'imagina dans les bras d'Hassan, derrière les voilages du grand lit à baldaquin, parmi les coussins de soie. L'amour l'après-midi avec le prince du désert… Mmm, ce devait être divin.

Cela faisait longtemps qu'elle n'avait pas fait l'amour. Cette idée lui était même sortie de la tête depuis que, six ans auparavant, elle avait découvert Michael sans vie, dans le paddock.

Tout s'était passé très rapidement, lui avait expliqué par la suite le médecin. Le cœur de Michael était une véritable bombe à retardement. Eût-elle été à ses côtés au moment de l'accident, elle n'aurait rien pu faire pour le sauver.

Les enfants de Michael ne l'avaient pas moins indirectement accusée d'être responsable de ce décès. Qu'y pouvait-elle, si son mari avait pris le parti de vivre au jour le jour, sans se ménager ?

Il l'avait rendue si heureuse…

Et voilà qu'Hassan lui rappelait que la vie continuait.

En dépit de sa viduité, Rose était une toute jeune femme. La prochaine fois que le ténébreux prince céderait à ses pulsions… elle ne le lâcherait plus.

*
* *

Fourrant son portable dans sa poche, Hassan enfourcha sa monture et revint au galop vers l'oasis. Le sable et les cailloux volaient sur son passage. L'effort physique le calmerait peut-être…

Il avait déjà rencontré des femmes capables de fouetter le sang d'un homme, mais jamais une femme comme Rose.

Les créatures qu'il côtoyait d'ordinaire cherchaient à le séduire, l'amadouer, flirtaient ouvertement avec lui tout en tâchant d'évaluer son compte en banque à la marque de son costume — et il s'en fichait royalement.

Avec Rose, il découvrait un tout autre genre de relation.

Partridge le soupçonnait d'avoir des vues sur elle. N'était-ce pas pour cette raison, du reste, que l'enlèvement l'avait mis dans tous ses états ? Cette idée l'ulcéra. Son conseiller avait de la chance d'être à des milliers de kilomètres d'ici, hors de sa portée, sinon…

Sinon quoi ? Il le tuerait ? Rose avait raison. Il se comportait comme un sauvage. C'était l'unique ligne de conduite qu'il connaissait, tandis que sa captive, elle, était la fille d'une éminente féministe, une journaliste indépendante aux commandes de sa propre vie. Une femme du vingt et unième siècle.

Ils venaient de deux mondes différents et un gouffre les séparait. La fortune et le pouvoir ne pourraient pas en venir à bout. Il s'agissait de différences fondamentales, insurmontables.

Devant son impuissance, il sentit la colère l'envahir.

Il éprouvait un désir si violent pour Rose que son corps le faisait souffrir. Il savait pertinemment, par ailleurs, qu'elle n'était pas dupe des sentiments qu'il ressentait pour elle. Et qu'il ne devait pas la tenter : elle ne refuserait pas de partager son lit…

Malheureusement, dans quelques jours, elle repartirait, reprendrait sa carrière, sa vie. Elle l'aurait marqué à jamais, sans le savoir, et l'oublierait rapidement dans les bras d'autres hommes…

N'avait-il pas assez de problèmes comme ça, sans s'en créer d'autres ?

Théoriquement, l'enlèvement avait pour dessein de détourner l'attention d'Abdullah, dans l'attente du retour de Faisal. Mais le piège s'était refermé sur le ravisseur. Sa belle prisonnière avait pris possession de ses sens et de sa raison. Désormais, l'otage, c'était lui.

Depuis qu'il l'avait touchée, la douceur de sa peau l'obsédait. Le murmure lascif de sa voix résonnait encore à ses oreilles… Il adorait ses sautes d'humeur, ses brusques mouvements d'indignation, ses éclats de rire… ses yeux noirs qui le fixaient avec intensité, éclipsant le soleil…

Il aurait aimé qu'elle devienne sa captive volontaire, qu'elle reste pour toujours avec lui…

Mais il fallait voir les choses en face. Une union avec une étrangère aurait encore moins de chance de fonctionner qu'un mariage arrangé par les soins de Nadeem. Pourquoi avoir, dans ces conditions, refusé jusque-là toutes les propositions de sa sœur ?

Il ne croyait pas à l'amour romantique ! Lui, un sentimental ? Certainement pas ! Non, il ne croyait pas qu'une femme eût le pouvoir de le rendre heureux.

Telle avait du moins été sa conviction jusqu'à présent.

Sans Rose Fenton, son avenir aurait la couleur du néant…

Ses propres pensées l'effrayèrent. C'était ridicule, insensé !

Il éperonna furieusement son étalon.

Nadeem était dans le vrai. Il devait se marier promptement, faire des enfants, s'installer définitivement dans ce pays qui n'était pas celui de Rose Fenton et devenir l'allié fiable dont Faisal allait avoir besoin…

L'oasis apparut soudain dans son champ de vision. Quelques brasses dans l'oued ne rafraîchiraient-elles pas son corps surexcité, ne lénifieraient-elles pas son esprit enflammé ?

Un bruit de pas le fit tourner la tête. Un de ses hommes courait vers lui en toute hâte…

Rose s'étira et consulta sa montre. Combien de temps avait-elle dormi ?

Se relevant sur un coude, elle poussa un gémissement. Son corps était tout courbatu… Elle repensa à la proposition d'Hassan.

Elle mourait d'envie qu'il lui fasse un massage.

Le plus grand désordre régnait dans sa chambre quand elle était partie chevaucher ce matin. Or, tout avait été soigneusement rangé. Si soigneusement qu'elle ne voyait plus son *shalwar kameez*… Où l'avait-on mis ?

Elle se précipita vers la malle, et se mit à la fouiller fébrilement.

— Est-ce cela que vous recherchez ?

Elle tressauta et fit volte-face.

Hassan venait de faire retomber le rideau derrière lui et s'avançait lentement vers elle. Avec, à la main, son téléphone portable.

— J'aurais dû m'en douter, poursuivit Hassan. Une femme moderne comme vous ne voyage jamais sans ce fidèle compagnon !

7.

Pas l'ombre d'un sourire ne vint éclairer le visage d'Hassan. Pas même l'un de ces petits sourires désinvoltes dont il avait le secret. Il n'était pas d'humeur à plaisanter…

— Qui avez-vous appelé, Rose ? Ou mieux, qu'avez-vous raconté à vos interlocuteurs ?

— Je n'ai appelé personne, répondit-elle, et je n'ai donc rien dit.

— Vous imaginez que je vais vous croire ?

Oh, non, elle ne se faisait aucune illusion là-dessus. Du reste, elle ne l'en blâmait pas : à sa place, elle aurait réagi de la même façon. Néanmoins, elle ne pouvait pas mentir juste pour lui faire plaisir !

— Ce n'est pas faute d'avoir essayé, précisa-t-elle. Je ne suis pas arrivée à joindre ma mère, sa ligne était occupée en permanence. Quant à mon frère, je ne voulais pas le placer dans une situation embarrassante vis-à-vis de son employeur.

— Je ne vous suis pas…

— Si je lui avais dit que vous m'aviez enlevée, je l'aurais forcément prié de ne pas en informer Abdullah.

A ces mots, il lui lança un regard curieux.

— Et la chaîne pour laquelle vous travaillez ?

— J'aurais effectivement pu la contacter. Il se trouve que, avant de vous dénoncer, je préfère savoir exactement pourquoi vous m'avez enlevée. Lorsque les troupes d'Abdullah seront à vos trousses… il sera trop tard.

Il soupira. Visiblement, il avait quelque difficulté à la croire sur parole.

— Donnez-moi mon portable, reprit-elle.

— Vous plaisantez ?

— Pas du tout. Ce téléphone m'appartient, rendez-le-moi. Je vais vous prouver que je n'ai appelé personne. Et si je vous ai trahi, quelle importance cela a-t-il…

Haussant les épaules, il lui remit l'appareil.

Elle consulta alors sa messagerie. Gordon avait laissé trois messages. Le dernier remontait à moins d'une heure — Hassan était déjà en possession du téléphone — et indiquait un numéro auquel il était joignable vingt-quatre heures sur vingt-quatre. Elle tendit son portable à Hassan, non sans appuyer auparavant sur la touche qui permettait de réentendre les messages.

— Ecoutez, et vous constaterez qu'il y a une heure encore, on était à ma recherche… Vous me croyez, à présent, quand je vous dis que je n'ai appelé personne ?

Pour toute réponse, Hassan éteignit le portable et le fourra dans la poche de son pantalon bouffant. Puis il scruta longuement Rose, comme s'il évaluait ce dont elle était capable.

— Mon attitude peut vous paraître singulière…, déclara-t-elle, un petit sourire mystérieux aux lèvres. Je tiens à avoir l'exclusivité de mon propre enlèvement. Mon aide vous sera précieuse pour la couverture médiatique dont vous aurez besoin au moment opportun. Je pourrai organiser…

Brusquement, elle se tut.

Alors qu'il aurait dû être à ses genoux pour la remercier, il la fixait avec des yeux aussi menaçants qu'un ciel d'orage.

— Vous savez ce que vous êtes ? fit-il sèchement.

— Je vous en prie, dites-le-moi…

— Une idiote !

La formule était brève et directe. Le prince possédait-il des talents journalistiques cachés ? se demanda-t-elle avec une bonne dose d'ironie.

— Je n'arrive pas à croire que vous ayez été aussi stupide, poursuivit-il avec véhémence. Si irresponsable, si…

Là, il la décevait : un professionnel savait s'arrêter à temps.

— Si bête ? suggéra-t-elle.

Hassan ne goûta pas ses sarcasmes. Il se mit pratiquement à hurler :

— Vous aviez la possibilité de vous sortir de cette situation, mais vous vous êtes prise pour une héroïne et vous avez décidé de rester, n'est-ce pas ?

— Hassan, vous…

— Rose Fenton, la super-reporter, demeure volontairement aux mains de son ravisseur dans l'espoir d'une interview en forme de révélation. Qu'est-ce que vous ne feriez pas pour un scoop ! Rose… vous ne me connaissez même pas.

Elle voulut l'interrompre. Il ne la laissa pas parler.

— Et si j'étais quelqu'un de très dangereux ?

Impliqué dans la traite des Blanches, peut-être ? Elle retint cette facétie : Hassan avait réellement l'air furibond.

Elle aurait pu lui expliquer qu'elle avait déjà enquêté sur lui, avant de se rendre au Ras al Hajar, car elle souhaitait écrire un article sur lui, le prince déshérité. Et que cet enlèvement lui facilitait la tâche puisque, jusque-là, ses efforts pour le rencontrer avaient été vains.

Elle aurait également pu lui faire d'autres aveux.

Lui apprendre que, dès qu'il avait posé le pied dans le jet du régent, il avait déclenché en elle un processus émotionnel si violent qu'elle s'était souvenue n'être pas simplement une journaliste, mais aussi une femme.

— A quoi pensiez-vous, Rose ?

Penser ?

Depuis que ses yeux s'étaient posés sur lui, elle doutait être en état de penser.

— Que se passera-t-il la prochaine fois qu'on vous enlèvera ? Jugerez-vous qu'il n'y a pas lieu de s'inquiéter ? Vous direz-vous : « Après tout, la première fois, mon ravisseur s'était comporté en gentleman, j'avais eu un scoop en récompense, alors pourquoi ne pas réitérer » ? Eh bien, répondez-moi !

Comment lui révéler les raisons de son attitude sans lui avouer en même temps les secrets de son cœur ? Elle n'était pas tout à fait résolue à cette confession — du moins pas dans ces conditions.

— Vous, un gentleman ? dit-elle, la moue boudeuse. Quant à la récompense… qui sait si je l'obtiendrai ?

La main d'acier du prince se referma sans ménagement

sur son bras. Il la secoua légèrement et approcha son visage du sien. Son regard était toujours aussi menaçant.

— Lâchez-moi, vous me faites mal. J'ai été stupide, très stupide, je le reconnais. A présent, si vous le voulez bien, rendez-moi mon téléphone, j'appelle un taxi et restons-en là, vous et moi.

Au lieu de la relâcher, il empoigna son autre épaule. Il la tenait si fermement que ses pieds touchaient à peine le sol. Et il continuait à river son regard sombre au sien, comme s'il cherchait à la défier…

Elle perçut un subtil changement d'expression de ses yeux.

L'accès de colère faisait place à une bouffée de désir… Elle se communiqua aussitôt à Rose. Une vague de chaleur la submergea tout entière. Son souffle se fit plus court, sa bouche s'entrouvrit… Qu'il l'embrasse, l'enlace, lui fasse l'amour…

Comme elle aurait aimé effleurer son beau visage tourmenté pour l'y encourager ! Hélas, il la paralysait…

Il finit par la relâcher et recula d'un pas.

— Un taxi…, répéta-t-il d'une voix tremblante.

Elle aussi tremblait de tout son corps. Ah, pensa-t-elle avec rage, pourquoi luttait-il contre la passion qui les enserrait tous les deux dans ses griffes, qu'il le veuille ou non ?

Elle avait eu tort de lui dire qu'il n'était pas un gentleman. En vérité, il l'était un peu trop à son goût. Il avait cédé une seule fois à ses instincts. Et alors, quel mémorable baiser… !

Depuis, dès qu'il flairait le danger, il battait en retraite. Par provocation, elle fit un pas dans sa direction. De nouveau, il recula.

— Oui, un taxi.

— Rose, nous ne sommes pas à Chelsea. Il n'y a pas de taxis, ici.

Inutile d'insister. Hassan ne l'embrasserait pas.

— Oh, fit-elle d'un air las, c'était une façon de parler…

Quand il disparut derrière les rideaux, et que l'air ambiant ne bourdonna plus de non-dits et de désirs inavoués, elle se sentit soudain bien mélancolique et se laissa choir sur son lit.

Elle n'avait pas récupéré son téléphone. Bah, quelle importance ? Elle avait agi comme une débutante…

Allons, il ne fallait pas céder au désespoir. La patience finissait toujours par payer.

Et puisqu'elle était censée être en vacances, autant en profiter !

Quelle erreur de timing tout de même ! Pourquoi ce play-boy de prince avait-il attendu qu'elle vînt en vacances au Ras al Hajar pour se racheter une conduite ?

En théorie, elle approuvait sa volonté de s'amender. Dans les faits, elle aurait préféré qu'il y sursoie un peu. Juste après qu'ils eussent fait plus ample connaissance, par exemple…

Il l'avait enlevée en la jetant sur ses épaules comme un vulgaire sac de marchandise, et maintenant, il se sentait responsable d'elle. Et lui reprochait de ne pas chercher à s'enfuir !

Qu'en conclure, sinon que la psychologie masculine était parfois impénétrable ?

S'allongeant sur les coussins, elle se surprit à sourire.

Le bel Hassan se sentait responsable d'elle ? Eh bien, elle allait le placer face à ses responsabilités.

— Non, charmant prince, murmura-t-elle en s'étirant sensuellement sur son lit, vous ne pouvez pas m'embrasser en toute impunité. Vous devrez répondre de vos actes…

Hassan se dirigea d'un pas énergique vers l'abreuvoir des chevaux et, remplissant un seau d'eau fraîche, il se le versa sur la tête ; il était impératif qu'il se calme ; ses hommes comprirent d'instinct qu'éclater de rire eût été malvenu et le regardèrent, tendus.

Rose Fenton déclenchait en lui des tempêtes par la seule force de son souffle. Oh, son scoop, elle l'aurait, il le savait !

Il aurait donné cher pour ne jamais avoir croisé son chemin. Pourquoi avait-il fallu qu'elle vienne en vacances au Ras al Hajar ? Ah, si seulement il…

Assez ! s'enjoignit-il. Avec des si, on pouvait refaire le

monde. Et qu'attendait-il pour communiquer ses ordres à ses hommes, au lieu de se donner en spectacle ?

Une fois que ces derniers se furent dispersés afin de s'acquitter de leurs tâches, Hassan put reprendre tranquillement le cours de ses pensées.

Eurêka, il avait trouvé la solution !

Nadeem tenait son salut entre ses mains.

Il allait l'appeler sans tarder, sur le petit appareil de Rose, et lui annoncer qu'il acceptait son offre. Fort de cette décision, il composa le numéro de sa sœur.

— Que se passe-t-il, Hassan ? s'enquit Nadeem d'un ton peu aimable. Je suis en pleine consultation, tu tombes très mal.

— Désolé, mais je voulais que… enfin, j'ai besoin que…

— C'est bon, je t'écoute, dit sa sœur en changeant de ton. La compagnie de ta journaliste te causerait-elle des tracas ? Tu n'arrives plus à la maîtriser ? Ou bien à te maîtriser toi ?

La jeune femme riait. Un instant, il fut désarçonné. Etait-ce une conspiration ? Si Rose Fenton le menait par le bout du nez, cela n'impliquait certes pas que sa sœur dût en faire autant !

— Non, répliqua-t-il froidement. A la réflexion, j'ai pensé que tu avais raison.

— C'est toujours agréable à entendre. Mais raison à propos de quoi ?

— A propos du mariage. Il est grand temps que je me marie.

— Hassan !

Ce cri exprimait autant la joie que la surprise.

— Quand Faisal sera de retour, il aura besoin de mon appui. J'ai décidé de m'établir au Ras al Hajar.

— N'as-tu personne en tête ? Mlle Fenton n'a-t-elle pas envie de s'inscrire sur la liste des candidates ?

— Nadeem, un peu de sérieux.

— Je ne blague pas. Selon nos codes de l'honneur, tu te dois de l'épouser. De mon côté, je ne peux rien entreprendre tant que nous n'avons pas trouvé une forme de réparation pour elle.

— Je m'en charge, je te le promets. Pendant ce temps,

déniche-moi une gentille fille absolument dénuée d'impertinence et qui sera une bonne mère pour mes enfants.

— Je tâcherai avant tout de trouver quelqu'un qui te convient, rétorqua Nadeem.

— Depuis le temps que tu veux me caser, tu dois bien avoir une petite idée sur la question.

Là-dessus, il éteignit le portable.

Un homme devait tôt ou tard finir par se marier. Il ne pouvait pas avoir la femme qu'il désirait ? Il apprendrait à désirer la femme qu'il aurait. Mais il n'avait pas envie d'épiloguer longuement sur cette subtile différence.

Se ravisant, il ralluma le portable et chercha dans le répertoire le numéro de Pam Fenton.

Tandis qu'elle fouillait dans la grande malle en quête d'une tenue adéquate pour affronter la chaleur de l'après-midi, Rose entendait d'incessantes allées et venues dans la pièce voisine. Nul doute qu'on préparait le déjeuner.

Depuis leur altercation, Hassan n'était toujours pas revenu.

Une voix fluette s'éleva derrière le rideau.

— *Sitti*, désirez-vous déjeuner ?

Sitti était un terme de politesse réservé aux femmes. Rose passa la tête derrière le rideau. La table était dressée. Elle aperçut un poulet à la peau dorée et appétissante, un pain rond non levé, du taboulé et une salade de tomates coupées en petits cubes.

— *Choukran*, remercia-t-elle. Ça a l'air délicieux.

Le domestique s'inclina.

— Mais je veux déjeuner au bord du fleuve, ajouta-t-elle.

Et sans attendre ses protestations, elle baissa le rideau. Il était urgent qu'elle trouve une tenue. Tiens, ce caftan à fil d'or était bien tentant. Le tissu était léger. Parfait !

Comme elle sortait de la tente, le domestique tenta de plaider sa cause.

— *Sitti*, demain, j'organiserai un pique-nique si vous le souhaitez, mais aujourd'hui, la table est déjà mise et…

— Apportez la nourriture près de l'arbre, là-bas, vous

voyez ? répondit-elle en se tournant vers lui pour vérifier qu'il regardait l'endroit qu'elle lui indiquait.

Comprenant qu'il ne parviendrait pas à la raisonner, il poussa un long soupir. Un sourire de satisfaction barra le visage de Rose. Pour qui se prenaient-ils tous, à vouloir la diriger ? Il l'appelait *sitti* ? Elle se comporterait comme une princesse et non comme une prisonnière. Prisonnière, elle voulait l'être uniquement des bras d'Hassan.

Elle s'assit sur un grand rocher plat qui surplombait l'un des méandres de l'oued. Retirant ses sandales, elle trempa ses pieds dans l'eau.

Mmm, que c'était vivifiant ! Bras tendus dans le dos et mains à plat sur le rocher, elle offrit son visage à la brise légère qui descendait des montagnes. Tout à l'heure, elle se baignerait.

Un homme armé prit discrètement place à quelques mètres d'elle.

A quoi pourrait bien lui servir son arme ? Des serpents rôdaient-ils par ici ? A moins qu'il n'espérât que quelque gazelle vînt se désaltérer et s'offrir délibérément au feu de son fusil…

Deux autres hommes se profilèrent, portant une lourde couverture. Puis ils apportèrent des coussins. Elle fit mine de ne rien remarquer, focalisée sur son bain de pieds.

Elle s'était levée pour faire quelques pas dans l'oued. L'eau chatouillait maintenant ses genoux et mouillait la soie délicate de son caftan qui, collé à ses jambes, dessinait un sillon dans l'eau…

Du coin de l'œil, elle vit que le repas arrivait.

Son cœur s'accéléra. Viendrait-il déjeuner avec elle ? Ou bien était-il parti se perdre dans le désert ?

Peut-être, plus prosaïquement, avait-il reçu des nouvelles de Faisal…

*
* *

Hassan retint son souffle.

Comment demeurer insensible au spectacle qu'elle lui offrait…

Le soleil chatoyait sur la soie bleu vif de son caftan, et accrochait des étoiles d'or dans sa chevelure. Des étincelles d'argent — quelque rayon captif d'une goutte d'eau — scintillaient dans son sillage. Schéhérazade ne pouvait être plus belle lorsqu'elle tissait, pour sauver sa tête, la toile de ses contes. Rose et elle avaient en commun la beauté et l'intelligence…

Il se prit à rêver…

La société machiste dont il était le produit se heurterait forcément à son éducation féministe. Mais ne retournerait-elle pas les traditions à son avantage ? Avec une femme de cette trempe-là, la vie ne serait jamais ennuyeuse…

Une vie à ses côtés…

Lentement, son rêve s'estompa et il revint à la dure réalité. Non, elle ne passerait pas ses journées à l'attendre. Très vite, elle se lasserait, voudrait gagner de nouveaux horizons, avide de cette liberté qui lui était si chère.

A quoi bon envisager un futur avec elle ?

Ils goûteraient tout au plus quelques semaines de bonheur. Il serait incapable de la garder auprès de lui. Pas plus qu'il ne pourrait accepter de la voir repartir. Tous deux seraient finalement pris au piège et souffriraient terriblement.

Une grande ombre s'abattit brusquement sur elle et Rose leva les yeux. Si Hassan avait renvoyé le garde, il avait conservé son arme. Son expression était si distante qu'elle détourna les yeux, agacée.

— Dois-je comprendre que ma présence vous importune ?

Cette fois, elle faillit sourire. Et pour lui prouver que non, elle leva un bras vers lui afin qu'il l'aide à sortir de l'eau. La courtoisie la plus élémentaire le forçait à saisir sa main.

Ses doigts vigoureux s'enroulèrent autour de sa paume. Dès qu'elle fut sur la terre ferme, il la relâcha. Comme si sa main le brûlait…

— Vous êtes tout mouillé, constata-t-elle.

— J'avais chaud. Comme vous occupez ma tente et ma salle de bains… j'ai utilisé un seau pour me rafraîchir.

— Sans même retirer votre chemise ? Je croyais que ce genre de pudeur était réservé aux femmes.

Elle devait se ressaisir. Car ce n'était pas du tout de cette manière qu'on séduisait un prince. Un peu de concentration, que diable !

Elle se baissa pour ramasser ses chaussures, puis se dirigea vers le pique-nique, laissant traîner son long caftan mouillé dans le sable. Puis elle prit place parmi les coussins, avec une gestuelle presque théâtrale. Elle n'était pas des plus à l'aise.

Pourtant, n'avait-elle pas toutes les raisons d'être satisfaite ?

Hassan était revenu et elle allait se sustenter seule : il ne vint pas la rejoindre sur la couverture, mais prit place sur un rocher, un peu plus loin, apparemment décidé à contempler les montagnes, pour tuer l'ennui, pendant qu'elle déjeunerait.

Elle ouvrit la boîte qui contenait le poulet cuit à la broche et en préleva un morceau.

— Pourquoi avez-vous un fusil ?

— A cause des léopards et des panthères.

On lui avait dit que des félins erraient dans la montagne ; elle ignorait qu'ils pouvaient s'approcher si près du campement.

— Vous en êtes-vous déjà servi contre eux ?

— Oui. Ils s'en prennent parfois aux chevaux ; il faut alors intervenir. Si l'un d'entre eux vous attaquait, je devrais immédiatement faire feu — en dépit de la tentation de vous abandonner à votre sort.

Elle manqua lui rire au nez. Si elle lui était si indifférente que cela, pourquoi s'obstinait-il à fixer les cimes ?

Il était à quelques mètres d'elle. Elle roula sur le dos et observa, à travers les branches des grenadiers, le bleu pur du ciel.

— Des nouvelles de Faisal ?

— Pas encore.

— Peut-être est-il en route.

— Si seulement c'était vrai. Hélas ! Partridge est toujours à sa recherche.

— Et quand il l'aura retrouvé, que ferez-vous ? Donnerez-vous une conférence de presse ?

— N'aimeriez-vous pas avoir l'exclusivité de présenter le nouvel émir au reste du monde ? La captive du désert réapparaît aux côtés du jeune et fringant nouvel émir ! Ce serait la gloire assurée.

— Probablement…

Elle commençait à être lasse de toute cette histoire. Elle se fichait de Faisal. C'était lui, Hassan, qui l'intéressait.

— Tiens, s'écria-t-elle tout à coup, quel bel oiseau dans la ramure ! Je n'en ai jamais vu encore de semblable. Qu'est-ce que c'est ?

— Décrivez-le-moi.

Sa bonne volonté faisait peur ! Elle ne se découragea pas.

— Avez-vous déjà lu *L'Oiseau bleu*, quand vous étiez enfant ?

— C'est un conte européen, maugréa-t-il.

Tous les prétextes étaient bons pour souligner leur différence.

— Votre grand-mère écossaise aurait pu vous le lire, nota-t-elle finement. Lui rendiez-vous visite, en Ecosse ?

— Souvent, oui. Pourquoi me posez-vous cette question ? Vous connaissiez la réponse.

Tout comme lui connaissait, à n'en pas douter, *L'Oiseau bleu* et sa symbolique. Eh bien, tant pis pour lui ! Il allait de nouveau l'entendre.

— *L'Oiseau bleu* est une allégorie. C'est une chose merveilleuse que l'on recherche toute sa vie, avant de découvrir qu'elle se trouvait, depuis le début, juste sous son nez. Et cet oiseau, il est comme ça.

— Pardon ?

— L'oiseau, dans le grenadier. Son plumage est bleu vif.

A ces mots, l'animal prit son envol et traça une boucle dans le ciel.

— C'est un rollier, décréta Hassan. Un rollier à col violet. Terminez votre déjeuner, Rose.

— La chaleur me coupe l'appétit. Je vais me baigner.

Aussitôt dit, aussitôt fait. Le caftan flottait autour d'elle, lui prêtant des ailes dorées et moirées… Une douzaine de boutons parés de soie d'or couraient de la poitrine au cou. Plongeant son regard dans celui d'Hassan, elle entreprit de les dégrafer. Un, puis deux, puis trois…

— Que faites-vous ? s'exclama-t-il en bondissant sur ses pieds.

— Je vous l'ai dit, je vais piquer un plongeon.

— Il y a peut-être des serpents dans l'eau.

Elle déboutonna le quatrième bouton, le cinquième… Son décolleté se dévoilait.

— Si l'un d'entre eux me mord, mourrai-je sur-le-champ ?

— Non, mais vous ressentirez une douleur intense, à la limite du supportable, la prévint-il.

N'était-ce pas son strip-tease qui était à la limite du supportable ? Elle le mettait au supplice. Il aurait voulu détourner le regard ; las, son superbe corps l'hypnotisait…

Les doigts de Rose frémirent lorsqu'elle passa au bouton suivant. Au point qu'elle ne parvint pas à l'ouvrir. Elle baissa les yeux pour voir ce qu'elle faisait.

Il se rapprocha d'elle. Elle le devina sans même relever la tête. Des frissons la parcoururent, ses lèvres s'asséchèrent… Elle les humecta du bout de sa langue.

Les doigts d'Hassan enserrèrent son poignet.

— Que cherchez-vous, Rose ? Que voulez-vous ?

Lui. En entier. Son corps, son cœur, son âme. Rien que ça !

S'allonger avec lui sur les coussins, sous les feuillages des grenadiers. Ils s'apprivoiseraient, langoureusement…

Le moment était parfait.

Hassan ne semblait pas de cet avis — et cela… oui, cela l'humiliait.

— Je voulais simplement attirer votre attention, Hassan.

— Mon attention, vous l'avez. Reboutonnez votre caftan et vous la garderez…

S'il voulait tellement qu'elle ragrafe son vêtement, encore fallait-il qu'il lâchât son poignet ! Mais il n'en avait pas fini avec elle :

— Et quand vous l'aurez reboutonné, acheva-t-il, peut-être consentirez-vous à m'expliquer ce que vous attendez réellement de moi, Rose.

8.

Hassan posait toujours les bonnes questions. Hélas ! pensa Rose, les réponses qu'elle lui donnait n'étaient pas à la hauteur.

— Une interview, dit-elle en désespoir de cause. Dans un jour ou deux, vous allez faire la une de l'actualité… Je suis ici à votre disposition et vous êtes obligé de rester avec moi jusqu'au retour de Faisal ; pourquoi ne tirerions-nous pas parti de la situation ?

— Nous ? J'ai l'impression que c'est vous qui en tireriez le plus grand avantage.

Ses yeux, jusque-là soudés aux siens, descendirent progressivement le long de son visage, se fixèrent un instant sur sa bouche, puis sur son décolleté. Les boutons en étaient toujours dégrafés… La brûlure de son regard fut bien plus vive que celle du soleil.

Il releva la tête.

— Faites-vous toujours un numéro de strip-tease pour obtenir une interview ?

Elle faillit lui répondre que cela dépendait de son interlocuteur… Diable ! Souhaitait-elle vraiment lui donner une image si négative d'elle-même ? Ses propres provocations allaient finir par la desservir.

— Il fallait bien que j'attire votre attention d'une façon ou d'une autre.

— Je vous l'ai déjà dit : vous avez toute mon attention.

Elle crut voir l'ombre d'un sourire passer sur son visage — oh, bien fugitive !

— Eh bien, si nous nous mettions au travail, proposa-t-elle pour détendre l'atmosphère.

Il était urgent qu'elle se raccroche à son statut de journaliste… pour oublier les battements éperdus de son cœur. Quel redoutable séducteur !

— N'avons-nous pas déjà fait tout le « travail » ? s'enquit-il fort sérieusement.

— Evidemment, nous avons déjà beaucoup parlé, vous et moi. Là, il s'agit d'une véritable interview, avec des questions précises. De la sorte, lorsque Faisal deviendra l'émir du Ras al Hajar, votre peuple vous regardera comme son bras droit — non plus comme un prince déshérité et un éventuel comploteur.

— En somme, vous voulez redorer mon blason ? Et comment ?

Elle perçut nettement la tension dans sa voix.

— Il suffit que vous coopériez et, à nous deux, nous ferons des miracles. Acceptez-vous ?

— Ai-je le choix ?

Il y eut un long silence.

Quels tourments intérieurs étaient les siens ? se demanda-t-elle.

Son regard était en effet perdu dans le vide, comme s'il se trouvait au bord d'un précipice…

Des diamants…, songeait-il, des diamants jaunes. Ils s'accorderaient parfaitement avec ses yeux subtilement tigrés d'or. Il lui retirerait tous ses vêtements, un à un, pour la parer de pierres précieuses… Puis il l'enchaînerait solidement à lui avec des serpentins de gemmes et se noierait en elle, sur un lit de pétales…

Rose éveillait un désir violent en lui — presque douloureux.

C'était la femme qu'il avait attendue toute sa vie… et elle lui était inaccessible. Sa fortune, qui lui permettait de satisfaire ses moindres caprices, était impuissante à combler les aspirations de son cœur. A quoi servait-il donc d'être riche ? pensa-t-il avec dégoût.

— Hassan ?

— Je… je réfléchissais… A votre avis, si l'on publie des

photos de mon mariage, lors de la parution de l'interview, cela servira-t-il ma cause ?

— Votre mariage ?

Il ne plaisantait pas ; elle se figea. Il vit clairement le sang affluer sous ses pommettes. On aurait dit des abricots rougis par le soleil… puis les pupilles de Rose se moirèrent sous l'effet conjugué de la lumière du jour et de son trouble.

Comment trouva-t-il la force de résister ?

Dans sa tête, les mots qu'il voulait lui dire résonnaient comme un carillon déchaîné : « Je vous aime, je veux vous garder pour toujours avec moi… »

— Nadeem a raison, reprit-il dans un suprême effort. Je me dois de rester au Ras al Hajar pour épauler mon frère. Or, dans mon pays, il est nécessaire qu'un homme ait des fils pour asseoir son autorité. Aussi ai-je demandé à ma sœur de me trouver l'épouse idéale. Une jeune femme sage et docile.

Il prononça ces ultimes paroles d'un ton presque agressif. Oui, qu'il soit odieux, pour qu'elle se mette à le détester !

De nouveau, un long silence s'abattit entre eux.

Elle se dégagea enfin de son étreinte et commença à reboutonner son caftan. Comme tout à l'heure, ses doigts tremblaient un peu… pas pour les mêmes raisons. Si le soleil poudrait sa peau de particules d'or, si sa chevelure flamboyait, son expression était glaciale.

— Vous voulez donc des fils ? parvint-elle enfin à articuler, non sans un certain mépris dans le ton.

Il puisa en lui tout ce qui lui restait d'énergie pour ne pas l'enlacer, enfouir son visage dans ses cheveux de feu et s'abandonner à la force de son désir.

— Et que se passera-t-il, si vous n'avez que des filles ? poursuivit-elle avec une insolence que venait moduler le frémissement de sa voix. Vous la troquerez contre un autre modèle ?

— Ce serait idiot de ma part, le sexe de l'enfant étant déterminé par l'homme.

A quoi bon échanger une femme contre une autre, puisque ni l'une ni l'autre n'auraient été Rose ?

— Je voulais m'assurer que vous le saviez. La plupart

des machos ne rejettent-ils pas la responsabilité sur leur épouse, quand ils n'ont pas de fils ?

L'accusation était d'autant plus injuste qu'il aurait volontiers renoncé à sa fortune pour avoir des filles à l'image de Rose. Il leur aurait donné à chacune un nom de fleur, comme leur mère…

— Le sexe des enfants est entre les mains d'Allah, pas entre les nôtres, fit-il crânement.

— Oh, je vois, répliqua-t-elle, amère. Dans ces conditions, peu importe en effet qui vous épousez.

— Détrompez-vous. La position sociale de la famille, les terres qu'elle possède, sa fortune, la dot sont autant d'éléments déterminants dans le choix d'une épouse.

— On se croirait au Moyen Age, s'exclama-t-elle, écœurée.

Il se força à rire et, pour enfoncer le clou dans son propre cœur, ajouta :

— Si c'est réellement ce que vous pensez, vous trouverez l'âme sœur en Simon Partridge.

Ses propres paroles le meurtrirent. Lui conseiller de se jeter dans les bras de Partridge !

— J'en suis ravie, fit-elle sans paraître penser le moins du monde ce qu'elle affirmait.

Comme il aurait aimé lui prendre la main et lui certifier que non, ce n'était pas ainsi qu'il voyait les choses, que le devoir le contraignait à les considérer sous ce jour…

Il lui fit signe de s'asseoir.

Elle le défia du regard. Puis, sentant ses jambes chanceler, elle prit place sur la couverture. Elle n'avait pas refermé son caftan jusqu'en haut, et cette ouverture était un supplice pour Hassan.

Désireux de détourner son attention de son décolleté, il prit un pain rond, l'ouvrit et confectionna un sandwich avec du poulet, du taboulé et des tomates — avant de le lui offrir.

Il était plus simple pour elle de l'accepter que de le refuser. Elle se sentait soudain si lasse !

Il en prépara un autre pour lui, bien qu'il n'eût pas faim. Il devait s'occuper les mains…

— Parlez-moi de votre famille, Hassan. Est-ce que votre mère aimait votre père ?

— Rose…

— Oui, je sais qu'elle ne l'a pas choisi. A-t-elle fini par l'aimer ?

Ce disant, elle tourna la tête vers lui, et surprit son regard arrimé à sa poitrine.

Il détourna rapidement les yeux et avala une bouchée de pain.

— Le connaissait-elle avant le jour des noces ? insista-t-elle.

— Non.

— Ne l'avait-elle même pas croisé ?

Que ressentirait la gentille épouse que Nadeem allait choisir pour lui, le jour du mariage ? songea-t-il alors. Que penserait-elle de lui ?

Jamais encore il n'avait envisagé les choses du point de vue de la jeune fille. Se sentirait-elle sacrifiée sur l'autel du mariage par sa famille ?

— Mon père vivait au palais. Forcément, ils s'étaient déjà croisés. Ma mère m'a avoué que la première fois qu'elle avait vu mon père, elle avait été frappée par sa sidérante beauté.

A voir le fils, Rose n'en doutait pas un instant.

— Pourquoi me posez-vous ces questions ? Pour votre article ?

Son article ?

Ah oui, son article ! Bon prétexte !

— Oui. Les lecteurs apprécient beaucoup le contexte familial. Et puis, le vôtre est tellement différent du leur. Du nôtre…

— Ne devriez-vous enregistrer notre conversation ?

— Si. Mais mon magnétophone est dans mon sac à main, que, dans la précipitation, je n'ai pas eu le temps de prendre, l'autre soir, ironisa-t-elle. Votre invitation était si pressante… Soyez sans crainte. Vous relirez l'article avant sa publication. Je ne voudrais rien écrire qui lui déplaise.

— De qui parlez-vous ?

— De votre mère.

— Si vous souhaitez vous entretenir avec elle, Nadeem arrangera un rendez-vous.

— Nadeem est-elle la grande ordonnatrice de vos vies ?

— C'est une femme intelligente, à l'esprit pratique. On peut toujours compter sur elle. Elle a fait des études de médecine en Angleterre.

— Son père l'a laissée partir ?

— Ma mère a plaidé sa cause.

— Elle voulait que sa fille ait la vie qu'elle n'avait pas eue ?

— Vous lui demanderez vous-même.

Touché ! pensa-t-elle, bonne joueuse.

— Et Nadeem a vécu seule en Angleterre ? Sans chaperon ?

— Elle était entourée d'un cordon sanitaire de femmes qui veillaient sur elle. De toute façon, son mari est docteur et a des idées très libérales. Il l'a d'ailleurs autorisée à exercer.

— Autoriser ? En effet, quel libéral !

Elle n'osait pas imaginer la réaction de sa mère devant ce que cette phrase laissait supposer sur la condition féminine, au Ras al Hajar.

— Il n'avait pas le choix. Elle refusait de l'épouser tant qu'il n'avait pas donné son accord. Maintenant, elle dirige une maternité, en ville.

Manifestement, il était fier de sa sœur.

— A votre tour de me parler de vous.

— Pourquoi ? C'est vous l'interviewé, pas moi.

— Les confidences entraînent les confidences…

— Fin psychologue !

— Votre mari était éleveur de chevaux, n'est-ce pas ? Comment l'avez-vous rencontré ?

Elle s'appuya nonchalamment sur un coude, parmi les coussins bariolés, et se versa un verre de thé glacé ; elle interrogea le prince du regard ; il acquiesça et elle le servit également. Réfléchissant à ce qu'elle allait lui dire, elle plaqua le verre frais contre sa joue brûlante.

— Je venais d'avoir mon diplôme de journaliste. C'était le début de l'été et je m'accordais mes dernières vacances avant de commencer à travailler, à l'automne. Tim avait acheté une maison de campagne qu'il rénovait. Comme j'adore bricoler, je suis allée l'aider. Un soir, il a été appelé auprès d'un cheval malade. C'est ainsi que j'ai rencontré Michael. Tout de suite, ça a été l'amour fou entre nous.

Oh, comme il comprenait Michael !

— Ma mère m'a aussitôt reproché de rechercher en lui l'image d'un père.

— Etait-il si âgé que cela ?

Elle eut un petit rire triste.

— Ses enfants étaient plus âgés que moi. L'aîné avait vingt-six ans et le cadet vingt-quatre. Des monstres qui ne pensaient qu'à leur héritage et qui voyaient en moi une ennemie. Ils se contrefichaient que leur père soit heureux avec moi.

— L'était-il vraiment ?

Sa question était vexante… mais son bonheur passé lui était insupportable.

— Je l'espère. C'était un homme adorable et notre amour lui a énormément compliqué la vie.

— Avec ses enfants ?

— Avec eux, oui, et aussi avec son ex-femme, ses amis. Tout le monde nous réprouvait. Lui m'aimait et se moquait du reste du monde. Il était si gentil !

Gentil… Tout comme serait gentille l'épouse que Nadeem allait choisir pour lui. Ce n'était pas vraiment l'épithète attachée à sa réputation à lui.

Il la regarda, leurs yeux s'enchaînèrent…

Tous deux savaient que la gentillesse ne suffisait pas et qu'entre eux soufflait un sentiment qui, s'ils lui donnaient libre cours, emporterait tout sur son passage.

— Rose…

Il prononça ce mot comme s'il avait craqué une allumette pour faire prendre un feu. Elle sursauta et se redressa.

— Non…, murmura-t-elle.

Une heure auparavant, elle serait tombée dans ses bras et aurait laissé le désir la consumer, telle une forêt dévastée par les flammes.

Mais il était trop tard. Il venait de lui faire part de son

intention de se marier. Que cherchait-il avec elle ? Une aventure ? Elle ne lui ferait pas ce cadeau.

Hassan posa ses doigts fébriles sur sa chevelure fauve, au niveau de sa nuque. Puis il se pencha vers elle, éperdu de désir, pour enfouir sa tête entre ses seins…

— Non, Hassan, répéta-t-elle, la gorge nouée.

En proie aux émotions les plus contradictoires, elle se leva brusquement et fonça vers l'oued. Elle s'immergea dans l'eau jusqu'à la taille. Puis, avec ses mains, elle s'aspergea le reste du corps.

Hélas, elle ne pouvait éteindre le feu qui la dévorait…

Elle s'immobilisa. Hassan était juste derrière elle.

Lentement, elle se retourna.

Des mèches cuivrées barraient son visage. Son caftan mouillé épousait exactement la forme de son corps. Elle était d'une beauté sauvage. A couper le souffle.

Elle était la partenaire idéale. Forte, féline. Son égale. Leurs fils auraient son courage et leurs filles sa beauté.

Mais l'épouser signifiait vivre dans son monde à elle — car elle refuserait de s'adapter au sien. Accepter de la voir partir dans les endroits les plus dangereux du monde pour couvrir l'actualité. Hors de sa vue, hors de sa protection… Il en serait incapable.

Et puis le Ras al Hajar avait besoin de lui.

Cependant, la tentation était si forte…

Il tendit un bras vers elle. Derechef, elle se déroba. Il recommença et cette fois, plus vif qu'elle, il se saisit de ses deux bras et l'attira d'autorité contre lui…

— Non, Hassan.

Si sa voix était légèrement éraillée — pleine de ce même désir qui lui ceignait les reins —, son regard était franc. Elle, au moins, avait la lucidité de lutter contre leur impossible et sublime attraction… Il soupira.

— J'ai compris, Rose. Venez, l'eau est bien trop glacée pour qu'on s'y attarde. Vous allez prendre froid.

Parlait-il du froid qui venait de draper leurs cœurs respectifs ? Comme elle demeurait pétrifiée, s'obstinant à le fixer de ses grands yeux en amande, il la prit dans ses bras et la porta hors de l'eau.

Avec délicatesse, il la déposa sur l'herbe, juste au bord de la rivière.

Malgré la chaleur, elle continuait à trembler.

— Rose, il faut enlever cette robe. Je vais chercher une autre *djellaba*.

Quelques minutes plus tard, il revenait avec une robe en pashmina ayant appartenu à sa mère. Elle tremblait toujours autant et n'avait pas réussi à dégrafer son caftan.

— Je… je suis… désolée, dit-elle en claquant des dents. Je tremble trop, je…

— Calmez-vous, je vais vous déshabiller.

— Mais…

— Chuuut ! fit-il doucement. Laissez-moi faire.

Les boutonnières en fil d'or s'étaient resserrées autour des boutons, à cause de l'humidité. Il n'arrivait pas non plus à défaire le caftan. Sa peau, que ses doigts effleuraient à travers la soie fine, presque transparente, le rendait fou… Excédé, il fit sienne une méthode plus radicale en déchirant l'étoffe sur toute sa longueur.

Surprise, elle poussa un petit cri, puis leva sagement les bras lorsqu'il lui enfila l'autre robe. Elle en apprécia le tissu douillet. Hassan entreprit alors de lui sécher les cheveux avec une serviette qu'il enroula autour de sa tête.

Enfin il la prit dans ses bras et la porta jusqu'au lit, sous la tente. S'il mourait toujours d'envie de s'allonger à côté d'elle, il avait compris la leçon.

— Je vous apporte un thé bouillant…

— Hassan, je suis confuse. Je commets toujours les mêmes erreurs. Je m'étais aussi jetée à la tête de Michael, sans mesurer les conséquences de mes actes, je…

— Arrêtez de vous torturer inutilement, Rose. Un homme qui peut mourir en murmurant votre nom n'a aucun regret à avoir.

— Et quel nom sera sur vos lèvres, Hassan ?

Il baissa les yeux. Pourquoi ce revirement ? Tout à l'heure, elle le repoussait et voilà que…

— Hassan, vous ne pouvez pas faire ça. Epouser une pauvre fille qui vous aimera, vous…

— Rose !

— Une pauvre fille qui vous aimera, vous donnera tous les enfants que vous voulez, et à qui vous briserez le cœur en retour, car vous ne l'aimerez pas.

— Pourquoi aurait-elle le cœur brisé ? Elle sera au contraire enchantée de son sort.

— C'est faux, et vous ne l'ignorez pas.

— Que voulez-vous au juste ? Que je passe seul le restant de mes nuits ?

— Non, que vous vous souveniez du code de l'honneur.

— Je m'en suis souvenu, *sitti*, au moment où vous, précisément, vous l'oubliiez, en vous dévêtant devant moi.

— Navrée de vous contredire, mais dans cette partie, nous sommes à égalité.

Elle se rappela les paroles de Nadeem.

S'il voulait sauver son honneur, trois options se présentaient à lui : le sang, l'or ou le mariage. C'était à elle de choisir celle qu'elle préférait.

Tout d'abord blessée par ses projets de mariage, elle l'avait rejeté. Avant de constater qu'elle ne pouvait se résoudre à le perdre définitivement. Nadeem elle-même n'avait-elle pas affirmé que son frère ne pourrait jamais s'entendre avec une douce et docile Orientale ?

Elle était certaine qu'Hassan en était parfaitement conscient. Mais il craignait qu'elle, Rose, lui rende la vie trop difficile, alors il choisissait la facilité.

— Restez avec moi, Hassan.

Décidément, ils n'étaient jamais sur la même longueur d'onde, pensa-t-il, exaspéré.

— Non, je dois moi aussi me changer. Je suis trempé.

— Voulez-vous que je vous aide à défaire vos boutons ?

— Rose, que voulez-vous à la fin ?

— Je vous rappelle que je suis votre otage, que vous avez une dette envers moi et que vous m'avez dit que vous me donneriez ce que je voulais…

— Eh bien, dites votre prix !

— Toi, Hassan…

Son nom prononcé par sa bouche de velours, semblable au chant d'une sirène… son tutoiement, irrésistible… La promesse que, dans ses bras, il ne serait plus jamais seul !

Leurs doigts se touchèrent, s'enchevêtrèrent. S'agrippèrent farouchement…

9.

Redressé sur un coude, Hassan observait le soulèvement régulier de sa poitrine. Rose dormait telle une enfant, sur le dos, sans défense… Ou plutôt comme si elle était convaincue que rien ne pouvait l'atteindre.

Ses longs cils frôlaient ses joues ; elle souriait. Ses rêves devaient être bien doux ! Pour un homme qui, comme lui, ne croyait pas à l'amour, ces derniers jours avaient été une rude épreuve : ils avaient sérieusement ébranlé ses convictions.

Hélas, si cette nuit d'amour avait révolutionné son cœur, le monde était resté le même. Rose et lui appartenaient à deux univers différents ; chacun était prisonnier de sa propre culture et de ses propres ambitions.

Elle repartirait bientôt. Sa vie était ailleurs. Lui resterait au Ras al Hajar, où il se sentait, malgré tout, chez lui.

Les précieux souvenirs qu'ils avaient engrangés durant ces quelques jours passés ensemble devraient suffire pour le restant de leur existence… Il n'y avait pas d'autre issue possible. Aussi douloureux cela fût-il, il fallait reconnaître que leur amour était chimérique.

Il se glissa à l'extérieur de la tente. La nuit était claire et froide, et l'oasis plongée dans le plus profond silence. Quelle heure pouvait-il être ? L'aube était encore loin de poindre.

— Hassan ?

Il se retourna.

Rose, drapée dans sa robe en pashmina bleu roi et auréolée de sa chevelure vaporeuse, incarnait tout ce qu'un homme pouvait désirer.

— Désolé d'avoir troublé ton sommeil…

— Oh, le mal est fait depuis longtemps. Tu l'as troublé dès la minute où tu as posé tes yeux sur moi.

Ses prunelles brûlaient comme un feu liquide quand elle leva la main vers sa joue rugueuse et fit courir ses doigts le long de sa mâchoire.

Il fallait un courage surhumain pour résister à cette invitation — ou bien un cœur de pierre. Or, au cours des heures sublimes qu'il venait de vivre avec elle, il avait précisément découvert que le sien n'entrait pas dans cette catégorie.

Tous ses efforts pour maintenir une distance entre elle et lui furent presque anéantis lorsque ses adorables dents blanches mordillèrent sa lèvre inférieure et que la pointe de sa langue caressa la sienne…

Elle dut percevoir sa réserve, toutefois… Elle prit quelque recul et le jaugea intensément.

— Tu as retrouvé Faisal, n'est-ce pas ?

Gagné !

Cette femme pouvait lire dans ses pensées comme dans un livre ouvert. Gageure que de lui mentir !

— Effectivement, il est sur le chemin du retour, répondit-il sans oser la regarder.

Cela impliquait que leur idylle allait prendre fin. La main de Rose se posa sur son avant-bras.

— Tu dois être soulagé.

— Oui, fit-il.

Alors que tout son être criait non…

Il était abattu par cette nouvelle !

Cependant, pensa-t-il, même si Partridge n'avait pas retrouvé Faisal, il n'aurait pas pu garder éternellement sa charmante captive auprès de lui : Nadeem lui avait annoncé que sa mère, Pam Fenton, était arrivée au Ras al Hajar, une équipe de reporters dans son sillage — et bien résolue à mener ses propres investigations, si Abdullah continuait à se tourner les pouces en arguant de son impuissance. Connaissant la fille, il ne doutait certes pas des capacités de la mère.

— Et la fille avec qui il avait disparu, l'accompagne-t-elle ?

Tiens, c'est vrai ! Il ne s'en était pas préoccupé. Et dans sa hâte, Partridge ne l'avait pas mentionnée.

— Mon conseiller a vraisemblablement veillé à ce qu'elle rentre en toute sécurité chez elle. Avec indemnisations conséquentes pour vacances interrompues.

Elle n'était pas dupe de sa petite provocation.

— Cela va de soi !

De ses compensations à elle, ils n'avaient pas reparlé. Sang, or ou honneur. Le premier était exclu, le deuxième insultant, quant au troisième…

Sur une impulsion, elle s'éloigna de lui. Il la rattrapa.

— Où vas-tu ?

— Là-haut, dit-elle en désignant une colline, près du campement. Viens avec moi. J'ai envie de contempler le ciel de plus près… Dans le désert, on a l'impression qu'on peut toucher les étoiles.

— Tu veux toucher les étoiles ? répéta-t-il d'un air amusé.

— Oui, et la lune aussi. Si tu me fais la courte échelle, tout sera possible. Il suffit que tu me soulèves…

Le sourire du prince s'estompa.

— Quelque chose en toi, Rose, me fait presque croire que c'est vrai…

« Oui, Hassan, tu es sur la bonne voie », le supplia-t-elle intérieurement tandis que tous deux grimpaient la butte qui surplombait le campement. Le ciel s'offrait dans toute son étincelante immensité…

Subjuguée, Rose vit, à l'ouest, une étoile filante strier le firmament.

— Regarde, s'écria-t-elle. Que c'est beau ! As-tu fait un vœu ?

Sa main se resserra imperceptiblement sur la sienne.

— Notre destin est écrit d'avance, Rose…

— Le destin a voulu que je me tienne là, ce soir, à la seconde où passait cette météorite, et que je fasse un vœu… Je fais toujours le même : que les gens que j'aime soient heureux et en bonne santé.

— N'as-tu rien souhaité de personnel ?

Elle esquissa un petit sourire.

— En la matière, je préfère prendre mon « destin » en main. La preuve. J'étais ici juste au bon moment.

— Rose, tu es si… si…

Comment trouver les mots pour la caractériser ?

Elle savait que son attitude face à la vie demeurait un mystère pour Hassan. Il ne comprenait pas sa détermination à plier les événements à sa volonté.

— Si quoi ?

— Si hardie. Si entière. Pleine de feu et d'esprit, ajouta-t-il en replaçant gentiment une mèche derrière son oreille.

Son ardeur attisait son désir et son esprit l'enchantait. Elle exerçait sur lui un véritable sortilège. Des mots jusque-là vides de sens pour lui avaient pris une tout autre dimension. Amour, inattendu, rare… Oui, elle était aussi rare qu'une rose du désert.

Il sut le présent qu'il lui ferait, en guise d'adieu. Ce serait une déclaration d'amour symbolique, une sorte de talisman. Chaque fois qu'elle le toucherait, elle revivrait cet instant…

— As-tu déjà vu une rose du désert ?

— Une rose qui pousse sur les pierres ? s'étonna-t-elle en furetant autour d'elle, comme si une rose venait de pousser à ses pieds.

— Il ne s'agit pas de fleurs, mais de cristaux. Ils sont parfois de couleur rose et ont la forme de pétales. Pour les trouver, il faut avoir l'œil…

— Et… ?

— Et rien…

Il avait été près de trahir ses sentiments.

— Rien, reprit-il, si ce n'est la coïncidence avec ton nom. Et que moi aussi je t'ai trouvée dans le désert — voilà tout.

— Rose du désert… voici mon nouveau nom dc guerre !

Elle sourit mélancoliquement.

— Demain, nous devrons rentrer en ville, n'est-ce pas ? Retour sur terre…

— J'aurais sincèrement aimé qu'il en soit autrement… Nous n'avons pas le choix. Notre histoire était sans lendemain…

Non. C'était lui qui en avait décidé ainsi. Pour sa part, elle se réservait le droit de juger la situation à sa façon et non selon les critères d'Hassan. Dans la vie, on avait toujours le choix. Il fallait être en mesure d'opérer les bons et avoir assez de courage pour sauter les obstacles. Seul le manque de confiance en soi menait à l'échec.

C'était ce que sa mère lui avait enseigné. Si Pam n'avait pas approuvé son mariage avec Michael, elle lui avait donné la force de braver leurs contempteurs…

Et elle était de nouveau prête à défier la terre entière. Avec un peu de bonne volonté de part et d'autre, rien n'était insurmontable. Hassan avait visiblement besoin de temps pour s'en persuader !

— Nous verrons bien de quoi demain sera fait, mon amour, murmura-t-elle alors. Viens, profitons encore de cette nuit magique…

Et c'était ce qu'ils avaient fait.

Ils s'étaient aimés longuement. Avec passion, tendresse, fougue…

A l'aube, il l'avait quittée la mort dans l'âme. Totalement épuisée, elle ne l'avait pas entendu partir. Elle n'avait pas bougé quand, repoussant la mèche de cheveux qui barrait sa joue, il y avait déposé un ultime baiser, ni quand il avait chuchoté un au revoir — avant de placer, à côté d'elle, un petit présent sur l'oreiller.

Oh ! rien de précieux en valeur marchande : il ne voulait surtout pas l'offenser — l'eût-il volontiers couverte des plus belles pierres de la terre. C'était, en revanche, un cadeau à forte valeur sentimentale. Il lui laissait une part de lui-même… Fort de cette pensée, il put enfin quitter la chambre afin d'affronter son destin sans elle.

A son réveil, Rose sut d'emblée qu'il était parti. Elle n'en conçut nulle surprise. Au cœur de leurs étreintes, la nuit passée, elle avait vu briller des larmes dans ses yeux gris argent.

Elle avait pour réputation d'être obstinée.

De combien de temps aurait-elle besoin pour le convaincre ?

Devrait-elle, avec l'aide de Tim et de Nadeem, faire jouer solennellement la clause de l'honneur ?

Ses yeux se posèrent sur ce qu'il avait laissé sur l'oreiller. Une rose du désert. Accompagnée d'un mot qu'elle s'empressa de lire :

« C'est une partie de moi que tu emmèneras avec toi, en Angleterre, un présent bien modeste à l'aune des souvenirs que tu laisses derrière toi.

Hassan. »

Elle prit la rose. Elle tenait dans sa paume. C'était vraiment très beau, si délicat. Si différent de la débauche de roses dont Abdullah l'avait inondée. Cette rose n'était ni douce, ni vulnérable, ni vouée à une mort annoncée. Elle était tout simplement immortelle.

On pouvait — et elle prit peur à cette idée — l'interpréter tout autrement. Leur amour demeurerait à jamais sublime et platonique. Sa volonté serait aussi dure que cette roche. Elle retint une larme…

— Mademoiselle Fenton ? Rose… ?

Se mordant la lèvre, Rose leva les yeux vers une femme élancée qui se tenait près du lit. Des fils d'argent sillonnaient sa noire chevelure.

— Hassan m'a chargée de vous ramener à la maison.

— A la maison ?

Que voulait-elle dire ? A Londres, dans le froid et le brouillard ? Sa maison à elle, c'était désormais ici, avec Hassan, elle n'en démordrait pas, il finirait par l'admettre !

— Je ne saisis pas…

— Votre mère vous attend.

Elle se redressa.

— Oh, vous êtes la mère d'Hassan et de Nadeem !

La ressemblance venait de la frapper.

— Oui. Je m'appelle Aisha.

— Désolée qu'il vous ait chargée de vous occuper de moi. Vous devez avoir quantité d'autres choses à faire… avec le retour de Faisal…

— Tranquillisez-vous, j'ai déjà parlé à Faisal au télé… Oh ! cette rose !

— Un présent qu'Hassan m'a laissé avant de partir. Je dormais encore…

— Cela fait une éternité que je ne l'ai pas vue. C'est un cadeau que m'avait fait mon mari… Je l'ai donnée à Hassan lorsque je me suis remariée — ainsi que tout ce qu'Alistair m'avait offert, d'ailleurs. Cette robe que vous portez, aussi… On ne peut pas emporter les souvenirs d'un amour passé dans la maison d'un autre homme. Vous qui avez été mariée pouvez me comprendre, je suis sûre.

— Oui…

N'avait-elle pas tout laissé dans la maison où Michael et elle avaient habité ? Après l'enterrement, elle s'était enfuie de l'endroit avec son seul sac à main — pour reprendre sa vie là où elle en était avant de rencontrer son mari. C'était lui qu'elle avait épousé, non ses biens. Mais, au fait…

— Comment savez-vous que j'ai été mariée ?

— Votre mère me l'a dit. Nous avons déjeuné ensemble, hier. C'est une personne fort intéressante.

— Ma mère est ici ?

— Oui, depuis deux jours. Saviez-vous qu'Hassan lui avait envoyé un message ? Elle ignore qu'il s'agit de lui et je ne lui ai rien dit, bien sûr. Son message disait que vous étiez en bonne santé et que vous ne couriez aucun danger. Il lui demandait en outre de ne rien dire à personne.

— Ma mère ici, ça alors !

— Apprêtez-vous tranquillement, Rose, lui conseilla Aisha. Moi, je vais faire une petite promenade dans le désert. Il y a si longtemps que je ne suis pas venue me ressourcer ici !

Dès qu'Aisha eut disparu derrière le rideau, Rose bondit hors du lit. Elle n'avait plus une minute à perdre. Hassan avait envoyé un message à sa mère ! Pourquoi ne lui en avait-il rien dit ? Parce qu'il ne voulait pas qu'elle sache que l'inquiétude de ses proches le préoccupait ? Parce qu'elle en aurait déduit la force des sentiments qu'il lui portait ?

Bon, elle devait se calmer et réfléchir sans précipitation.

Il lui avait laissé sa rose du désert en guise d'adieu. Elle n'avait pas été en mesure de le convaincre, lui. Et si elle tentait de persuader les femmes de sa vie, sa mère, ses sœurs, qu'elle était une des leurs ?

Avec l'eau fraîche du broc, elle fit sa toilette. Puis, enroulée dans le drap de bain, elle se rendit compte que son *shalwar kameez* lui avait été rendu, lavé et repassé. Elle l'enfila rapidement, et se maquilla légèrement.

Au sortir de la pièce, elle aperçut Aisha, revenue de sa balade, qui l'attendait sur le divan en sirotant un café.

— Vous êtes ravissante, Rose. Prendrez-vous un café ? On va apporter des gâteaux.

— Oui, merci. Je prendrais bien aussi votre avis.

L'avion s'avança vers le terminal. Sur son nez, l'étendard de l'émirat battait au vent, signe qu'il transportait un haut dignitaire. Hassan, à la deuxième place dans le rang des officiels, lorgna son cousin Abdullah. Il semblait extrêmement tendu. Devant la masse de journalistes du monde entier présents sur le tarmac, il ne pouvait nonobstant faire autre chose que de se préparer à saluer son jeune successeur.

Parmi eux, il y avait Rose. En première ligne, un peu détachée, comme si ses pairs lui accordaient la place d'honneur.

Pour une fois, elle n'était pas en tenue de combat. Elle évoquait une princesse dans son caftan de soie et de mousseline. Souveraine… Il ne l'avait gratifiée que d'un seul regard en coin.

L'avion s'immobilisa et l'on apporta la passerelle. Puis la porte glissa latéralement et Faisal apparut, dans un crépitement d'appareils photo…

Hassan faillit s'étrangler. Le futur émir, en jean, arborait un T-shirt en faveur de son équipe de football américaine favorite !

Comment pouvait-il être si désinvolte ? Et surtout, comment Simon Partridge avait-il pu tolérer un tel relâchement vestimentaire ? Le moment était historique, bon sang !

Hassan n'était pas au bout de ses surprises…

Derrière Faisal se profila la svelte silhouette d'une jeune

femme à la chevelure blond californien — et au sourire aussi large que le Pacifique. Suivie par un Simon Partridge à l'expression contrite, plaidant déjà silencieusement sa cause.

D'un pas aussi décontracté que sa tenue, Faisal descendit les marches de la passerelle pour venir s'incliner devant Abdullah. L'espace d'un instant, un sourire de triomphe se dessina sur le visage du régent. Le cœur d'Hassan se serra…

Avec la confiance que lui conférait sa jeunesse, Faisal se releva et resta planté devant son cousin, attendant qu'il lui rende la pareille. Le distingue d'abord comme son égal puis comme le roi.

Abdullah parut hésiter…

Hassan retint son souffle. Pas un muscle du visage de Faisal ne tressaillit. Il attendait, tout bonnement. Au bout d'une minute qui parut une éternité à Hassan, le régent le reconnut comme son successeur.

Faisal avança alors vers son frère, un sourire crispé aux lèvres. Il savait que ce dernier n'allait pas manquer de lui faire la leçon, tout à l'heure… Pour l'instant, le protocole l'obligeait à saluer son cadet avec déférence.

A vrai dire, Hassan était impressionné par l'attitude de Faisal… Il était devenu un homme.

Rose observait la scène avec attention, et la commentait via son téléphone satellite. Sa voix accompagnait les images qui défilaient sur la chaîne câblée — et que des millions de téléspectateurs suivaient en direct. Elle indiquait d'un ton neutre que la jeune Américaine qui accompagnait l'émir venait de monter dans une grande limousine tandis que Faisal continuait à faire le tour du comité d'accueil.

Quand il fut à sa hauteur, elle lui tendit son micro.

— Heureux d'être de retour à la maison, Votre Altesse ?

— Très heureux, mademoiselle Fenton. Bien que j'aie dû partir à toute vitesse, d'où le côté… improvisé. Nous nous sommes tous fait beaucoup de souci pour vous.

— J'en suis profondément navrée…

Elle avait expliqué sa disparition en prétendant qu'elle avait fait une rechute subite, dans le désert, et qu'elle ne se rappelait plus rien jusqu'à son réveil dans la tente des nomades qui l'avaient recueillie. Ils ne parlaient pas anglais, et l'avaient conduite au village le plus proche, d'où elle avait pu téléphoner.

Elle doutait fort que sa mère et Tim aient avalé ce gros mensonge ; elle était prête à le maintenir si l'un d'eux avait l'outrecuidance de l'interroger plus avant… Ce à quoi ils ne s'aventurèrent pas.

Le sourire de Faisal était chaleureux.

— Je suis ravi de constater que cet incident ne vous a pas fait quitter notre pays au plus vite.

— Au contraire. Le désert est un endroit merveilleux et votre peuple d'une hospitalité sans bornes.

— Nous donnerons prochainement une fête en votre honneur.

— Merci…

Elle n'osa pas regarder dans la direction d'Hassan. Elle ne posa pas non plus de questions au roi sur la superbe blonde qui l'escortait. Aisha, du reste, lui avait déjà révélé son identité.

Hassan regarda s'éloigner la limousine dans laquelle s'était engouffré son frère, puis monta à l'arrière de la sienne.

— Pour l'amour du ciel, à quoi pensais-tu, Partridge ? Ta colère contre moi ne t'autorise pas à pousser le bouchon si loin !

— Je n'y suis pour rien si…

— N'aurais-tu pas pu lui trouver un costume ? Et sa petite amie ! Si elle tenait absolument à venir, tu aurais pu veiller à ce que son arrivée soit plus discrète. Qui est-ce ?

— Elle s'appelle Bonnie Hart, répondit Partridge d'un air las. Et Faisal l'a épousée il y a deux semaines.

— Quoi ? s'indigna Hassan.

— Nous avons interrompu leur lune de miel.

— Leur lune de miel ? Dans les Adirondacks ? Quel romantisme !

— S'ils n'étaient pas partis très loin, c'est que Bonnie reprend ses cours à la fac la semaine prochaine…

— Assez ! Sur quelle planète vit donc Faisal ?

— Je crois qu'il a les pieds sur terre. Bonnie est une fille formidable et très intelligente. Elle étudie l'agronomie et…

— Je me moque éperdument de ce que peut bien faire cette fille. Faisal n'avait pas le droit de se marier dans mon dos. Il était censé épouser une jeune femme choisie par ses soins à lui ! La fille d'une famille influente qui aurait servi les intérêts du royaume.

— Je t'en prie, Simon, dis-moi que tout cela n'est qu'une farce.

— Hélas ! Je ne le puis.

— Qu'allons-nous faire d'elle ? se lamenta Hassan.

— Que préconisez-vous ? Que nous lui léguions des hectares de désert ?

Ah non ! pas de sarcasmes, il n'était pas en mesure de les supporter. Comprenant qu'il était à fleur de peau mais soupçonnant que Faisal n'était pas le seul responsable de cet état, Partridge poursuivit :

— Faisal l'a rencontrée à la station hydroponique que vous lui aviez recommandé de visiter.

— Que veux-tu dire ? Que tout est de ma faute ?

— Pas du tout ! Simplement, Faisal n'est plus un petit garçon. Il a des idées très arrêtées sur ce qu'il veut. Je lui ai clairement signifié que vous désapprouveriez son jean. Ce à quoi il m'a rétorqué de me mêler de mes affaires.

10.

A sa requête, Faisal et sa femme furent conduits au fort, où tous deux attendaient à présent Hassan dans le petit salon. Cette initiative constituait une entorse supplémentaire à l'étiquette. En tant qu'émir, Faisal aurait dû recevoir la visite d'Hassan et non venir chez lui.

— Bonnie, je te présente mon frère, annonça-t-il lorsque ce dernier fit son entrée. Il grogne, mais ne mord pas, sauf si on le provoque.

— Dans ces conditions, mon chéri, on ferait mieux d'aller tout de suite chercher les pansements. Pour ce qui est de la provocation, je crois que tu as fait un travail remarquable…

Se tournant alors vers son hôte, Bonnie déclara :

— Bonnie Hart. Désolée de vous mettre devant le fait accompli. Faisal m'a dit que si je voulais l'épouser, nous devions le faire aux Etats-Unis, car une fois que vous l'auriez ramené à la maison et enfermé dans votre palais, j'aurais dû pour toujours renoncer à nos projets de mariage.

La situation était tellement surréaliste qu'Hassan répliqua avec courtoisie :

— Mon frère vous taquinait. En tant qu'émir, il sait parfaitement qu'il peut agir comme il l'entend. Je vous souhaite la bienvenue au Ras al Hajar, Votre Altesse.

— Votre Altesse ? Je vous en prie, je suis une citoyenne américaine et…

— Bonnie, ma chérie, si tu allais faire une petite sieste pendant que je discute un peu avec Hassan ? Nous avons une longue journée devant nous et il faut que tu sois au meilleur de ta forme pour recevoir les visiteurs qui ne manqueront pas d'affluer.

— A commencer par ma mère, observa Hassan. Quand la princesse Aisha apprendra la nouvelle, elle…

— Oh, Aisha est déjà au courant, intervint Bonnie. Je languis tant de la rencontrer ! Ainsi que vos sœurs, Nadeem et Leila. J'adore déjà leurs prénoms.

Hassan grimaça. Etait-ce une conspiration ? Etait-il donc le seul à ignorer leur mariage ? Sa famille le considérait-elle comme un monstre insensible aux choses du cœur ?

Il était bien contraint de reconnaître qu'il y avait encore cinq jours, ces préventions auraient été fondées. La révolution qui s'était produite dans son propre cœur l'avait rendu bien plus compréhensif…

— Eh bien, rétorqua Hassan, si leurs prénoms vous plaisent tellement, demandez-leur de vous aider à en trouver un pour vous. Il sera le nom officiel sous lequel on vous présentera au peuple.

Bonnie lança un regard perplexe à Faisal.

— Hassan me cherche querelle à travers toi, ma chérie. Si tu veux bien nous laisser…

— Je sais me retirer quand ma présence n'est pas désirable, dit Bonnie avec humour. Simon, vous voulez bien me faire visiter la maison ?

Dès qu'ils eurent quitté le salon, Hassan laissa libre cours à sa fureur :

— Faisal ! Ta femme ne peut pas se promener en bermuda et montrer ses jambes à tout le monde de cette façon.

— Pourquoi, elles ne sont pas à ton goût ? Tu préfères sûrement celles de Mlle Fenton. Il est vrai que tu as réussi en un rien de temps à les lui faire couvrir…

— Rose Fenton s'habille comme elle veut. Je n'y suis pour rien si elle a le sens de la décence. Et maintenant, je suis navré d'insister, mais tu dois changer de tenue pour le *majlis* de ce soir. Il y aura foule.

Tous les dignitaires du royaume assisteraient en effet au conseil pour l'intronisation du nouveau roi.

— Je veux que tu présides le *majlis* à ma place, Hassan.

— Je ne peux pas te remplacer. Cela sèmerait la confusion dans les esprits, et ce n'est pas le moment.

— Je ne cherche à tromper personne. Tu présideras le *majlis*, ce soir, car je dois faire une allocution, à la télévision.

— Et sur quelle chaîne ?

— Celle pour laquelle travaille Mlle Fenton.

Etait-ce une tactique de la part de Faisal ? Le déstabiliser en ne cessant de mentionner Rose ?

— Très bien… Et quel message entends-tu délivrer au monde ?

— Je comptais précisément sur toi pour m'aider. Tu connais mieux que moi la conjoncture de notre royaume. N'as-tu pas déjà étudié les changements nécessaires à son évolution ?

— Mon avis t'intéresse vraiment ?

— Assurément. Je veux que le peuple sache que leur roi se préoccupe de leur sort.

— Après tout, ton idée d'allocution n'est pas si mauvaise que ça, concéda Hassan. Ainsi, plus personne n'aura de doute sur l'identité du nouvel émir.

— C'est pour cette raison que je fais l'émission.

Tout n'était pas perdu, pensa Hassan.

Il prierait Nadeem d'intercéder auprès de la princesse aux jambes nues afin qu'elle adopte des tenues plus protocolaires. Sa sœur lui était bien redevable d'un petit service, pour lui avoir caché le mariage de Faisal.

— J'en suis très heureux. Tes intentions ne m'étaient pas très claires… Tu ne semblais pas pressé de rentrer et Abdullah commençait à nourrir des espoirs insensés.

— Dorénavant, je suis l'émir et nul ne peut plus me faire la morale. Pas même toi, Hassan — et certainement pas en ce qui concerne Bonnie.

— Ta femme, c'est ton problème. Quant au reste… émir ou pas, tu demeures mon petit frère et je ne me priverai jamais de te dire ma façon de penser.

*
* *

Hassan faisait les cent pas dans la salle d'audience du palais, récapitulant le discours qu'il allait prononcer devant le conseil. Il avait longuement discuté avec Nadeem et son mari de problèmes de santé publique et était en mesure de présenter des propositions concrètes dès ce soir. Leila, elle, avait montré une grande connaissance dans le domaine de l'éducation et son avis avait été fort édifiant. Enfin, à l'initiative de Bonnie, une étude était en cours sur un projet d'agriculture hydroponique à grande échelle. C'était une bonne idée, même si Hassan n'aurait pas gagé que son peuple agréerait une princesse agronome…

Comme il aurait aimé que Rose fût à ses côtés ! Elle avait tant de choses à offrir… Son avis était si précieux !

Pour se distraire de cette pensée en forme d'impasse, il monta le son du poste de télévision que l'on avait spécialement installé dans la salle d'audience pour qu'il pût suivre le discours de son frère.

La retransmission en direct allait commencer.

Faisal avait bien revêtu un habit traditionnel. Il donnait malgré tout l'impression d'être un joueur de football américain déguisé en émir. Hassan, consterné, soupira.

Faisal amorça son discours comme prévu, par des remerciements au régent pour la façon dont il avait dirigé le pays depuis la mort de son grand-père. Puis il promit de toujours faire passer les intérêts du royaume avant les siens et exposa ses projets pour le Ras al Hajar. Il était impératif que son pays se modernise et accorde une plus grande place aux femmes dans la société, affirma-t-il. Leurs rôles devaient enfin être reconnus.

— J'ai ratifié ce soir une nouvelle Constitution afin de permettre la création d'un nouveau ministère, le ministère de la Condition féminine, qui sera tenu par une femme. Vous en saurez davantage dans les jours à venir.

Hassan sourcilla.

S'ils avaient évoqué la question, ils n'avaient encore rien arrêté. Et certainement pas qui le dirigerait…

Il apostropha Partridge.

— Une femme ? Qu'est-ce que cela signifie ?

*
* *

Dans le studio, Rose avait le regard rivé sur les sous-titres du discours de Faisal. Brusquement, elle sursauta. Un messager royal venait de lui toucher le bras. Il lui remit une enveloppe frappée d'un sceau.

Tout en la décachetant, elle regardait le moniteur. Elle jeta un œil distrait sur le contenu de la lettre… et se figea. Voilà ce que Faisal lui écrivait :

« Chère mademoiselle Fenton,

Ma mère et ma sœur pensent toutes deux que vous pouvez servir notre pays. Hassan a besoin de vous. Restez, s'il vous plaît.

Faisal. »

— Que se passe-t-il ? murmura Gordon, qui se tenait à côté d'elle.

Elle ouvrit la bouche puis, se ravisant, mit prestement la lettre dans sa poche.

— Je te le dirai plus tard. Où en est-il ?

— On va bientôt être prêts pour le direct avec Londres…

Contrairement au timing prévu, Faisal n'était pas du tout en train de conclure. Rose eut une sorte de prémonition…

— A l'heure de sa mort, il y a de nombreuses années, mon grand-père m'a choisi comme successeur. Cependant nul n'ignore qu'il aurait aimé nommer une autre personne. Le contexte politique d'alors l'a conduit à agir selon sa raison et non son cœur. Les temps ont changé… Durant cette journée historique, j'ai été émir avec plaisir et, avec le soutien de ma famille, j'ai tâché, par la nouvelle Constitution, de donner une impulsion résolument moderne au royaume. A l'avenir, je n'œuvrerai pas dans ce sens en tant qu'émir, mais comme son sujet et son serviteur le plus dévoué…

Interloqué, Hassan fixa Partridge.

— Tu étais au courant de ses intentions ?

— Il m'avait fait jurer de ne rien dire.

— Tu es mon conseiller, Partridge !

— Oui, Excellence. Et Faisal est l'émir…

— Je ne le laisserai pas faire une chose pareille !

— Si vous n'acceptez pas, Abdullah vous remplacera avec grand plaisir, croyez-moi.

Sur l'écran, Faisal achevait son discours :

— A partir de minuit, ce soir, je renonce en toute liberté au trône du Ras al Hajar et remets ce lourd fardeau à l'héritier de plein droit, le premier petit-fils de mon grand-père, mon frère, le prince Hassan. J'ai par ailleurs l'immense plaisir de vous annoncer que mon ultime acte en tant qu'émir sera de célébrer le mariage de ce dernier. Je lui présente tous mes vœux de bonheur, ainsi qu'à l'heureuse élue.

Il était pris au piège. La salle du conseil était pleine à craquer. Apparemment, tous étaient prêts à lui rendre allégeance.

Faisal avait bien manigancé les choses. Le jean, Bonnie et son bermuda : un sans-faute ! Hassan incarnait, lui, l'image traditionnelle dont le *majlis* avait besoin.

Que penseraient-ils, tous, s'ils savaient qu'en ce moment, au lieu de se réjouir de l'honneur qu'on lui faisait, tout ce qu'il voulait, c'était retrouver Rose et lui dire… lui dire qu'il l'aimait et la supplier de rester ?

Quelques heures plus tard, il rentra chez lui épuisé. Il n'en décrocha pas moins *illico presto* son téléphone. Tant pis s'il était près de 1 heure du matin !

— Tim Fenton, à l'appareil…, dit une voix tout endormie.

— Bonjour, c'est Hassan. Je veux parler à Rose.

— Impossible. Elle n'est pas ici.

— Comment cela ? Ne me dites pas qu'elle est déjà repartie.

— Ecoutez, Rose fait ce qu'elle veut, cela ne vous regarde pas, d'accord ? Et au passage, je voulais vous donner ma démission.

Là-dessus, il raccrocha.

Un terrible sentiment de solitude glaça le cœur d'Hassan. Demain, Nadeem l'appellerait pour lui dire qu'elle avait trouvé sa future femme et pour l'informer des détails liés au déroulement de la cérémonie. Alors que le destin le propulsait au sommet, il se sentait l'être le plus démuni de la terre.

Toute la journée, Rose se laissa dorloter. On lui fit des soins manucures, un massage aux huiles essentielles. On dessina ensuite sur ses mains de superbes arabesques couleur cuivre.

Pam Fenton suivait ces apprêts avec attention, prenant même des notes.

— Ma chérie, s'extasia-t-elle, tu es vraiment la fille la plus merveilleuse de la terre. Une source d'inspiration intarissable. Tout d'abord tu épouses un homme qui aurait pu être ton père, et maintenant cette histoire avec ce prince d'un autre temps !

— Je ne vois pas en quoi cette « histoire » peut t'inspirer…

— Une femme moderne avec une formidable carrière renonce à tout pour vivre dans un harem. C'est un sujet digne d'intérêt, non ?

— Ecris ça et je t'intente un procès.

— Génial ! Voilà qui augmenterait encore mes ventes !

— Maman, je regrette de n'être pas conforme à tes aspirations. Il se trouve que je ne vais pas entrer dans un harem, mais que j'ai été nommée chef d'un ministère censé justement améliorer la condition féminine dans ce pays.

— Mais ma chérie, tu ne parles même pas la langue ! objecta Pam. Et tes enfants t'empêcheront bientôt de te consacrer à ce métier improvisé.

— Je fais chaque jour des progrès en arabe. Quant aux enfants, les tiens n'ont jamais entravé ta carrière, que je sache.

— Tu as raison. Vu sous ce jour, cela ferait peut-être un meilleur roman…

— Quoi ? Rose Fenton ? Rose Fenton va diriger le ministère de la Femme ?

Le cœur d'Hassan battait à deux cents à l'heure.

— Connais-tu une personne plus qualifiée pour ce poste ?

Non, bien sûr… Son cadet avait néanmoins perdu la tête.

— C'est la personne idéale, reprit Faisal. Elle a un sens inné de la communication. Et je suis étonné de la vitesse à laquelle elle apprend notre langue ! J'en déduis que tu es un excellent professeur. En tout cas, j'espère que la situation ne sera pas trop… délicate pour toi.

Délicate ? Insupportable, oui. La savoir si près de lui… Faisal ne se rendait pas compte du calvaire qu'il lui préparait !

— Combien de temps dure son contrat ?

— Un an. Après ce sera à elle de le reconduire — ou non. A moins que tu ne saches l'en persuader…

— Faisal, je…

— Oui, Votre Altesse ? fit Faisal sur le ton de la plaisanterie.

— Disparais de ma vue. Prends ta jolie femme et fais-toi oublier pendant un siècle ou deux. D'ici là, peut-être que l'envie de te tordre le cou me sera passée.

— Je te donne un trône, une femme et une reine des médias, et c'est ainsi que tu me remercies ? Quel ingrat !

— Hors de ma vue !

— O.K., je sors, ne t'énerve pas. On se reverra au mariage.

A ces mots, Hassan se raidit puis martela, hiératique :

— Il n'y aura pas de mariage.

Il venait de prendre cette importante décision. Quelles qu'en fussent les conséquences, s'il ne pouvait épouser Rose, il ne se marierait pas.

Nadeem recula de quelques pas pour mieux juger de l'effet.

— Sublime, tu es sublime. Qu'en dites-vous, Pam ?

— Je ne sais pas. Sous ce voile, je ne la vois pas.

— C'est parfait. Le marié ne doit pas voir sa future femme avant l'échange des vœux. La beauté de la robe et la splendeur des bijoux indiquent assez qu'elle est digne d'un émir.

Un bruissement derrière les rideaux qui divisaient la pièce en deux se fit entendre.

— Il arrive. Vite, Pam, sortez par cette porte, chuchota Nadeem.

*
* *

Hassan attendait impatiemment sa sœur.

Il était venu mettre un terme à toute cette comédie. Il offenserait gravement la jeune femme et sa famille ? Il était prêt à leur donner tous ses biens pour les dédommager.

— Nadeem, dit-il en se ruant vers sa sœur, je…

— Ravie de te voir si empressé, fit-elle en lui prenant les mains. Nous sommes prêtes.

— Je suis venu te dire que je ne veux pas me marier. C'est exclu.

— Je ne comprends pas. Tu m'as demandé d'arranger le mariage sans délai. Les contrats sont signés !

— Faisal a abusé de son autorité.

— Il a agi pour ton bien, comme nous tous.

— Je sais, je sais. Je suis le seul fautif. J'ai une priorité. En l'occurrence, il s'agit d'honneur. Et je ne pourrai réparer cette faute que par le mariage.

— Tu veux parler de Rose ?

— Evidemment !

— Je croyais que ta conscience pouvait s'accommoder de…

— Je me suis trompé, voilà !

— Hassan, je suis certaine que Rose ne voudrait pas que tu l'épouses par devoir ou pour sauver l'honneur. Je la connais assez pour te l'affirmer en son nom. Veux-tu que je lui parle ?

— Non ! hurla-t-il avant de reprendre sur un ton plus calme : Non, ça ne changera rien. Vois-tu, je me suis rendu compte que je ne peux pas vivre sans elle.

— Es-tu amoureux d'elle ?

— Elle est…

Il ferma le poing et le pressa contre son cœur.

— … à l'intérieur de moi.

— Je comprends, Hassan. Et il en sera de même pour la femme qui t'attend. Tu pourras lui ouvrir ton cœur, lui exprimer tes sentiments…

— Nadeem, je t'en prie, je…

— Elle comprendra, je te le garantis.

— Mais…

— Fais-moi confiance. T'ai-je jamais trahi ?

Elle l'entraîna derrière les rideaux.

Au centre de la pièce se tenait une silhouette élancée, drapée d'une *djellaba* de soie rouge vif brodée de fils d'or. Une ceinture en mailles d'or cintrait sa taille. Sa tête était recouverte d'un voile si épais qu'il était impossible de distinguer son visage.

Il ne savait même pas son nom. Il n'avait qu'une envie : fuir. Il se retourna. Nadeem avait disparu…

Il considéra la femme invisible, affligé…

Sous son voile, Rose l'observait attentivement.

Au départ, elle avait désapprouvé le plan de Nadeem. Elle ne voulait pas qu'Hassan l'épouse sans le savoir… Cette idée lui déplaisait fortement.

Nadeem lui avait assuré que c'était la meilleure solution. Elle connaissait son frère mieux que lui-même : il ne pourrait jamais consentir à un mariage arrangé. Et Rose en avait désormais la preuve. Un profond désespoir paraissait l'accabler…

Assez ! Il était temps de mettre un terme à ce petit jeu — et au supplice d'Hassan.

— *Sidi…*, dit-elle d'une voix douce.

Elle tendit sa main ornée d'une guipure de henné. Il ne bougea pas d'un pouce.

— Monsieur, ajouta-t-elle dans sa langue.

La plus grande surprise se peignit sur les traits d'Hassan. Il s'avança d'un pas.

— Qui êtes-vous ?

— Vous m'offensez, monsieur…

— Rose…

Il ne pouvait pas le croire.

La main de Rose se coula dans la sienne ; elle fit glisser son voile sur ses cheveux.

— Rose, répéta-t-il, je t'aime. Reste avec moi. Pour toujours. Sois ma femme, ma princesse et la mère de mes enfants.

Ses mains enlacèrent sa taille et il l'attira à lui.

— Crois-tu que tu pourras mener tes deux vies de front. Au gouvernement et dans ton foyer ?

— Faisal t'a donc mis au courant…

— Oui.

— Et… tu es d'accord ?

Non, bien sûr que non, mais si c'était le prix à payer pour qu'elle l'épouse, il apprendrait à l'accepter.

— Tu as un contrat signé par l'émir du Ras al Hajar. Qui suis-je pour le contester ?

— Et si je suis amenée à voyager à l'étranger, à donner des conférences ?

— Cela ne m'enchantera pas, certes… Je t'aime, Rose. C'est toi que je veux et personne d'autre. Tes conditions seront les miennes.

Puis, plongeant ses yeux brûlants dans les siens, il s'enquit d'une voix tremblante d'émotion :

— Et toi, mon amour, veux-tu de moi ?

Elle effleura ses lèvres de ses doigts longs et fins.

— Notre destin était écrit, Hassan. Qui suis-je pour le contester ?

— Tu es ma rose du désert…

MIRANDA LEE

Le prince de ses nuits

éditions HARLEQUIN

Cet ouvrage a été publié en langue anglaise
sous le titre :
LOVE-SLAVE TO THE SHEIKH

Traduction française de
ELISABETH MARZIN

Ce roman a déjà été publié en mai 2007

83-85, boulevard Vincent-Auriol, 75646 PARIS CEDEX 13.
Service Lectrices — Tél. : 01 45 82 47 47
www.harlequin.fr

Prologue

— Inutile de me ménager, docteur. Annoncez-moi votre diagnostic sans détour, s'il vous plaît.

Le neurochirurgien observa attentivement l'homme qui lui faisait face. Rachid bin Said al Serkel semblait sûr de lui. Cependant, était-il vraiment prêt à entendre la vérité ? Il avait autant de chances de survivre que son poulain de gagner le derby.

A savoir une sur deux.

— Vous avez une tumeur au cerveau.

Rachid ne cilla pas.

— Maligne, ajouta le chirurgien, impressionné malgré lui. D'ordinaire, à l'annonce de ce genre de nouvelle, les gens marquaient le coup. C'était la première fois qu'il voyait un patient faire preuve d'un tel sang-froid.

Agé de trente-quatre ans, taillé en athlète, le visage énergique, Rachid bin Said al Serkel était l'image même de la force et de la virilité. Impossible de deviner en le voyant qu'il était atteint d'un cancer.

Fils unique d'une Londonienne et d'un magnat du pétrole de l'émirat de Dubar — tous deux morts tragiquement dans l'incendie d'un de leurs yachts — il avait fait ses études à Oxford et vivait en Angleterre. Il possédait un appartement à Kensington, une écurie de courses à Newmarket et un haras au pays de Galles.

Subjuguée par le patient le plus séduisant et sans doute le plus riche du cabinet, la secrétaire avait entrepris de recueillir tous les renseignements disponibles à son sujet. Depuis une semaine, elle ne parlait plus que de ce Rachid et de sa réputation de play-boy. Car en plus des chevaux de course et des voitures de sport, il appréciait beaucoup les femmes. Séduisantes et libérées de préférence.

Ces informations avaient laissé le chirurgien de marbre, mais, à présent, sa curiosité était piquée par cet homme manifestement doté d'un caractère hors du commun.

— Et… ? demanda Rachid.

— Une intervention est possible, mais elle comporte des risques. Pour être très précis, vos chances d'y survivre sont de cinquante pour cent. Cependant, sans cette intervention, votre espérance de vie ne dépasse pas un an.

Le chirurgien fit une pause avant d'ajouter :

— Bien entendu, la décision vous appartient.

Rachid eut un sourire qui révéla des dents d'une blancheur éclatante.

— Je n'ai pas vraiment le choix, n'est-ce pas ? Vous avez la réputation d'être le meilleur neurochirurgien du Royaume-Uni, je m'en remets donc à vous. Vous pouvez programmer l'opération pour la fin juin.

— Mais c'est dans trois semaines ! Je préférerais opérer plus tôt.

— L'intervention sera-t-elle beaucoup plus risquée dans trois semaines ?

— Sans doute pas, reconnut le chirurgien à contrecœur. Cependant, je vous déconseille d'attendre.

Rachid eut une moue de dérision.

— Du moment que je ne risque pas de mourir d'ici là…

— Sachez qu'avec le temps, vos migraines vont s'intensifier.

— N'existe-t-il aucun analgésique permettant de les atténuer ?

Le chirurgien soupira.

— Je vais vous faire une ordonnance, mais je persiste à trouver votre décision déraisonnable. Pourquoi attendre ?

— Je dois me rendre en Australie.

— En Australie ! Qu'avez-vous donc de si urgent à faire là-bas ?

— Le prince Ali de Dubar m'a demandé de m'occuper de son haras pendant son absence. Il doit rentrer dans son pays pour le couronnement de son frère. Vous savez sans doute que le roi Khaled est décédé hier ?

Le chirurgien l'ignorait. Il évitait autant que possible de lire la presse et de regarder les journaux télévisés. Quand il ne travaillait pas, il préférait se détendre en jouant aux échecs. Il savait cependant que la famille régnante de Dubar possédait une immense fortune.

— Je suppose que le prince Ali pourrait aisément trouver quelqu'un d'autre à qui confier cette mission ?

— Certes, mais c'est à moi qu'il a fait appel. Or il m'a sauvé la vie quand nous étions adolescents et je n'ai jamais eu l'occasion de m'acquitter de cette dette. Il n'est pas question que je me dérobe aujourd'hui.

— Ecoutez… Si vous lui expliquiez votre état, je suis sûr…

— Ma santé ne regarde que moi, le coupa sèchement Rachid. C'est un problème que je réglerai seul.

— Pardonnez-moi d'insister, mais dans ce genre de situation, on a besoin du soutien de sa famille et de ses amis.

Pour la première fois, une ombre passa dans les yeux noirs de son interlocuteur.

— Je n'ai pas de famille, déclara Rachid d'un ton neutre.

— Mais vous avez des amis. Ce prince Ali, par exemple. Vous devriez le mettre au courant.

— Plus tard. Quand il aura rempli ses obligations familiales.

Rachid se leva.

— Votre secrétaire a mon adresse e-mail. Qu'elle me tienne informé des dispositions à prendre pour l'intervention. D'ici là…

Le chirurgien se leva et serra la main que lui tendait son patient. Quelle poigne ! A l'image de l'homme.

— Prenez soin de vous, dit-il.

— Une dernière question. Puis-je monter à cheval ?

Le chirurgien arqua les sourcils. D'ordinaire, les futurs opérés du cerveau s'enveloppaient dans du coton en attendant le jour J. Ils n'envisageaient pas de se rendre aux antipodes en avion et encore moins de monter à cheval ! Toutefois, il fallait bien reconnaître que l'équitation n'était pas contre-indiquée dans le cas de Rachid. Même en cas de chute, il ne risquait rien de plus qu'un cavalier en parfaite santé.

— Si vous ne pouvez vraiment pas vous en passer, pourquoi pas ?

Rachid eut un sourire réjoui.

— Je ne peux vraiment pas m'en passer.

1.

Quelle perte de temps ! songea Samantha en claquant la portière du 4x4, après avoir jeté son sac sur le siège arrière. Elle s'installa au volant et mit le contact. Et quelle perte d'argent !

Heureusement, la route ne serait pas trop longue… C'était le seul aspect positif de ce voyage. L'aéroport de Williamstown était beaucoup plus proche de Hunter Valley que celui de Sydney. Seulement une demi-heure de trajet au lieu de trois heures.

Malgré tout, elle n'aurait jamais dû écouter Cléo, se répéta-t-elle pour la énième fois en gagnant la sortie du parking. Comme elle s'y attendait, ce séjour dans un hôtel-club de la Gold Coast n'avait servi à rien.

L'idée qu'elle pourrait rencontrer l'homme de sa vie dans un endroit de ce genre était absurde.

Et pas la moindre amourette de vacances non plus… Non qu'elle soit d'une laideur repoussante. Elle avait même un physique plutôt agréable. Surtout depuis que Cléo l'avait convaincue d'illuminer ses longs cheveux châtains avec des mèches blondes et de se faire épiler les sourcils.

C'était quelques jours avant son départ. Cléo avait insisté pour l'emmener dans un institut de beauté à Newcastle, puis elle l'avait entraînée dans les boutiques et incitée à s'acheter des tenues plus sexy que ses jeans habituels.

Il fallait reconnaître qu'elle n'avait pas regretté de lui avoir cédé et qu'elle s'était sentie particulièrement en beauté pendant toute cette semaine de vacances.

D'ailleurs, elle avait souvent été abordée par des représentants du sexe masculin, que ce soit au bord de la piscine ou au bar de l'hôtel.

Pas de doute, elle avait eu du succès.

Mais comme d'habitude, son attitude avait rapidement découragé les plus téméraires.

Samantha n'avait jamais maîtrisé l'art de la séduction. Minauder n'était pas son genre et elle avait une fâcheuse tendance à dire ce qu'elle pensait. Depuis toujours, ses amies lui répétaient qu'elle n'était pas assez avenante. Trop abrupte.

Peut-être était-ce parce qu'elle n'avait pas eu de modèle féminin pendant son enfance. Sa mère était morte après sa naissance et elle avait grandi dans un univers exclusivement masculin, élevée par son père et entourée de quatre frères qui l'avaient toujours traitée comme l'un des leurs.

Pratiquant les mêmes sports que ces derniers, elle avait appris à se défendre comme eux — et parfois contre eux — avec ses poings.

A l'école, ses amies l'avaient souvent traitée de garçon manqué mais elle n'y avait pas attaché trop d'importance.

Au collège, en revanche, elle avait souffert de ne pas avoir de petit ami et d'être obligée de demander à un de ses frères de l'accompagner au bal de fin d'études. Il était vrai qu'à l'époque, ses seins étaient inexistants et ses cheveux très courts. L'absence de maquillage et les vêtements masculins qu'elle affectionnait n'arrangeaient rien.

Quand elle avait intégré l'université de Sydney pour préparer un diplôme de vétérinaire, elle avait presque abandonné l'espoir de connaître un jour les joies de l'amour. Elle avait donc compensé le vide de sa vie affective par sa passion pour les chevaux, en travaillant comme palefrenière dans une écurie de courses pour financer ses études.

Malgré tout, elle n'avait pas tardé à découvrir que le milieu estudiantin était particulièrement propice à l'apprentissage du sexe. En effet, la plupart des garçons, anxieux d'affirmer leur virilité, considéraient que leur prestige était proportionnel au nombre de prises inscrites à leur tableau de chasse.

Si bien qu'en quatrième année, époque où sa poitrine avait commencé à se développer et où elle avait laissé pousser ses cheveux, elle avait enfin eu avec deux de ses condisciples des relations sinon amoureuses du moins sexuelles.

Mais à sa grande déception, ces expériences n'avaient pas déclenché en elle le séisme dévastateur évoqué dans certains romans qu'elle avait lus…

Après avoir obtenu son diplôme, elle avait été engagée chez un vétérinaire spécialisé en hippiatrie, à Randwick. Un homme d'une quarantaine d'années, séduisant, charmant… et très marié. Leurs relations étaient d'abord restées strictement professionnelles mais, au fil des mois, les longues heures passées à travailler ensemble et leur passion commune des chevaux les avaient peu à peu rapprochés.

La vie sentimentale de Samantha étant toujours inexistante, elle avait été émoustillée par l'intérêt que lui portait Paul. Sans être amoureuse de lui, elle se sentait bien en sa compagnie. Chaque matin, elle se réjouissait de le retrouver et chaque soir, elle s'attardait un peu plus au cabinet.

Et puis un jour, il l'avait prise dans ses bras pour l'embrasser avec fougue. La déclaration enflammée qui avait suivi l'avait électrisée. Jamais personne ne lui avait parlé ainsi.

L'espace d'un instant, elle avait été tentée de succomber à la tentation. Mais par-dessus son épaule, elle avait aperçu sur le bureau de Paul la photo de sa femme et de ses enfants. Instinctivement, elle avait su qu'il ne les quitterait jamais. Que ce n'était pas de l'amour qu'il attendait d'elle mais seulement du sexe, dans le cadre d'une aventure extraconjugale sans complications.

Or, pour elle, il n'était pas question de jouer les seconds rôles. Elle voulait une vraie passion avec un homme pour qui elle serait la seule femme au monde. Un homme qui lui jurerait un amour éternel, l'épouserait et lui ferait des enfants.

Dès le lendemain, elle avait donné sa démission. Quelques jours plus tard, elle avait quitté Sydney pour Hunter Valley, après avoir répondu à une annonce pour un poste de vétérinaire aux Ecuries royales de Dubar.

Comme tous les passionnés de sports hippiques, elle connaissait ce haras de réputation. Propriété d'un prince arabe immensément riche, c'était l'un des plus prestigieux d'Australie. Il abritait les meilleurs étalons et poulinières disponibles sur le marché international.

Ravie que sa candidature ait été retenue, elle s'était mise au travail avec enthousiasme aux côtés de Gerald, l'autre vétérinaire, un homme d'une soixantaine d'années qui logeait lui aussi sur place, comme l'ensemble du personnel.

Si elle avait postulé pour ce travail, c'était d'abord pour s'éloigner de Paul, mais aussi parce qu'elle avait été séduite par la perspective de vivre à la campagne. Les hommes y seraient sans doute moins rebutés que les citadins par son manque de sophistication, avait-elle pensé.

Elle poussa un soupir en ralentissant à l'entrée d'un village. Malheureusement, sa vie sentimentale n'était pas plus glorieuse à Hunter Valley qu'à Sydney… La plupart des palefreniers étaient si jeunes et si timides qu'ils osaient à peine lui adresser la parole. Quant aux autres membres du personnel, ils étaient tous mariés. ·

Bien sûr, ce poste était très formateur et la vie au haras avait de bons côtés. Cependant, elle n'y passerait sûrement pas toute sa vie.

Ali, prince de Dubar et propriétaire du haras, était un homme charmant, mais elle le trouvait intimidant. Comme sa femme, Charmaine, un ex-top model qui s'occupait de nombreuses œuvres de bienfaisance. Ils avaient deux enfants. Une fille de trois ans, Amanda, et un garçon d'un an, nommé Rachid en l'honneur d'un ami d'enfance du prince. Un magnat du pétrole qui possédait un haras en Angleterre, où il menait une vie encore plus dissipée qu'Ali avant son mariage.

C'était par Cléo, la gouvernante du prince, que Samantha avait appris tous ces détails — sans avoir à poser aucune question. Agée d'une cinquantaine d'années, Cléo était une femme très attachante… et très bavarde. Sans toutefois être médisante.

Quand Ali et sa famille partaient à Sydney pour le week-end, Cléo invitait Samantha à dîner à la villa, puis elles passaient la soirée à jouer à des jeux de société tout en discutant. Malgré leur différence d'âge, le courant était passé entre elles dès le premier jour.

Samantha poussa un soupir. Sans la compagnie de Cléo, elle aurait déjà quitté Hunter Valley. D'ailleurs, elle n'avait pas l'intention de renouveler son contrat quand celui-ci se terminerait à la fin du mois. La vie à la campagne et la solitude lui pesaient trop.

C'était pour cette raison qu'elle s'était laissé convaincre de passer sa semaine de congé sur la Gold Coast. Même si elle se doutait que ce serait une perte de temps…

Du moins cette escapade lui avait-elle permis de faire une constatation plutôt rassurante. Elle ne laissait pas les hommes indifférents. Le changement de look opéré sur les conseils de Cléo avait porté ses fruits. Toutefois, il lui restait encore à apprendre les règles du jeu de la séduction.

En fait, ce dont elle avait besoin, c'était un coach qui lui enseigne l'art du flirt, songea-t-elle tout à coup. Quelqu'un qui lui explique comment se comporter pour éviter de faire fuir les hommes.

Elle eut une moue de dérision. Et à vrai dire, quelques séances de travaux pratiques dans un lit ne seraient pas superflues !

Oui, si elle voulait sortir un jour du désert sentimental dans lequel elle errait depuis si longtemps, il fallait réagir. Trouver un homme expérimenté, de préférence séduisant et plus âgé qu'elle, qui accepte de l'initier à l'amour…

— Allons bon !

L'entrée du haras ! Elle venait de la dépasser ! Samantha mit son clignotant et ralentit pour se ranger sur le bas-côté. Le semi-remorque qui la suivait passa en trombe et la frôla en klaxonnant.

— Rustre ! hurla-t-elle en passant la tête par la vitre.

Tout en faisant demi-tour, elle scruta du regard les paddocks environnants. Il avait dû pleuvoir pendant son absence. Le sol était encore teinté de vert, alors qu'en cette saison les gelées avaient d'ordinaire déjà jauni l'herbe, obligeant à nourrir les chevaux à la main.

Contrairement à d'autres régions d'Australie, Hunter Valley était rarement affectée par la sécheresse. Le sol, plat le long du fleuve puis de plus en plus vallonné à mesure qu'on approchait de la cordillère australienne, y était riche et fertile. L'idéal pour l'élevage des pur-sang.

Samantha s'arrêta devant les imposantes grilles noires qui marquaient l'entrée du haras et sur lesquelles l'insigne royal de Dubar, cerclé d'or, se détachait nettement.

Elle les ouvrit à l'aide de la télécommande qui lui avait été confiée le jour de son arrivée. Comme elle avait été impressionnée, ce jour-là ! L'immense richesse de son propriétaire se reflétait dans la splendeur du domaine.

Bien sûr, elle s'était avant tout intéressée aux écuries ultramodernes, véritable palace pour chevaux. Cependant, quand on remontait la longue allée de gravier sur laquelle ouvraient les grilles, c'était d'abord la villa du prince qui attirait l'œil. Perchée sur une petite colline qui offrait une vue panoramique sur la vallée, c'était une somptueuse demeure de stuc blanc à un étage.

Avec ses patios aux arcs finement travaillés et ses coupoles de bois sculpté, elle évoquait plus un palais oriental qu'une ferme australienne.

A quelques centaines de mètres avait été installé un héliport, d'où Ali et sa famille s'envolaient presque tous les week-ends pour Sydney, à bord d'un énorme hélicoptère noir ayant appartenu à l'armée royale de Dubar. L'intérieur de l'appareil avait été entièrement réaménagé avec un luxe inouï. Du moins c'était ce que Cléo lui avait confié.

Car, pour sa part, elle n'était jamais montée à bord, bien sûr ! songea Samantha avec dérision.

A sa grande surprise, l'hélicoptère se trouvait justement sur l'héliport, découpant sur le ciel bleu une silhouette sombre vaguement menaçante. Curieux… D'ordinaire, Ali le renvoyait dès le dimanche soir à Sydney, où son pilote restait basé afin d'être disponible en cas d'urgence dans le cadre de missions humanitaires. Que faisait-il un lundi à Hunter Valley ?

Samantha réprima un sourire. Nul doute qu'elle le saurait très bientôt. Cléo se ferait un plaisir de le lui révéler quand elle lui téléphonerait pour lui annoncer qu'elle était de retour. Mais avant tout, elle allait défaire sa valise et se préparer un café.

Après avoir suivi l'allée de gravier sur une centaine de mètres, Samantha arriva à un embranchement. A gauche, une route conduisait aux écuries, tandis que, sur la droite, une autre montait vers la villa. Elle prit la voie du milieu, qui longeait la rivière jusqu'aux pavillons des employés, et passait à proximité du terrain d'entraînement des yearlings.

En apercevant un cheval sur la piste, elle ralentit, perplexe. Midi passé, constata-t-elle en jetant un coup d'œil au tableau de bord. En principe, à cette heure-là, tout le monde déjeunait. Le cheval était tenu en bride par un homme brun à la silhouette athlétique, vêtu d'un jean moulant et d'une chemise blanche.

Qui était-ce ? Elle n'avait jamais vu cet homme. En revanche, elle reconnaissait Flèche d'Argent à sa robe gris pommelé et à sa taille impressionnante. C'était un étalon pur-sang appartenant au play-boy qui avait le même prénom que le fils d'Ali.

Le cheval avait été envoyé de Londres quelques semaines plus tôt, pour prendre du repos au haras. Avant même son arrivée, Ali avait recommandé expressément à tout le personnel d'en prendre le plus grand soin.

Malgré tout, Flèche d'Argent avait du mal à s'adapter à son nouvel environnement. Au bout de quelques jours il avait fallu le transférer dans un box capitonné pour éviter qu'il ne se blesse en tentant de défoncer les parois à coups de sabots. Il était également prévu de faire venir d'Angleterre un cavalier réputé pour son habileté avec les chevaux fougueux. Sans doute était-ce lui, songea Samantha. Il avait dû arriver pendant son absence.

Soudain, un cri lui échappa. L'homme venait de bondir en selle et l'étalon se cabrait, cherchant désespérément à le désarçonner.

Le cavalier parviendrait-il à dominer sa monture ? Que se passerait-il si le cheval s'emballait ? S'il chutait et se brisait un membre ? S'il faisait un écart et percutait la clôture ? Les scénarios catastrophe défilaient dans l'esprit de Samantha. Affolée, elle promena autour d'elle un regard anxieux.

Personne en vue. De plus en plus curieux… Pourquoi laissait-on un nouveau venu seul avec un cheval aussi imprévisible ? C'était incompréhensible…

Elle sentit son estomac se nouer. L'homme avait dû prendre l'initiative de monter Flèche d'Argent sans en informer personne. Il fallait absolument l'arrêter avant qu'il ne commette une erreur fatale.

Elle coupa le contact et descendit du 4x4. Mais le cavalier lâcha la bride au cheval avant qu'elle ait le temps d'attirer son attention. Quand elle atteignit la clôture, Flèche d'Argent était déjà lancé au triple galop. Elle déglutit péniblement. Trop tard pour tenter quoi que ce soit. Si elle criait ou agitait les bras, elle risquait de provoquer l'accident qu'elle redoutait. Il n'y avait plus qu'à attendre que l'inconnu décide de s'arrêter.

Et même s'il fallait reconnaître que c'était un excellent cavalier, elle ne se priverait pas de lui dire ce qu'elle pensait de sa conduite !

En le voyant entamer son quatrième tour de piste, elle faillit s'étrangler d'indignation. Les flancs du cheval blanchissaient d'écume ! Cet homme était d'une inconscience criminelle !

Quand il finit par ramener Flèche d'Argent au pas, non loin de l'endroit où elle se trouvait, elle cria d'une voix tremblante de colère :

— Avez-vous demandé au prince Ali l'autorisation de soumettre ce cheval à un exercice aussi violent ?

Le cavalier se dirigea lentement vers elle en flattant l'encolure de sa monture.

— Puis-je savoir qui vous êtes ? rétorqua-t-il avec un accent britannique extrêmement distingué.

L'espace d'un instant, Samantha se figea, le souffle coupé. Pas par l'accent de l'homme. Ni par sa question insolente.

Par sa beauté sublime… Quel visage extraordinaire ! Quels yeux fascinants ! Et quelle carrure…

Le trouble qui l'envahissait redoubla son irritation.

— Samantha Nelson, répondit-elle sèchement. Vétérinaire au haras. Et vous, je suppose que vous êtes le cavalier chargé de vous occuper de Flèche d'Argent. Eh bien laissez-moi vous dire que vous venez de faire preuve d'une imprudence impardonnable. Vous montez peut-être très bien, mais ce n'est pas une raison pour épuiser ce cheval. Je répète donc ma question : aviez-vous l'autorisation du prince ?

— Sachez, mademoiselle, que je n'en ai nul besoin.

Décontenancée par l'air hautain de son interlocuteur, Samantha fut prise d'un doute. Serait-il possible que cet homme ne soit pas le cavalier envoyé d'Angleterre ? Mais dans ce cas, qui était-ce ? Et que faisait-il au haras ?

Serait-ce un parent du prince ? A vrai dire, c'était un peu le même genre d'homme. Même s'il n'était pas d'une beauté aussi classique qu'Ali. Son visage était plus allongé et ses pommettes plus saillantes. Seule sa bouche apportait un peu de douceur à son visage taillé à la serpe.

En fait, cet homme était beaucoup plus séduisant qu'Ali, reconnut Samantha en s'efforçant d'ignorer le frisson qui la parcourait. Il émanait de lui une énergie prodigieuse. Malgré son flegme apparent, il devait être aussi fougueux que sa monture…

— Ali est parti à Dubar pour le couronnement de son frère, ajouta l'inconnu en écartant d'une main l'épaisse mèche brune qui lui barrait le front. Il m'a confié la responsabilité du haras jusqu'à son retour.

Samantha sentit ses joues s'enflammer. Allons bon. Quelle idiote… Elle s'était rarement sentie aussi embarrassée.

A moins que sa confusion ne soit due au magnétisme de cet homme ? Tout en s'efforçant de se reprendre, Samantha réfléchissait rapidement. Si Ali s'était rendu au couronnement de son frère, cela signifiait que son père était mort pendant qu'elle se trouvait sur la Gold Coast. Quant à cet inconnu, peut-être était-il arabe, mais en tout cas il n'appartenait pas à la famille d'Ali. Sinon, il serait lui aussi à Dubar.

Par conséquent, malgré ses manières arrogantes, il n'était ni plus ni moins qu'un employé du haras. Comme elle. Et ce n'était pas parce qu'il possédait un charme fou qu'il devait se croire tout permis !

— Je suis étonnée que le prince ait choisi quelqu'un d'aussi irresponsable pour le remplacer, dit-elle d'un ton vif.

Les yeux noirs fixés sur elle étincelèrent.

— Vous êtes très impertinente, mademoiselle.

— Il paraît, oui.

Relevant le menton d'un air de défi, Samantha soutint le regard de son interlocuteur. Il n'avait sûrement pas l'habitude que les femmes lui tiennent tête. En général, elles devaient plutôt se pâmer devant lui. Eh bien, avec elle, il allait être déçu !

— Je maintiens que vous avez fait preuve d'une grande imprudence avec Flèche d'Argent, ajouta-t-elle sèchement. Regardez-le. Il est épuisé.

L'homme arqua les sourcils d'un air dédaigneux.

— C'était le but. Il avait besoin de se défouler. En Angleterre, il saillait plusieurs juments chaque jour. Il a du mal à s'adapter à la vie d'abstinence qu'il mène ici. Comme tous les jeunes mâles, il ne sait pas contrôler ses pulsions. D'où sa frustration. C'est seulement avec l'âge qu'il comprendra que l'attente est parfois plus jouissive que la précipitation.

A son grand dam, Samantha sentit les battements de son cœur s'accélérer. Etait-ce un effet de son imagination, ou bien y avait-il réellement une pointe d'ironie dans la voix veloutée du cavalier ? Elle prit une profonde inspiration. Pas question de se laisser déstabiliser.

— Peut-être. Mais le faire galoper ainsi est beaucoup trop risqué.

— C'est à moi d'évaluer ce risque, mademoiselle. Pas à vous.

— Désolée, mais je suis certaine que le prince Ali n'approuverait pas vos méthodes.

— Je m'en moque éperdument.

Samantha en eut le souffle coupé. L'arrogance de cet homme était renversante !

— Vraiment ? s'exclama-t-elle, outrée. Eh bien, je vais l'appeler immédiatement pour l'informer de la façon dont vous traitez ce cheval.

Le cavalier s'esclaffa.

— Faites, mademoiselle ! Ali vous dira de vous mêler de ce qui vous regarde. Flèche d'Argent m'appartient et c'est moi qui décide de ce qui est bon pour lui. Mais vous venez de me donner une idée. Il n'est pas exclu que, lors de notre prochaine conversation téléphonique, je fasse part à mon ami de la conduite irrespectueuse — bien que très courageuse — de sa vétérinaire. A présent, veuillez m'excuser. Mon cheval et moi devons nous retirer. Je vous invite à poursuivre cette conversation ce soir, au cours du dîner. A 20 heures. Soyez ponctuelle, mon temps est précieux.

Faisant pivoter sa monture, le cavalier s'éloigna au pas vers la sortie de l'enclos, sans un regard en arrière.

2.

Muette de stupeur, Samantha resta clouée sur place. Quand elle finit par retrouver l'usage de ses jambes, elle regagna le 4x4 d'une démarche mal assurée. Elle dut s'y reprendre à deux fois pour ouvrir la portière, se cogna la tête en montant dans le véhicule, puis heurta violemment le volant du genou. Bon sang ! Pourquoi était-elle aussi empotée, tout à coup ! Ce n'était pourtant pas dans ses habitudes.

Les dents serrées, elle garda les yeux fixés sur le rétroviseur jusqu'à ce que Flèche d'Argent et son propriétaire sortent de son champ de vision.

S'exhortant à ne pas se retourner, elle mit le contact. Il était temps de reprendre ses esprits. Si elle était aussi déstabilisée, c'était l'effet de la surprise. Rien de plus.

Durant le court trajet jusqu'à son pavillon, elle fut de nouveau gagnée par la colère. Pour qui se prenait cet homme ? Comment osait-il lui donner des ordres ? Il faisait peut-être ce qu'il voulait avec Flèche d'Argent, mais pas avec elle ! En aucun cas elle n'était obligée de dîner avec lui si elle n'en avait pas envie.

Le problème, c'était qu'elle en avait justement très envie, reconnut-elle à contrecœur en se garant devant son pavillon.

Cette part d'elle-même qui, au premier regard, avait ressenti pour le cavalier une attirance irrésistible brûlait déjà d'envie de le revoir. Elle poussa un profond soupir. Il fallait bien reconnaître que c'était l'homme le plus sexy qu'elle ait jamais rencontré. Et sans doute le plus sexy de la planète !

Il l'avait exaspérée, certes. Mais moins qu'il ne l'avait troublée. Elle était en proie à une excitation intense qu'elle n'avait encore jamais éprouvée. C'était comme si tous ses sens étaient brusquement aiguisés. A l'idée de sentir de nouveau ses fantastiques yeux noirs se poser sur elle, elle était parcourue de frissons délicieux…

L'avait-il trouvée à son goût ? Etait-il possible qu'il l'ait invitée à dîner parce qu'elle lui plaisait ?

Jetant un coup d'œil dans le rétroviseur latéral, elle sentit cet espoir s'envoler. Non. Il était impensable qu'un homme qui avait à coup sûr toutes les femmes à ses pieds ait pu la trouver séduisante.

Elle secoua la tête avec une moue de dépit. Son visage était d'une banalité navrante. Certes, elle avait de beaux yeux, mis en valeur par sa récente épilation des sourcils. Malheureusement, sa mâchoire était trop carrée, sa bouche trop grande et son cou trop long. Ses dents, en revanche, étaient superbes. Elle s'adressa une grimace dans le miroir. En fait, elle avait toutes les qualités d'une belle jument…

Elle ouvrit la portière et descendit du 4x4. Comment avait-elle pu envisager une seule seconde que le propriétaire de Flèche d'Argent pourrait s'intéresser à elle ? Même quand ils étaient hideux, les magnats du pétrole ne fréquentaient que des créatures de rêve, actrices ou top model. Il suffisait de feuilleter un magazine people pour le vérifier.

Elle monta les marches de sa véranda en réprimant un soupir. Cet homme était totalement inaccessible pour une fille comme elle. Mais quelle importance, après tout ? se dit-elle en redressant les épaules. C'était visiblement un odieux phallocrate, autoritaire et imbu de sa personne.

Toutefois, il l'avait qualifiée de courageuse. Pour quelle raison ? Et pourquoi cette lueur d'admiration dans ses incroyables yeux noirs quand il lui avait fait ce compliment ? Car c'était bien un compliment. Aucun doute là-dessus.

A moins que… Et si c'était tout simplement de l'ironie ? Et s'il l'avait invitée à dîner uniquement pour s'amuser à ses dépens ? Non, cette idée était trop déprimante. Mieux valait imaginer qu'elle lui avait plu. Même si ce n'était qu'une illusion.

Le froid qui régnait à l'intérieur du pavillon ramena

Samantha à des préoccupations plus pragmatiques. Allumer la chaudière était beaucoup plus urgent que se perdre en conjectures sur son pouvoir de séduction !

Mais après avoir déposé son sac au pied de son lit, elle ne résista pas à l'envie de s'observer dans le miroir de la penderie. Il fallait essayer de se voir avec les yeux d'un homme, décida-t-elle. Et par conséquent, adopter un regard neuf.

Elle enleva son blouson et s'étudia attentivement de la tête aux pieds. D'abord de face, puis de profil et enfin de dos. Non, se rappela-t-elle soudain, le roi du pétrole ne l'avait pas vue de dos. Dommage. C'était un point de vue flatteur. Surtout dans ce jean moulant…

A la fin de cet examen minutieux, elle avait retrouvé une certaine confiance en elle.

Visage agréable. Grands yeux bleus. Teint de pêche. Dents d'une blancheur éclatante. Cheveux superbes, souples, brillants et illuminés par le balayage récent. Coupe sexy. Belle silhouette. Jambes interminables, ventre plat, fesses musclées. Bien sûr, il valait mieux ne pas être un inconditionnel des poitrines plantureuses… Mais après tout, ses seins n'étaient pas si petits.

Conclusion, elle ne manquait pas d'atouts pour séduire un homme. Bien au contraire.

S'adressant une grimace dans le miroir, elle secoua la tête. Décidément, elle déraillait complètement ! Le changement de look opéré sur les conseils de Cléo avait fini par lui monter à la tête…

Cléo ! Voilà le plus urgent ! Appeler Cléo pour savoir exactement ce qui s'était passé au haras pendant son absence.

Elle sortit son portable de son sac, le ralluma, et, ignorant le signal sonore indiquant la présence de messages, composa le numéro de la villa.

— Norman à l'appareil, en quoi puis-je vous être utile ?

Interloquée, Samantha resta un instant muette. Le mari de Cléo travaillait au haras comme factotum et jardinier mais, en principe, il ne répondait pas au téléphone.

— Bonjour, Norman. C'est Samantha. Cléo n'est pas là ?

— Ah, bonjour Sam. Si elle est là. Mais elle est tellement

débordée qu'elle n'a même plus le temps de prendre les appels ! Tu ne devineras jamais ce qui est arrivé.

Mieux valait ne pas parler à Norman de sa rencontre avec l'ami du prince, décida Samantha.

— Qu'y a-t-il ?

— Le père d'Ali a passé l'arme à gauche jeudi dernier — le lendemain de ton départ. Du coup, Ali est parti dans son pays avec sa femme et ses enfants pour l'enterrement. Et ensuite, il doit assister au couronnement de son frère. Il sera absent trois semaines et il a demandé à un de ses amis de s'occuper du haras jusqu'à son retour. Tu sais, le type qui s'appelle comme son fils. Enfin c'est plutôt l'inverse, mais peu importe. Bref, ce Rachid bin quelque chose a débarqué ce matin alors qu'on ne l'attendait que demain. Il est arrivé hier soir de Londres et devait passer la journée et la nuit suivantes à Sydney, dans la suite d'Ali. Mais apparemment, il était impatient de voir son cheval. Celui qui donne un mal de chien à ce pauvre Ray. Tu vois lequel c'est ?

Oui, elle voyait très bien ! songea Samantha. Cependant, après cinq kilomètres de galop, Flèche d'Argent allait sûrement donner beaucoup moins de mal au responsable des écuries…

— Bref, Cléo est dans tous ses états parce que la suite des invités n'était pas prête quand ce Rachid est arrivé tout à l'heure, poursuivit Norman sans attendre de réponse à sa question. Et d'ailleurs, elle est justement en train de s'en occuper. Ah, la voilà ! Chérie, c'est Samantha ! Oui, elle est rentrée. Tu es rentrée, n'est-ce pas, Samantha ?

— Oui. J'appelle de chez moi.

— Oui, chérie, elle appelle de chez elle ! Au revoir, Samantha, je te la passe.

— Samantha ? Comment se fait-il que tu sois déjà là ? s'exclama Cléo. Tu ne devais pas arriver en fin d'après-midi ?

— J'ai pris le vol précédent.

— Ah… On dirait que l'escapade sur la Gold Coast n'a pas tenu ses promesses.

— Oh, le changement d'air m'a quand même fait du bien.

— D'accord… Mais tu n'as pas…

— Non.

— Tant pis, ce n'est pas très grave. L'important c'est d'avoir tenté le coup. Est-ce que Norman t'a expliqué ce qui se passait ici ?

— Oui. Pauvre Ali. A-t-il été très affecté par la mort de son père ?

— Non. Ça n'a rien de surprenant, remarque. Après tout, son père l'avait chassé. En tout cas, il était content pour son frère et pour son pays. Il a dit qu'il était grand temps que Dubar soit gouverné par un souverain moins passéiste. Mais sais-tu que nous avons un visiteur ?

— Oui. Norman m'a parlé de l'arrivée de « Rachid bin quelque chose », comme il dit.

Cléo pouffa.

— Moi aussi, j'ai du mal à retenir son nom. Mais apparemment, il est comme Ali. Il n'aime pas les cérémonies. Il a insisté pour qu'on l'appelle par son prénom.

— Ah bon ?

— Oui. Et il ne doit pas aimer perdre son temps non plus. A peine arrivé, il est allé voir son cheval. Il m'a aussi demandé de prévoir une petite réception pour ce soir. Rien de grandiose, a-t-il dit. Juste un dîner qui lui permette de faire connaissance avec les principaux employés du haras. Je suppose que ça concerne Ray, Trevor, Gerald et toi.

A son grand dam, Samantha eut un pincement au cœur. Dire qu'elle avait cru à une invitation à dîner en tête à tête... Quelle idiote !

— Oui, il m'a prévenue.

— Quoi ? Tu l'as déjà rencontré ? Pourquoi ne l'as-tu pas dit plus tôt ?

— Eh bien... ça s'est plutôt mal passé. Quand je l'ai vu sur son cheval, je l'ai pris pour le cavalier qui devait venir d'Angleterre.

— Et alors ? Je ne vois pas où est le problème. Tu ne pouvais pas deviner qui c'était.

Réprimant un soupir, Samantha expliqua comment s'était déroulée sa rencontre avec Rachid. En omettant toutefois de préciser qu'elle avait fantasmé comme une midinette sur son invitation à dîner.

— Oh, Samantha, quand apprendras-tu à te contrôler ? commenta Cléo d'un ton mi-amusé mi-réprobateur. Tu sais bien que les hommes n'aiment pas les femmes agressives. C'est pour cette raison que tu les fais fuir. Tu es beaucoup trop agressive.

— Le problème n'est pas là ! protesta Samantha d'un ton plus véhément qu'elle ne l'aurait voulu. Je ne cherche pas à plaire à ce Rachid !

— Ne me dis pas que tu n'as pas remarqué à quel point il était beau !

Cléo eut un petit soupir nostalgique.

— Mais il ne faut pas rêver. Ça m'étonnerait qu'il soit attiré par les femmes de cinquante ans, grassouillettes, mariées et désespérément mal coiffées…

Samantha ne put s'empêcher de pouffer. Cette chère Cléo ! Son sens de l'autodérision était irrésistible. Elle lui manquerait quand elle quitterait le haras.

— C'est vrai qu'il est plutôt bel homme, concéda-t-elle. Mais quelle arrogance !

— Qu'est-ce que tu racontes ? Il est encore plus courtois qu'Ali !

— Eh bien, on dirait que tu es sous le charme… Je parie que les hommes ne partagent pas ton enthousiasme.

— Détrompe-toi. Norman l'apprécie déjà beaucoup.

— A propos, il paraît que tu es débordée. Veux-tu que je vienne t'aider ? Je ne reprends le travail que demain.

— Non, merci. J'ai été un peu bousculée ce matin, mais maintenant ça va mieux. Et Judy va bientôt arriver. Elle va me seconder pour la préparation du dîner.

— Qu'as-tu prévu comme menu ?

— Rien de trop prétentieux. Du rôti d'agneau, probablement. Avec du pain fait maison. Et en dessert mon gâteau aux coings avec de la crème. Pour l'entrée, j'hésite. Je vais peut-être me contenter de servir des amuse-gueule avec l'apéritif.

— Si ce Rachid est musulman, il ne boira pas d'alcool.

— C'est vrai, tu as raison. Je n'y avais pas pensé. Je vais lui poser la question. Mais de toute façon, il faut que je prévoie de la bière pour les autres. Surtout Ray et Trevor. Au fait, t'a-t-il dit à quelle heure tu devais venir ?

— 20 heures.

— 20 heures ? Le temps que vous preniez l'apéritif, il sera au moins 21 heures quand vous passerez à table ! J'espère qu'il n'a pas l'intention de dîner aussi tard tous les soirs : je n'ai pas très envie d'adopter le rythme de vie européen. Mais bon, c'est lui le patron. Il faudra bien que je m'adapte. Ah, j'entends des pas sur le gravier. Ça doit être lui. Il faut que j'y aille, ma chérie. A ce soir.

Ce soir… Samantha raccrocha en réprimant un frisson.

Elle redoutait ce dîner et en même temps elle avait hâte d'y être.

— Quelle idiote ! marmonna-t-elle avec agacement.

Au même instant, son portable sonna.

— Oui ?

— Bonjour, Sam. C'est Gerald. Mon petit doigt m'a dit que tu étais rentrée et je voudrais te demander un service. Un des poulains s'est écorché une patte en glissant sur de la boue près d'une clôture. J'ai besoin de quelqu'un pour l'apaiser pendant que je le soigne, et tu es la personne la plus indiquée. Tu t'y prends tellement bien avec les chevaux… Ça ne t'ennuie pas de venir ?

Si ça l'ennuyait ? Tout plutôt que de rester à tourner en rond chez elle jusqu'à l'heure du dîner ! songea Samantha avec un vif soulagement.

— J'arrive.

— Merci ! A tout de suite.

Ragaillardie, Samantha remit son blouson. Elle avait une chance inouïe que personne ne pourrait jamais lui enlever : son travail était une véritable passion qui la comblait de bonheur.

Vive les chevaux… et au diable les hommes !

3.

Au mois de juin, les journées étaient courtes et la température chutait brutalement dès que le soleil disparaissait derrière les montagnes. Surtout les nuits sans nuages.

Quand Samantha sortit de chez elle, la pleine lune baignait la vallée d'une lumière argentée.

Une fois installée au volant de son 4x4, elle mit le contact et consulta l'horloge du tableau de bord. 20 heures. Excellent timing, se félicita-t-elle. Il ne lui faudrait que quelques minutes pour arriver à la villa, mais du moins ne serait-elle pas pile à l'heure. Pas question d'obéir aveuglément aux ordres du roi du pétrole ! Ni de paraître grossière en arrivant trop en retard.

Dieu merci, elle avait résisté à la tentation de faire des efforts de toilette pour ce dîner. Se mettre sur son trente et un n'était pas dans ses habitudes et les autres auraient trouvé ça bizarre. Bien sûr, Cléo ne manquerait pas de lever les yeux au ciel en la voyant arriver en jean, mais tant pis.

Elle avait quand même pris soin d'astiquer ses bottes, qui semblaient comme neuves. Un pull à col roulé noir et son blouson de cuir complétaient cette tenue d'une sobriété exemplaire.

Après réflexion, elle avait également renoncé au maquillage. Même si, depuis son rendez-vous chez l'esthéticienne, elle possédait une multitude de produits et accessoires soi-disant indispensables à toute femme normalement constituée.

Puisqu'elle n'était pas maquillée quand elle avait rencontré Rachid dans l'après-midi, mieux valait éviter toute fantaisie pour le dîner, avait-elle décidé en essuyant vigoureusement la fine couche de brillant à lèvres qu'elle venait d'appliquer.

Quant à ses cheveux — soigneusement lavés et séchés —, elle les avait attachés sur la nuque avec une barrette noire, craignant de vouloir paraître sexy si elle les laissait flotter librement sur ses épaules.

Et enfin, elle avait délibérément omis de se parfumer. Pas question que le roi du pétrole puisse imaginer une seule seconde qu'elle cherchait à lui plaire…

Quand elle se gara sur le parking des invités à quelques mètres de la villa, Samantha vit que les trois autres employés conviés au dîner étaient déjà arrivés. Le vieil utilitaire cabossé de Trevor et la camionnette bleue de Ray entouraient le 4x4 couvert de poussière de Gerald.

Elle coupa le moteur et descendit de son véhicule.

Comme prévu, quand elle lui ouvrit, Cléo l'enveloppa d'un regard réprobateur.

— Je sais bien que je t'ai dit que notre visiteur n'aimait pas les cérémonies, marmonna-t-elle en refermant la porte. Mais franchement, venir dîner en jean… Tu aurais pu faire un effort ! Et en plus, tu es en retard. Rachid vient de me demander ce que tu faisais et, si tu veux mon avis, il était contrarié.

Le roi du pétrole était contrarié ? Excellente nouvelle ! songea Samantha en se gardant bien de laisser paraître sa satisfaction. Haussant les épaules, elle enleva son blouson et le suspendit dans le dressing contigu au hall.

— J'ai à peine trois minutes de retard ! Ça se passe dans le salon, je suppose ?

— Oui. Dépêche-toi d'y aller, s'il te plaît. Moi, je file. J'ai un rôti à surveiller.

Samantha suivit son amie des yeux avec un sourire attendri. Cléo ne ressemblait en rien à l'image qu'on pouvait se faire d'une gouvernante. Pour elle, jamais de sévères robes noires ni de chignon strict. Ce soir, elle était vêtue d'un ensemble de velours vert émeraude. Quant à ses cheveux, ils étaient très courts, très hérissés… et très rouges.

Une fois seule, Samantha regarda avec appréhension l'imposante porte à double battant qui se trouvait sur sa droite. En cèdre massif sculpté d'arabesques, celle-ci ouvrait sur un immense salon où trônait une cheminée de marbre blanc, devant laquelle étaient disposés des fauteuils et des divans recouverts de brocart rouge et or. Un feu devait brûler dans l'âtre et répandre des reflets rougeoyants sur les meubles de bois précieux.

Prenant une profonde inspiration, Samantha tourna une des deux poignées de cuivre de la porte.

— Ah, voilà Sam, annonça Gerald quand elle pénétra dans la pièce.

Les jambes vacillantes, elle s'immobilisa. Confortablement installé dans un fauteuil, Gerald sirotait du sherry, tandis que Trevor et Ray buvaient de la bière, assis sur un divan.

Mais son regard s'attarda à peine sur eux. Il fut irrésistiblement attiré par l'homme accoudé au manteau de la cheminée, un verre à cognac à la main. La gorge sèche, elle déglutit péniblement. Rachid était encore plus fantastique que lors de leur première rencontre !

Dans son pantalon noir moulant et sa chemise de soie bleu roi aux manches amples resserrées aux poignets, il avait un chic un peu décalé qui évoquait un pirate du XVIIe siècle. Les épaisses boucles noires qui effleuraient sa nuque accentuaient cette impression. Deux bagues ornaient ses longs doigts fins. Un saphir et une émeraude. Authentiques, sans aucun doute. Une épaisse montre en or au bracelet incrusté de minuscules diamants encerclait son poignet gauche.

Ses yeux noirs se promenèrent nonchalamment sur Samantha, tandis que celle-ci restait clouée sur place, incapable du moindre mouvement.

Comment pouvait-elle être à la fois figée et en proie à la plus vive agitation ? se demanda-t-elle confusément tout en s'efforçant de surmonter le trouble qui la submergeait.

— Je commençais à me demander ce qui vous était arrivé, déclara Rachid d'une voix profonde qui l'électrisa. Venez. Je vais vous servir un verre.

Il lui fit signe de le suivre vers le long buffet qui faisait office de bar.

Elle eut toutes les peines du monde à masquer sa stupéfaction. Le roi du pétrole allait la servir lui-même ? Etait-ce bien le même homme que le cavalier arrogant qu'elle avait rencontré dans l'après-midi ?

— Que voulez-vous boire ? demanda-t-il d'un ton affable. Un apéritif ? Du vin ? Un jus de fruit ?

— Vous n'êtes pas obligé de me servir, répliqua-t-elle avec brusquerie. Je suis parfaitement capable de le faire moi-même.

Une lueur narquoise s'alluma dans les yeux noirs.

— Je n'en doute pas. Mais là n'est pas le problème. Un gentleman se doit de servir les dames.

Devant le sourire enjôleur de Rachid, Samantha sentit son cœur s'affoler dans sa poitrine. Du calme, se dit-elle aussitôt. Il ne fallait surtout pas s'emballer. Pour un homme comme lui, faire du charme aux femmes était une seconde nature. D'ailleurs, Cléo elle-même n'était-elle pas déjà envoûtée ?

Ce qui n'était pas très étonnant. Il fallait bien reconnaître qu'il était irrésistible…

Elle prit une profonde inspiration. Raison de plus pour rester de marbre.

— Un verre de vin blanc fera l'affaire, dit-elle d'un ton qui se voulait désinvolte.

Mais à son grand dam, elle avait de plus en plus de mal à ignorer le feu qui couvait en elle. Tous ses sens semblaient aiguisés. Son odorat, par exemple, était hypersensible au parfum qui émanait de Rachid. Un parfum enivrant. Epicé et sensuel. Très sensuel…

— Il paraît que ce vin provient d'un excellent vignoble de la région, dit-il en lui tendant un verre.

Incapable de prononcer un mot, elle but une gorgée pour se donner une contenance, tandis qu'il l'examinait de nouveau de la tête aux pieds.

Pas la moindre lueur d'admiration dans son regard, constata-t-elle avec un pincement au cœur. On y lisait plutôt de la perplexité. Pas étonnant. C'était sans doute la première fois qu'il rencontrait une femme aussi peu coquette…

A son grand dam, elle fut assaillie de regrets. Elle aurait au moins pu se maquiller un peu… Mais quelle importance ?

se reprit-elle aussitôt avec irritation. Maquillée ou pas, elle n'avait aucune chance de plaire à cet homme.

Et elle s'en moquait éperdument !

— Je pensais que les musulmans ne buvaient pas d'alcool, déclara-t-elle d'un ton crispé, tandis qu'il reprenait son verre de cognac.

Il but une gorgée avant de demander :

— Qu'est-ce qui vous fait croire que je suis musulman ?

Décontenancée, elle se mordit la lèvre.

— Eh bien, je… je pensais que vous étiez arabe.

— Je le suis, en effet. Mais tous les Arabes ne sont pas musulmans. Certains sont chrétiens, d'autres juifs, d'autres encore bouddhistes ou athées. Et pour ma part, je n'entre dans aucune de ces catégories. Je suis simplement un homme, prénommé Rachid. A ce propos, je vous demande, comme à vos collègues, de m'appeler ainsi, s'il vous plaît.

— Pas de problème. En Australie, on appelle tout le monde par son prénom. A part peut-être le Premier ministre.

— Et comment l'appelez-vous ?

— Ça dépend si nous sommes satisfaits ou non de sa politique, plaisanta Samantha, soulagée de retrouver un peu de son aplomb habituel.

— Je crois que j'ai beaucoup à apprendre sur les Australiens, commenta Rachid, manifestement perplexe. C'est dommage que je ne reste ici que trois semaines. Je soupçonne qu'il me faudrait beaucoup plus de temps pour commencer à comprendre votre culture, si différente de celles que je connais.

— C'est très aimable à vous. Beaucoup de gens estiment qu'il n'existe pas de culture australienne.

Il lui jeta un regard aigu.

— Vous êtes décidément une femme très étonnante. Mais nous reprendrons cette discussion plus tard. Pour l'instant, j'ai quelques mots à dire à toute l'équipe. Asseyez-vous, je vous prie, ajouta-t-il avant de s'éloigner à grands pas.

Oubliant son esprit de rébellion, Samantha s'exécuta sans broncher. S'asseoir était une excellente idée, puisque ses jambes la portaient à peine. Et malheureusement, ce n'était pas le vin blanc qui lui faisait cet effet, mais l'homme au charme ravageur qui venait de regagner sa place près de la cheminée…

— Merci à tous d'avoir répondu à mon invitation, déclara Rachid. Nous allons passer à table dans quelques minutes, mais d'abord je tenais à préciser certains points. Avant tout, sachez qu'Ali a une entière confiance dans tout son personnel. S'il m'a demandé de venir, ce n'est pas pour vous surveiller, mais uniquement pour prendre des décisions en cas d'imprévus. Heureusement, cette période de l'année est assez calme. Dans cette région, les juments ne mettent pas bas avant le mois d'août. Cependant, les pur-sang sont des animaux très fragiles, réputés pour poser des problèmes inattendus. En cas d'incident, je vous demande de me prévenir aussitôt. J'ai une grande expérience de l'élevage des chevaux de course et je peux même me flatter de ne rien ignorer dans ce domaine.

Samantha, qui était en train de boire une gorgée de vin, faillit s'étrangler. Pour qui se prenait-il ? Personne ne pouvait se vanter de tout savoir sur les chevaux !

— Par ailleurs, poursuivit-il d'un ton égal, je sais que la galopade de Flèche d'Argent cet après-midi sur la piste d'entraînement a suscité votre réprobation. Ray et Gerald ont exprimé des réserves. Quant à Samantha, elle a estimé que j'avais fait preuve d'inconscience et elle ne me l'a pas caché.

Samantha se redressa sur son siège, tandis que ses collègues tournaient vers elle des regards étonnés. Naturellement, elle ne leur avait pas fait part de l'incident, mais puisque Rachid éprouvait le besoin d'en parler, elle allait enfoncer le clou.

— Et je n'ai pas changé d'avis, affirma-t-elle avec force.

Après tout, que pouvait-il contre elle ? La renvoyer ? De toute façon, elle quitterait le haras dans quelques semaines.

— Pourquoi ne suis-je pas surpris par cette réaction ? répliqua Rachid avec un sourire imperceptible. Désolé, mademoiselle, mais je connais parfaitement ce cheval et ses besoins. D'ailleurs, il s'est calmé, n'est-ce pas ? demanda-t-il à Ray.

— Il est doux comme un agneau, confirma le responsable des écuries.

— Malheureusement, ça ne durera pas longtemps. Dans quelques jours il aura retrouvé toute sa nervosité et je le ferai de nouveau galoper. Sans soulever aucune objection, j'espère. A présent, y a-t-il des questions ? demanda Rachid en dardant sur Samantha un regard étincelant.

Elle soutint ce dernier sans ciller, malgré le trouble qui l'agitait.

— Ali avait prévu d'assister à une vente aux enchères mercredi, intervint Trevor. Le propriétaire d'un haras de la région est mort il y a six mois. Sa veuve part s'installer en ville et elle liquide le domaine. Certaines juments sont très intéressantes. Elles sont pleines et les poulains promettent d'être magnifiques. Je sais qu'Ali ne voulait pas rater cette vente.

— Merci de m'en informer. Je l'appellerai demain pour lui en parler. S'il le souhaite, je m'y rendrai en son nom. Mais dans ce cas, j'aurai besoin d'un chauffeur pour la journée.

— Sam pourra vous y conduire et en profiter pour examiner les juments qui auront retenu votre attention, suggéra Gerald. Elle a vraiment l'œil pour les chevaux. Rien ne lui échappe.

Rachid se tourna vers Samantha.

— Qu'en dites-vous ?

Mon Dieu, quelle question ! songea-t-elle, le cœur battant à tout rompre. Comment y répondre ? Cette perspective était terriblement excitante ! Et très angoissante, à la fois… Ne risquait-elle pas de perdre la tête si elle passait une journée entière en compagnie de cet homme sublime ?

Elle haussa les épaules d'un air qu'elle espérait désinvolte.

— C'est vous le patron.

Rachid resta impassible.

— Parfait. Je vous ferai savoir d'ici à demain soir si j'ai besoin de vous mercredi. Pour l'instant, je crois qu'il est temps de passer à table.

4.

Cinq couverts étaient dressés sur l'imposante table de la salle à manger, qui pouvait accueillir une vingtaine de personnes.

Nul doute que Rachid allait présider, songea Samantha en s'empressant de s'asseoir sur une des deux chaises les plus éloignées du bout de table. Ses prévisions furent confirmées. Gerald prit place à côté d'elle, tandis que Ray et Trevor s'installaient en face d'eux.

Tout en dépliant sa serviette, Rachid lui jeta un regard pénétrant. S'efforçant de l'ignorer, elle déplia sa serviette à son tour avec une lenteur délibérée et la posa sur ses genoux, les yeux fixés sur la porte. Vivement que Cléo arrive…

A son grand soulagement, ses prières furent exaucées quelques secondes plus tard, et Cléo pénétra dans la pièce avec un plateau chargé de bols de soupe.

— Tu as décidé de servir une entrée, finalement ? murmura Samantha quand son amie plaça un bol devant elle.

— Tu aurais dû le deviner d'après les couverts, rétorqua Cléo sur le même ton.

Samantha réprima un petit rire nerveux. Comme si elle était en état de prêter attention aux couverts !

Cléo s'éclipsa et revint quelques instants plus tard avec une corbeille de pain aux herbes fait maison.

— J'espère que le menu vous conviendra, déclara-t-elle à l'adresse de Rachid. Je vous ai préparé un des repas favoris d'Ali. Soupe de poireaux, rôti d'agneau à la menthe accompagné de patates douces, et gâteau aux coings. Nous avons un très beau cognassier dans le jardin.

— Je comprends pourquoi Ali n'aime pas voyager, répondit Rachid. Il est beaucoup trop gâté chez lui !

Cléo pouffa.

— Vous alors ! Oh, mon Dieu, j'ai oublié le vin ! Je vais le chercher tout de suite.

— Du rouge pour moi, s'il te plaît, demanda Gerald.

— Ne vous inquiétez pas, j'ai prévu une bouteille de chaque ! lança-t-elle par-dessus son épaule avant de quitter la pièce.

— Ali m'avait dit que sa gouvernante était une vraie perle, reprit Rachid. Je comprends son enthousiasme. Cléo est comme une grande bouffée d'air frais. Si Ali n'était pas mon ami, je tenterais de la débaucher.

— Vous n'auriez aucune chance, intervint Samantha. Cléo ne quittera jamais Ali, ni sa famille, ni l'Australie.

— Vous n'imaginez pas les miracles qu'on peut accomplir en utilisant les arguments appropriés, rétorqua-t-il.

Au même instant, Cléo revint avec une carafe de vin rouge et un seau à glace contenant une bouteille de vin blanc.

— Dites-moi Cléo, si je vous offrais un million de dollars par an, viendriez-vous avec moi à Londres ? demanda Rachid d'une voix suave.

— Ça dépend à quel titre, rétorqua-t-elle avec un sourire mutin.

— Comme chef de cuisine.

Cléo eut une moue faussement dépitée.

— Non, désolée, ça ne m'intéresse pas. En revanche, si vous m'aviez proposé de vous suivre en tant que maîtresse, j'aurais hésité.

Tout le monde s'esclaffa, y compris Samantha. Mais très vite, son cœur se serra. Si seulement elle pouvait ressembler à Cléo ! A sa place, celle-ci ne serait jamais venue dîner en jean. Elle aurait mis sa tenue la plus sexy et se serait maquillée avec soin. Avec son humour irrésistible, elle aurait tenu Rachid sous son charme et elle aurait passé une soirée fantastique.

Qui se serait sans doute prolongée au lit…

Samantha déglutit péniblement. Mieux valait ne pas

laisser ses pensées prendre cette direction. Rachid devait être un amant fantastique, mais malheureusement elle n'aurait jamais l'occasion d'en être sûre.

Toutefois, rien ne l'empêchait de l'observer discrètement pour le simple plaisir des yeux.

Il discutait avec Gerald, qui lui posait une foule de questions sur le haras qu'il possédait en Angleterre. Le regard de Samantha s'attarda sur sa bouche. Jamais elle n'avait vu des lèvres aussi sensuelles ! Il était tellement beau qu'elle aurait pu passer des heures à le contempler…

— Flèche d'Argent est-il né dans votre haras ? demanda soudain Ray.

En se tournant vers ce dernier, Rachid surprit le regard de Samantha, laquelle crut s'évanouir de honte.

— Oui, c'est moi qui l'ai élevé, répondit-il en reportant son attention sur Ray. L'élevage des chevaux de course est une véritable passion.

— Vous avez dû commencer très jeune, fit remarquer Gerald. Flèche d'Argent a six ans et vous ne devez pas avoir dépassé la trentaine.

— Merci pour le compliment, mais j'aurai trente-cinq ans cette année.

Ce n'était pas vraiment surprenant, songea Samantha. Le visage de Rachid était dépourvu de la moindre ride, mais on voyait à son regard que c'était un homme d'expérience.

— Toutefois, vous avez raison sur un point. J'ai effectivement débuté très jeune, poursuivit-il. Je n'avais que seize ans quand j'ai hérité de la ferme de mon père.

Nul doute que l'élevage n'était pas le seul domaine dans lequel il avait commencé jeune, ne put s'empêcher de penser Samantha. Se mordant la lèvre, elle s'efforça de chasser de son esprit les images importunes qui l'assaillaient.

— Flèche d'Argent a-t-il toujours été aussi récalcitrant ? questionna Ray.

— Pas du tout. D'ordinaire, il est très docile. C'est le changement d'hémisphère et la vie qu'il mène ici qui le rendent nerveux. A cause du décalage des saisons entre les deux hémisphères, il est subitement condamné à la chasteté, alors qu'en Angleterre il saillait plusieurs juments par jour. C'est une situation extrêmement frustrante pour n'importe quel mâle normalement constitué, conclut Rachid en jetant un coup d'œil furtif dans la direction de Samantha.

Son regard n'avait rien de provocateur, mais elle sentit une intense chaleur l'envahir. De toute évidence, il ne faisait pas seulement allusion à son cheval. Cherchait-il à lui adresser un message ? Après tout, il se trouvait dans la même situation que Flèche d'Argent. Selon Cléo, il avait une réputation de séducteur. La vie à Hunter Valley risquait de lui sembler bien morne à côté de celle qu'il menait à Londres…

— Mais au printemps il redeviendra sage comme une image, poursuivit-il avec un sourire complice à l'adresse des hommes. D'après ce que m'a dit Ali, un harem de superbes poulinières l'attend.

— En effet, confirma Trevor.

— Quelle chance il a ! murmura Rachid.

Ses yeux noirs effleurèrent Samantha avant de se baisser sur son assiette.

Les joues en feu, la jeune femme vida son verre de vin d'un trait. Du calme… Il serait ridicule de prendre ses désirs pour des réalités. En fait, elle était tout simplement victime de son imagination débordante. Ni les paroles ni les regards de Rachid ne contenaient de message caché. Il était impossible qu'il s'intéresse à une femme comme elle. Absolument impossible.

Comme pour la conforter dans cette opinion, il ne posa plus une seule fois les yeux sur elle jusqu'à la fin du repas. L'ignorant complètement, il ne s'adressa plus qu'aux hommes.

Toutefois, il ne fut plus très bavard. Il semblait épuisé, tout à coup. Des cernes profonds entouraient ses yeux et il se massait régulièrement les tempes.

Avant d'avoir terminé sa part de gâteau, il posa brusquement sa fourchette et se leva.

— Veuillez m'excuser, mais je commence à ressentir les effets du décalage horaire, déclara-t-il d'une voix lasse. Je dois me retirer. Surtout, rassurez Cléo. Ça n'a rien à voir avec sa cuisine. Bonne nuit à tous et à demain matin.

Il leur adressa un sourire étrange avant d'ajouter :

— *Inch'Allah.*

Puis il quitta la pièce.

— Ça alors ! s'exclama Gerald. Il aurait pu attendre que nous ayons bu le café !

— Il semblait vraiment mal en point, protesta aussitôt Samantha.

Gerald aurait pu se montrer plus compréhensif ! songea-t-elle avec agacement. Il était évident que Rachid était à bout de forces. Le décalage horaire était connu pour avoir des effets dévastateurs sur les organismes. Non qu'elle en ait déjà fait l'expérience, puisqu'elle n'avait jamais quitté l'Australie... Encore une lacune à laquelle elle allait remédier dans un avenir proche.

On disait que les voyages formaient la jeunesse. Eh bien, il était temps qu'elle s'y mette ! Découvrir de nouveaux horizons ne pourrait lui être que bénéfique. D'ailleurs, elle s'était fait faire un passeport juste après avoir démissionné de son poste chez Paul.

Une heure plus tard, en proie à des fantasmes extravagants, Samantha se tournait et se retournait dans son lit, incapable de trouver le sommeil.

Rachid et elle chevauchaient côte à côte, lui sur un grand pur-sang gris pommelé, elle sur une superbe jument alezane au poitrail taché de blanc.

Ils s'arrêtaient au bord d'une rivière. Rachid sautait de son cheval et la prenait par la taille pour l'aider à descendre du sien.

Mais au lieu de la lâcher une fois que ses pieds touchaient le sol, il la tenait serrée contre lui en promenant un regard caressant sur ses joues enflammées. Puis, soudain, il capturait sa bouche pour un long baiser ardent auquel elle répondait avec une passion qu'elle ne se connaissait pas.

Quand il finissait par s'arracher à ses lèvres, c'était pour dégrafer son corsage. Elle ne portait rien en dessous et il la contemplait en silence, visiblement émerveillé. Elle sentait les pointes de ses seins se hérisser sous son regard, tandis que de longs frissons la parcouraient tout entière. Elle brûlait d'envie qu'il la caresse, mais il l'allongeait dans l'herbe et finissait de la dévêtir en prenant tout son temps, avant de se déshabiller à son tour.

Le souffle court, elle regardait son corps splendide qui se dévoilait peu à peu. Une fois nu, il s'allongeait près d'elle et la couvrait de caresses. Le désir qui la consumait atteignait une telle intensité qu'il en devenait insupportable.

Elle le voulait en elle. Elle le suppliait de s'unir à elle mais il continuait de la caresser en silence, un sourire énigmatique aux lèvres. Loin d'apaiser le feu qui la dévorait, ses doigts experts l'attisaient, la mettant au supplice. Un supplice délicieux dont elle ne savait plus si elle voulait qu'il se prolonge indéfiniment ou qu'il prenne fin dans une explosion dévastatrice.

— N'importe quoi ! maugréa-t-elle.

Se redressant d'un bond, elle donna un coup de poing rageur dans son oreiller. Il fallait absolument qu'elle se reprenne. Sinon, la prochaine fois qu'elle verrait Rachid, elle risquait de lui sauter dessus…

Comment pourrait-elle survivre à une telle humiliation ?

Elle alluma sa lampe de chevet et ouvrit le roman qu'elle avait commencé dans l'avion. Un thriller haletant, semé de rebondissements plus stupéfiants les uns que les autres.

Mais sans le moindre soupçon d'érotisme.

Exactement ce qu'il lui fallait.

5.

Le mercredi, Samantha se réveilla un peu avant l'aube. A peine eut-elle ouvert les yeux que son estomac se noua. Elle allait passer la journée en compagnie de Rachid…

La veille, il s'était absenté du haras, ce qui l'avait aidée à reprendre ses esprits. Mais dès qu'il lui avait téléphoné, en fin d'après-midi, pour l'informer qu'il se rendrait à la vente aux enchères et qu'il l'attendrait à la villa à 9 heures précises, elle avait de nouveau perdu pied.

Incapable de fermer l'œil, elle avait eu le temps de terminer son thriller bien avant que l'épuisement finisse par avoir raison d'elle, tard dans la nuit. Et voilà qu'à 5 h 30 elle était de nouveau réveillée. Encore trois heures et demie avant d'aller chercher Rachid…

Du moins avait-elle amplement le temps de se préparer, songea-t-elle en se levant. Ce qui était un avantage certain, car il était exclu de commettre la même erreur que pour le dîner. Et de passer la journée à regretter d'avoir dédaigné la carte de la coquetterie.

Même s'il était préférable d'opter pour des vêtements pas trop différents de ceux qu'elle portait d'ordinaire. Son jean le plus confortable et sa chemise à carreaux bleus et blancs étaient tout indiqués. Non seulement c'était la tenue la plus appropriée pour passer la journée dans un haras à examiner des juments, mais Rachid ne risquerait pas de s'imaginer qu'elle faisait des efforts pour lui plaire.

En revanche, il fallait se maquiller avec un soin tout particulier. Le but étant de paraître naturelle tout en arborant une mine éclatante… Pour atteindre cet objectif, mieux valait éviter le fond de teint, trop apparent à la lumière du jour.

Elle opta pour un gel solaire teinté dont l'esthéticienne lui avait vanté les mérites. D'après celle-ci, c'était le produit idéal pour illuminer le teint en toute discrétion.

Et elle avait raison, songea Samantha en s'observant dans le miroir. Le résultat était impressionnant.

Au tour des yeux, à présent… Comme le fond de teint, l'ombre à paupières était exclue. Trop voyante. En revanche, elle pouvait se permettre d'appliquer une ou deux couches de mascara, ce qui mettrait discrètement en valeur le bleu de ses yeux.

Quant aux lèvres, une légère touche de brillant incolore suffirait.

Satisfaite de son apparence, Samantha hésita longuement à se parfumer. Juste quelques gouttes derrière les oreilles, finit-elle par décider, en prenant le luxueux flacon acheté pour son escapade sur la Gold Coast.

Dernier problème, et le plus épineux. Que faire de ses cheveux ? Elle les avait déjà séchés, et grâce à sa nouvelle coupe dégradée, ils étaient parfaitement coiffés. Il fallait reconnaître que les laisser flotter librement sur ses épaules était très seyant. Mieux, c'était extrêmement sexy.

Sexy ? Prudence… Elle s'empressa de les attacher en queue-de-cheval. Paraître à son avantage, d'accord. Jouer les vamps, pas question. C'était le meilleur moyen de se ridiculiser.

Une fois prête, elle gagna la cuisine et jeta un coup d'œil à la pendule murale. Il était l'heure de partir… L'estomac de plus en plus noué, elle prit sa veste en jean et quitta le pavillon.

La journée s'annonçait magnifique. Dans l'est de l'Australie, le mois de juin marquait le début de l'hiver. Les gelées matinales étaient fréquentes mais, une fois le soleil levé, il pouvait faire très doux.

A 8 h 55, Samantha se gara sur le parking de la villa.

Quand la porte s'ouvrit en réponse à son coup de sonnette, son cœur fit un bond dans sa poitrine. Ce n'était pas Cléo qui se tenait devant elle, mais Rachid, un panier de pique-nique à la main.

Manifestement remis du décalage horaire, il était d'une beauté à couper le souffle. Vêtu d'un jean noir et d'un polo d'une blancheur éclatante qui mettait en valeur son teint hâlé, il avait les cheveux humides. Manifestement, il sortait de la douche… A son grand dam, Samantha fut assaillie par une foule d'images d'une précision très embarrassante.

— Cléo nous a préparé un pique-nique, déclara-t-il tandis qu'elle tentait désespérément de faire le vide dans son esprit, les yeux fixés sur le panier. Elle m'a expliqué qu'il n'y aurait pas de buffet à la vente aux enchères, mais que les endroits pittoresques où déjeuner en plein air ne manquaient pas dans la propriété.

Samantha déglutit péniblement.

— On y va ?

— Je suis tout à vous.

Tout à elle ? Quel humour ! songea-t-elle avec amertume. Il lui avait à peine jeté un coup d'œil ! C'était bien la peine d'avoir passé deux heures à se préparer…

Pivotant sur elle-même, elle regagna le 4x4 en contenant à grand-peine sa colère, d'autant plus vive qu'elle était dirigée contre elle-même.

— Il vaut mieux mettre le panier à l'arrière, lança-t-elle avec brusquerie en s'installant au volant et en mettant le contact.

Il eut tout juste le temps de s'exécuter et de s'installer avant qu'elle ne démarre.

— Sommes-nous si pressés ? demanda-t-il d'un ton pince-sans-rire en attachant sa ceinture. La vente ne commence pas avant 13 heures, vous savez.

Elle serra les dents. Décidément, cette journée s'annonçait très mal. Dire qu'elle l'avait attendue avec impatience ! Quelle idiote…

— Trevor m'a donné un catalogue sur lequel il a coché les juments qu'il juge intéressantes. Il y en a dix. Les examiner toutes va me prendre la matinée.

— C'est à moi de décider quelles juments vous devrez

examiner, rétorqua-t-il sur le ton suffisant qui avait horripilé Samantha lors de leur première rencontre.

Pas de doute, cette journée allait être un véritable enfer… Mais à vrai dire, elle devrait plutôt lui être reconnaissante, songea-t-elle. Quand il adoptait ce comportement, il perdait une grande partie de son charme. Et elle avait bien plus envie de lui flanquer une bonne gifle que de lui sauter au cou. Ce qui était somme toute plutôt positif…

— Combien de temps faut-il pour aller à ce haras ? demanda-t-il quand elle s'engagea sur la route en direction de Scone.

— Environ une demi-heure.

— Y êtes-vous déjà allée ?

— Non.

— Mais vous connaissez le chemin ?

— Ray m'a donné les indications nécessaires.

— Eh bien, espérons que celles-ci sont suffisamment claires. La plupart des femmes n'ont pas le sens de l'orienta…

— Contrairement aux hommes ? le coupa-t-elle d'un ton vif.

Il y eut un bref silence, puis Rachid laissa échapper un petit rire.

— Comme je vous l'ai déjà dit, vous êtes une jeune femme très impertinente. Cependant, je vous apprécie beaucoup quand même.

— Suis-je censée vous en remercier ?

Les yeux fixés sur la route, Samantha sentit sur elle le regard perplexe de Rachid.

— Apparemment, c'est loin d'être réciproque, déclara-t-il d'un ton égal. Pour être aussi agressive, vous devez vraiment me détester.

Elle tressaillit. Agressive… Etait-ce vraiment l'image qu'elle avait envie de donner d'elle ? Non, bien sûr. Elle avait même pris la résolution de renoncer à ce genre de comportement autodestructeur. Certes, Rachid pouvait être extrêmement déplaisant, mais il fallait essayer de s'en accommoder.

— Je ne vous déteste pas. C'est juste que… je n'apprécie pas votre attitude.

— Vous m'en voulez parce que j'ai dit que les femmes

n'avaient pas le sens de l'orientation ? Vous avez raison. C'était stupide de ma part et je vous prie de m'en excuser.

— Ce n'est pas seulement ça. Le premier soir, vous avez tenu à nous assurer qu'Ali avait confiance en nous et que vous n'étiez pas là pour nous surveiller. Mais, aujourd'hui, vous décrétez que c'est à vous seul qu'appartient le choix des juments à acheter. Sauf votre respect, Trevor connaît mieux que vous les poulinières australiennes. Il ne comprendrait pas que vous ne teniez aucun compte de son avis.

— Je vois. Dans ce cas, je vais consulter le catalogue qu'il vous a remis. Mais je me réserve le droit de ne pas faire d'offre sur une jument qu'il aurait sélectionnée si elle ne me plaît pas.

— Ou bien si je détecte un problème quelconque en l'examinant.

— Ne vous inquiétez pas, je suivrai vos recommandations. Cela vous convient-il ?

— Oui. A présent si vous profitiez du trajet pour jeter un coup d'œil sur le catalogue ? Il est dans la boîte à gants.

Puisqu'il se montrait conciliant, elle pouvait faire un effort pour être aimable, décida Samantha avant d'ajouter :

— Avez-vous un âge de prédilection pour les juments ?

— Je préfère celles qui ont moins de trois ans. Et j'aime qu'elles aient couru sur hippodrome. Ça indique qu'elles ont des chances de transmettre à leurs poulains un tempérament de gagneur. En général, quand une jument n'a jamais couru c'est parce qu'elle est timorée ou en mauvaise santé.

— Je suis d'accord avec vous. Les poules mouillées ne font pas de bonnes poulinières.

Rachid s'esclaffa.

— C'est la première fois que j'entends cette expression ! C'est un proverbe australien ?

— Non, pas du tout ! Juste une formule qui m'est venue à l'esprit à l'instant. Mais à propos d'expression, l'autre soir vous avez dit quelque chose qui nous a tous intrigués. *Incha* quelque chose…

— *Inch'Allah.*

— Qu'est-ce que ça signifie ?

— « S'il plaît à Allah. » Autrement dit « s'il plaît à Dieu ».

— Dieu ? Mais pourtant, vous m'avez dit que vous n'étiez pas croyant.

— Je n'aime pas les religions créées par l'homme, mais je crois en Allah. Et je crois également à la vie après la mort. Si on n'y croit pas, rien n'a de sens, que ce soit la vie ou la mort. Surtout la mort.

— Je comprends ce que vous voulez dire. Ma mère est morte peu de temps après ma naissance. Ce serait triste de penser qu'elle n'est pas en train de veiller sur moi quelque part.

Le cœur de Samantha se serra, comme chaque fois qu'elle pensait à cette mère qu'elle n'avait pas connue.

— Mais parlons d'autre chose, ajouta-t-elle. La mort est un sujet trop déprimant. Il vaut mieux profiter pleinement de cette belle journée que nous allons pouvoir consacrer à notre passion.

— Notre passion ?

— Les chevaux.

— Vous me connaissez déjà bien, apparemment.

— Il n'est pas difficile de reconnaître les amoureux des chevaux. Je suis certaine qu'ils se ressemblent partout dans le monde, qu'ils soient riches ou pauvres.

— Vous avez sûrement raison. Pour ma part, je ne pourrais pas me passer des chevaux.

— D'après ce que j'ai compris, vous avez largement les moyens d'en avoir autant que vous le voulez.

— C'est vrai. Tant qu'Allah me prête vie.

— Oh, vous devriez avoir encore quelques belles années devant vous. A moins de vous rompre le cou en montant Flèche d'Argent, bien sûr…

Rachid s'esclaffa de nouveau, à la plus grande joie de Samantha. Allons, cette journée s'annonçait plutôt bien, en fin de compte, songea-t-elle, de plus en plus détendue. La compagnie de Rachid n'était pas si désagréable et elle aurait l'occasion de vérifier s'il était réellement un expert en chevaux de course.

En revanche, il vaudrait mieux essayer d'ignorer le fait qu'à chaque seconde il lui paraissait de plus en plus sexy…

— Vous avez une chance inouïe de pouvoir vous offrir n'importe quel cheval, sans prêter attention à son prix, déclara-t-elle en s'efforçant de chasser de son esprit les images qui la poursuivaient depuis qu'il lui avait ouvert la porte de la villa, quelques instants plus tôt. En êtes-vous conscient ?

Il leva les yeux du catalogue.

— A vrai dire, je n'y ai jamais vraiment réfléchi. Les hommes naissent riches ou pauvres. Ensuite, c'est à eux de construire leur vie. Certes, j'ai hérité de la fortune de mon père, mais j'ai su la faire fructifier. J'ai le sentiment de mériter tout ce que je m'achète.

Bien sûr… Cependant, pour faire fructifier son capital, encore fallait-il en avoir un ! Mais il était inutile de le faire remarquer, décida Samantha. Rachid et elle n'appartenaient pas au même monde, point final.

— Un jour, je réaliserai mon rêve le plus cher, déclara-t-elle. Aller à une vente de yearlings et m'acheter un superbe poulain.

— Pas une pouliche ?

— Non. Je préfère de loin les poulains.

— Ils peuvent atteindre des prix très élevés.

— Je sais. Mais je gagne assez bien ma vie, et un jour, j'aurai mon propre cabinet de vétérinaire, ce qui me permettra de gagner encore plus d'argent.

— Vous avez de l'ambition.

— Ça semble vous surprendre. Dans ce pays, les femmes ont les mêmes chances que les hommes, figurez-vous, souligna-t-elle d'un ton légèrement acerbe.

— C'est également le cas en Angleterre, où je vis, répliqua-t-il d'un ton posé. Cependant, vous vous imaginez sans doute qu'en tant qu'Arabe je considère que la place des femmes est au harem. Eh bien, vous vous trompez. Même si l'idée d'avoir un harem rempli de femmes soumises est très alléchante pour un homme. Arabe ou pas.

— Vous êtes marié ?

Cette question échappa à Samantha avant qu'elle ait le temps de la retenir. Quelle idiote ! se réprimanda-t-elle aussitôt.

— Non, mais j'ai trois maîtresses, répondit-il avec le plus grand naturel.

— Trois ? Et elles s'accommodent de cette situation ? Mais elles ne sont pas au courant, je suppose.

— Si. Chacune connaît l'existence des deux autres et aucune ne s'est jamais plainte.

Samantha eut toutes les peines du monde à réprimer son indignation. De toute évidence, sa réputation de play-boy était largement méritée ! Mais tout de même, trois maîtresses en même temps c'était insensé !

— Et vous, Samantha ? Avez-vous quelqu'un dans votre vie ?

— Pas en ce moment.

— Vous n'aimez pas beaucoup les hommes, apparemment.

— Comment pouvez-vous dire ça ? protesta-t-elle avec véhémence. J'aime beaucoup les hommes, au contraire.

— Mais vous aimez encore plus les chevaux.

— Vous pouvez parler ! C'est vous qui aimez les chevaux plus que les femmes ! Du moins je l'espère pour eux. Si vous aimiez les femmes, vous les traiteriez avec plus de respect. Mais nous ferions mieux de changer de sujet avant que je vous fasse descendre de voiture et que je vous laisse sur le bord de la route. Puisque nous devons passer la journée ensemble, contentons-nous de parler de chevaux, d'accord ?

Elle jeta à Rachid un coup d'œil en biais. A en juger par son air interloqué, il ne savait pas trop comment prendre cette repartie. Pourquoi ne pas en profiter pour lui expliquer le fond de sa pensée ?

— Ecoutez, je veux bien reconnaître que j'ai mauvais caractère et qu'il m'arrive d'être très désagréable. Mais c'est parce que je ne peux pas m'empêcher de dire ce que je pense. Je suis toujours d'une franchise absolue, ce qui à mon sens est une qualité. Sachez que je vous apprécie, malgré ce que vous venez de m'apprendre sur votre mode de vie. Un homme qui aime les chevaux a forcément des qualités, même si, pour l'instant, je n'ai pas encore découvert les vôtres.

A présent, c'était d'un air abasourdi qu'il la considérait, constata-t-elle en lui jetant un regard furtif.

— Je vous promets de me montrer aimable et conciliante jusqu'à la fin de la journée si de votre côté vous me donnez votre parole de ne plus faire une seule allusion à vos mœurs de macho arriéré, ajouta-t-elle. Marché conclu ?

— Vous êtes vraiment impossible !

— Oui, mais c'est moi qui conduis. Alors, marché conclu ?

— Je n'ai pas des mœurs de macho arriéré !

— Vous couchez avec trois femmes en même temps.

— Pas du tout ! Je les vois toujours séparément !

— Oh, pardon. Ça change tout…

— Ah, vous voyez bien. Je ne suis pas un macho arriéré.

Samantha réprima un soupir. Inutile de poursuivre plus longtemps ce dialogue de sourds. De toute évidence, il trouvait tellement naturel de cumuler les maîtresses que son ironie lui avait échappé.

Pas étonnant qu'il éprouve une telle compassion pour Flèche d'Argent… Comment cet homme allait-il supporter trois semaines d'abstinence ? A moins qu'il se soit déjà octroyé les services d'une palefrenière pour réchauffer son lit. Ou de plusieurs… Certaines d'entre elles étaient très séduisantes.

A son grand dam, Samantha sentit son cœur se serrer. Dieu merci, ils étaient bientôt arrivés, constata-t-elle en s'engageant sur un chemin de terre parsemé de profondes ornières. Il était grand temps de se changer les idées !

Ces images de Rachid bondissant de lit en lit pour honorer l'une après l'autre une multitude de créatures de rêve étaient particulièrement déprimantes…

6.

Cléo avait raison. Les jardins de Valleyview Farm, très pittoresques, offraient un cadre idéal pour un pique-nique.

Le panier qu'elle avait préparé contenait un véritable festin. Salade composée, poulet froid, petits pains sortant du four, et gâteau à la carotte. Le tout arrosé de deux petites bouteilles de vin blanc gardées au frais dans un sac isotherme.

Après trois heures passées à examiner toutes les juments cochées sur le catalogue, Samantha et Rachid déjeunèrent sous un arbre dont le feuillage laissait filtrer quelques rayons de soleil.

Assise en tailleur sur un coin de la couverture, également fournie par Cléo, Samantha dégusta la dernière bouchée de sa part de gâteau.

— Hmm, c'était fantastique ! J'avais tellement faim que j'aurais pu manger un cheval !

— Alors, c'est une chance que Cléo nous ait préparé un déjeuner aussi copieux, répliqua Rachid, adossé à l'arbre, ses longues jambes étendues devant lui. Les chevaux sont très chers par ici. Surtout ceux que vous avez sélectionnés ce matin.

— Je pense au contraire que nous avons toutes les chances de les acquérir à un prix raisonnable.

Rachid but une gorgée de vin avant de déclarer :

— Je ne suis pas de cet avis.

— Ecoutez, je sais bien que ces juments sont toutes en excellente condition et que certaines d'entre elles se sont distinguées sur les champs de course, mais sérieusement…

Prenant un air de conspiratrice, Samantha baissa la voix pour que le petit groupe installé non loin d'eux ne l'entende pas.

— Les acheteurs ne se bousculent pas. Même s'il en arrive d'autres cet après-midi, je suis certaine que ces enchères nous permettront de faire de bonnes affaires.

— Nous n'assisterons pas aux enchères.

Rachid posa son verre sur la couverture et se leva.

— Pour quelle raison ? demanda Samantha avec perplexité.

Il se débarrassa de quelques brins d'herbe accrochés à son jean avant de répondre :

— J'ai déjà acheté les cinq juments que nous avons sélectionnées. Je les ai payées quand vous êtes allée chercher le panier dans le 4x4.

— Vous les avez déjà payées ? s'exclama-t-elle en bondissant sur ses pieds. Combien ?

— Deux millions de dollars.

— Deux millions !

Le cri étranglé de Samantha attira l'attention des pique-niqueurs voisins. Elle baissa de nouveau la voix.

— Elles ne valent pas plus de cent mille dollars chacune ! Et encore…

Les poings sur les hanches, elle foudroya Rachid du regard. Ce n'était pas parce qu'il était riche comme Crésus qu'il devait jeter l'argent par les fenêtres ! Surtout quand ce n'était pas le sien !

— Valleyview Farm a accepté de prendre en charge leur acheminement jusqu'aux Ecuries royales de Dubar, précisa-t-il d'un air hautain.

— Vraiment ? Félicitations ! Mais à ce prix-là, ils auraient accepté de les expédier directement par avion jusqu'à Dubar !

Les yeux noirs de Rachid étincelèrent.

— Calmez-vous ! Ce n'est pas le moment de passer vos nerfs sur moi. Vous feriez mieux de ranger les affaires. Nous discuterons dans la voiture.

Samantha faillit suffoquer d'indignation. Pour qui se prenait-il ? Elle n'était pas sa domestique ! Mais avant qu'elle ait le temps de le lui faire remarquer, il s'éloigna à grands pas vers le parking.

Elle s'exécuta en l'abreuvant mentalement d'injures. Impossible de tout laisser là. Ce serait trop injuste pour Cléo.

Elle rangea les affaires dans le panier avec des gestes brusques, ébréchant un verre au passage. Elle plia grossièrement la couverture, ramassa le panier et s'empressa de gagner le parking.

Rachid l'attendait à côté du 4x4, la mine sombre. Ils s'installèrent en silence sur leurs sièges, puis Samantha explosa.

— Quand on vient à une vente aux enchères, c'est pour faire des affaires ! Pas pour payer un prix supérieur à celui du marché ! Si j'avais su, je vous aurais dit combien valaient ces juments. Mais comment aurais-je pu deviner que vous n'en aviez aucune idée ? Je croyais que vous étiez un expert en élevage de chevaux de course !

C'était insensé, songea-t-elle avec perplexité. Quand ils avaient examiné les juments ensemble, elle avait été impressionnée par la pertinence de ses observations et par la complicité qui s'était immédiatement établie entre lui et les bêtes. Celles-ci semblaient envoûtées par ses caresses et par les paroles flatteuses qu'il leur murmurait à l'oreille.

Alors, pourquoi avait-il fait preuve d'une légèreté d'amateur en les payant un prix astronomique sans attendre les enchères ?

— Faire des affaires ne m'intéresse pas, déclara-t-il d'un ton crispé comme en réponse à cette question muette. Puisque je peux me permettre de payer le prix fort, je ne vois pas pourquoi je m'en priverais.

— Mais c'est au nom d'Ali que vous êtes venu à cette vente !

— Pour qui me prenez-vous ? s'exclama-t-il, visiblement offusqué. Je ne me permettrais jamais de gaspiller de l'argent qui ne m'appartient pas ! Il va de soi que je vais offrir ces juments à Ali.

Samantha sentit ses joues s'enflammer.

— Oh… Je suis désolée.

— J'espère bien ! Il ne vous arrive jamais de réfléchir avant de vous mettre à hurler ? Sachez qu'il n'est pas dans mes habitudes d'agir à la légère. Quand j'ai téléphoné à

Ali hier, il m'a confié que la propriétaire de ce domaine connaissait de graves difficultés financières en raison des mauvais investissements effectués par son défunt mari. Deux millions de dollars ne représentent rien pour moi, alors que pour elle, c'est une chance de se sortir d'une mauvaise passe.

Au comble de la confusion, Samantha avait l'impression que tout son visage était la proie des flammes.

— Je vous renouvelle mes excuses, murmura-t-elle. Mais pourquoi ne m'avez-vous pas mise au courant ?

— Ce n'était pas prémédité. Au départ, je comptais assister à la vente et faire monter les enchères, toujours dans le but d'avantager la propriétaire du haras. Mais j'ai changé d'avis. Et pour être honnête — puisque vous semblez accorder une grande importance à l'honnêteté — si j'ai changé d'avis, c'est à cause de vous.

— De moi ? Je ne comprends pas.

— Oh, si. Je pense que vous comprenez parfaitement.

Rachid plongea son regard dans celui de Samantha.

— Je vous assure que je ne vois pas du tout de quoi vous voulez parler, prétendit-elle en s'efforçant d'ignorer les battements frénétiques de son cœur.

— Je suis persuadé du contraire. Est-ce si embarrassant pour vous d'admettre que nous sommes irrésistiblement attirés l'un vers l'autre ?

Abasourdie, Samantha en resta bouche bée.

— Oseriez-vous nier que cette attirance est née dès notre première rencontre ? poursuivit-il en lui prenant le menton et en se penchant vers elle. Pourquoi ne pas profiter de cet après-midi de liberté pour faire plus ample connaissance ?

L'espace d'un instant, Samantha faillit succomber à la tentation d'offrir ses lèvres à Rachid. Mais dans un réflexe qu'elle ne maîtrisa pas, elle repoussa sa main d'un geste brusque et s'écarta de lui.

— Pour qui me prenez-vous ? Vous croyez vraiment que je vais croire à votre baratin ? Je ne suis pas dupe, figurez-vous. Je ne vous attire pas plus qu'une autre. En réalité, vous avez tout simplement le même problème que Flèche d'Argent. Vous avez quitté Londres et votre harem depuis plusieurs jours et l'abstinence commence à vous peser. Alors vous vous rabattez sur la première venue. Eh bien, laissez-moi vous dire qu'avec moi vous êtes mal tombé. Je n'ai pas l'habitude de me laisser manipuler par les hommes. Surtout par les machos imbus d'eux-mêmes !

Samantha se tut, à bout de souffle. Rachid était manifestement médusé par sa tirade.

A vrai dire, il n'était pas le seul… Que lui avait-il pris ? Etait-elle devenue folle ? Venait-elle vraiment de repousser l'objet de tous ses fantasmes ?

En quelques secondes, elle avait ruiné toutes ses chances. Après ce qu'elle venait de lui dire, il n'y avait aucun espoir qu'il renouvelle sa tentative. Dire qu'elle avait pris la résolution d'éviter les comportements autodestructeurs…

Prise de tremblements, elle ouvrit sa portière et bondit du 4x4, folle de rage contre elle-même.

— Je reviens dans cinq minutes. Ensuite, nous rentrerons au haras. Je vous déposerai devant la villa, puis je regagnerai directement mon pavillon. Vous pourrez dire aux autres que je souffre d'une indigestion. Je suis sûre qu'ils vous croiront. De toute évidence, vous êtes un excellent menteur !

Sur ces mots, elle pivota sur elle-même et s'éloigna d'un pas vif.

Rachid la suivit des yeux avec incrédulité. Jamais de toute sa vie personne ne lui avait parlé ainsi.

Personne n'avait jamais osé !

Pourquoi diable éprouvait-il un désir aussi intense pour cette fille étrange ? C'était un véritable mystère. Non seulement Samantha Nelson n'était pas d'une beauté renversante — bien qu'elle ait un charme certain — mais elle avait un caractère épouvantable.

Dès leur première rencontre, elle lui avait tenu tête.

Mais oui, bien sûr ! Voilà pourquoi elle l'obsédait depuis le premier jour ! comprit-il tout à coup.

Elle lui tenait tête.

Or les défis le stimulaient. Qu'un cheval se montre récalcitrant et il prenait un plaisir fou à le mater.

Mais avec les femmes, il n'avait jamais eu besoin de s'imposer. Elles lui tombaient toutes dans les bras au premier regard.

Samantha était la première à lui résister.

Il la vit réapparaître dans le rétroviseur. A en juger par sa démarche et son attitude, elle était toujours aussi remontée contre lui…

Quelle satisfaction ce serait de sentir cette bouche s'adoucir peu à peu sous ses baisers, puis y répondre avec fougue ! songea-t-il en observant les lèvres crispées de la jeune femme. Il promena sur elle un regard appréciateur. Comme il l'avait déjà remarqué, elle avait un corps parfait. Poitrine haute et ferme, taille fine, jambes longues et minces…

Nue, elle devait être fantastique.

Il réprima un juron. Bon sang ! Les images qui s'imposaient à son esprit avaient un effet impressionnant sur lui. Il ferait bien de penser à autre chose…

Toutefois, il n'en avait pas fini avec cette jeune femme rebelle. Tôt ou tard, elle serait à lui. Il suffisait juste de faire preuve d'un peu de patience.

Dommage qu'il dispose de si peu de temps… Dans moins de trois semaines, il repartait pour Londres, et vu les circonstances, il n'était pas question de modifier ses projets.

Mais avant son départ, il devait coûte que coûte mettre Samantha Nelson dans son lit.

Combien de temps lui résisterait-elle ? se demanda-t-il alors qu'elle ouvrait sa portière d'un geste brusque et s'installait au volant.

Sans le regarder ni lui adresser la parole, elle mit le contact et démarra.

L'air était toujours aussi électrique entre eux. L'attirance qu'il éprouvait pour elle était bien réciproque, songea Rachid avec satisfaction. Même si elle restait de toute évidence déterminée à la nier…

Soudain, il sentit des effluves fleuris, à peine perceptibles mais pourtant bien présents. Le soir du dîner, Samantha

Nelson ne portait pas de parfum, se rappela-t-il. Pourquoi en avait-elle mis aujourd'hui ?

Parce qu'elle avait envie de le séduire, bien sûr.

Alors, pourquoi l'avait-elle repoussé ?

Pendant tout le trajet du retour, qui s'effectua dans un silence absolu, Rachid resta plongé dans un abîme de perplexité. Le comportement de Samantha n'avait aucun sens. A moins qu'elle soit adepte d'une religion interdisant les relations sexuelles avant le mariage… Ce qui expliquerait pourquoi elle avait été aussi indignée quand il avait fait allusion à ses trois maîtresses.

Mais curieusement, il ne croyait pas à cette hypothèse.

Non, la cause de son agressivité devait être plus personnelle. Peut-être avait-elle souffert à cause d'un homme. Un séducteur qui l'aurait trompée ou une brute qui l'aurait brutalisée.

Les chevaux maltraités devenaient souvent agressifs. Comme elle…

Alors qu'il étudiait cette possibilité, une autre idée surgit dans l'esprit de Rachid.

Et si elle était encore vierge ? Si elle était tout simplement terrifiée à l'idée de coucher avec un homme ?

Il lui jeta un coup d'œil furtif. Non, sûrement pas. Impossible que cette fille puisse avoir peur de quoi que ce soit. Même si elle était encore vierge.

Alors, pourquoi cette agressivité envers lui ?

Il n'en avait aucune idée. Une seule chose était certaine. Son attirance pour elle était partagée. Il connaissait trop bien les femmes pour se tromper sur ce point.

Pour sa part, il était sur des charbons ardents. Depuis leur première rencontre, son désir pour elle s'exacerbait au point de devenir une véritable obsession.

Même en proie à une migraine insoutenable, l'autre soir, il n'avait pas réussi à la chasser de son esprit.

Et bien sûr, l'éventualité d'une mort imminente ne faisait qu'accroître son envie de sentir contre le sien le corps frémissant de cette jeune femme rebelle.

De capturer sa bouche avec avidité.

De la couvrir de caresses jusqu'à ce qu'elle le supplie de la rejoindre…

Crispant la mâchoire, Rachid dut faire un effort surhumain pour garder son sang-froid.

Patience…

Samantha Nelson serait bientôt à lui.

7.

Vêtue d'un pyjama en pilou rose, Samantha était recroquevillée dans un coin de son salon. Elle avait un bol de chocolat chaud dans les mains et son visage ruisselait de larmes de dépit.

Le poêle répandait dans la pièce une chaleur d'autant plus agréable que la nuit promettait d'être froide. La télévision était allumée, mais elle ne la regardait pas.

Inlassablement, elle ruminait les mêmes pensées.

C'était sans espoir. Elle était irrécupérable... Jamais elle ne parviendrait à avoir des relations normales avec les hommes.

Le trajet du retour avait été un véritable supplice. Rachid ne lui avait pas adressé la parole. Et bien entendu, elle lui avait rendu la politesse, se murant dans un silence prétendument offensé. Après l'avoir déposé devant la villa, elle avait regagné directement son pavillon.

Une fois chez elle, elle avait décroché le téléphone, éteint son portable, et s'était mise au lit tout habillée. Rabattant les draps sur sa tête, elle avait donné libre cours à son désespoir. Au bout d'un long moment, après avoir sangloté jusqu'à épuisement, elle s'était endormie.

Quand elle s'était réveillée, il faisait presque nuit. Elle s'était levée, avait allumé le poêle, puis s'était traînée jusqu'à la salle de bains où elle s'était plongée dans la baignoire en s'efforçant d'effacer cette journée désastreuse de sa mémoire.

Malheureusement, elle n'y était pas parvenue... Elle poussa un profond soupir et but une gorgée de chocolat. Que lui avait-il pris de réagir avec une telle agressivité quand Rachid avait évoqué leur attirance mutuelle ? se demanda-t-elle pour la énième fois.

Après tout, elle aurait dû être ravie d'apprendre qu'il partageait son désir. Alors, pourquoi s'était-elle répandue en invectives contre lui ?

Tout simplement parce qu'elle était lâche.

L'avait-il compris ou bien la prenait-il pour une folle furieuse ?

Si seulement elle pouvait remonter le temps…

Des coups frappés à la porte la firent tressaillir. C'était sûrement Cléo. Cette chère Cléo qui devait s'inquiéter parce qu'elle la croyait malade. Quelques mois plus tôt, alors qu'elle était réellement clouée au lit par un accès de fièvre, son amie était passée tous les jours pour lui apporter de la soupe.

Samantha posa son bol et se leva en essuyant ses larmes du dos de la main.

— J'arrive ! cria-t-elle quand de nouveaux coups retentirent.

En ouvrant la porte, elle eut l'impression de recevoir un coup à l'estomac. Elle qui croyait avoir touché le fond…

Sur le seuil se trouvait Rachid, vêtu d'un élégant pantalon beige et d'un pull vert pâle. Chaussé de mocassins de cuir beige, il était rasé de près et impeccablement coiffé.

Alors que, de son côté, elle était en pyjama, nu-pieds, les cheveux en bataille, les yeux rouges et les paupières gonflées… Quelle humiliation !

— Que… que faites-vous là ? bredouilla-t-elle en s'efforçant d'ignorer le regard perplexe qu'il promenait sur elle.

— Cléo voulait vous apporter de la soupe avant de partir au club où elle et son mari passent tous leurs mercredis soir, répondit-il en indiquant la bouteille Thermos qu'il tenait à la main. Je lui ai proposé de m'en charger en lui disant que je voulais voir comment vous alliez.

— Vous êtes venu à pied ? s'exclama Samantha, stupéfaite.

Mais en jetant un coup d'œil derrière lui, elle aperçut la voiturette de golf que Norman utilisait pour transporter les bagages de l'héliport à la maison.

— Oh, je vois…

Pour se donner une contenance, elle prit la bouteille

Thermos des mains de Rachid et la serra contre elle comme pour se protéger.

— Comme vous le voyez, je vais bien, dit-elle d'un ton crispé. Mais je vous rappelle que je n'ai jamais été malade.

— Non, vous n'allez pas bien, objecta-t-il, visiblement surpris. Vous avez pleuré.

— Et alors ? Ça ne vous regarde pas.

— Bien sûr que si. Vous allez m'expliquer ce qui vous arrive.

Elle lui bloqua le passage alors qu'il s'apprêtait à entrer.

— Je vous répète que ça ne vous regarde pas.

— Si vous ne vous écartez pas, je vais être obligé de vous porter à l'intérieur.

A son grand dam, elle sentit une vive chaleur l'envahir.

— Vous n'oseriez pas !

— Bien sûr que si. Je n'ai que peu de temps à passer ici et je n'ai pas l'intention de le gaspiller en jouant les gentlemen. Je sais que vous partagez mon désir, Samantha. Inutile de nier, je le sais, répéta-t-il en plongeant son regard dans le sien.

— Vous êtes complètement fou.

Allons bon, voilà qu'elle recommençait ! se reprit-elle aussitôt. C'était elle qui déraillait. Il lui donnait une seconde chance et elle s'empressait de la gâcher !

— Allons, reconnaissez-le, insista-t-il d'une voix profonde qui la fit frissonner. Au fond de vous, vous brûlez d'envie que je vous prenne dans mes bras et que je vous porte jusqu'à votre chambre pour vous faire l'amour toute la nuit.

— Vous êtes vraiment très sûr de vous, n'est-ce pas ? dit-elle, le cœur battant à tout rompre.

— Oui, en effet. Mais ce n'est pas votre cas, apparemment. J'ai réfléchi à ce que vous m'avez dit cet après-midi. De toute évidence vous pensez quen si j'éprouve du désir pour vous, c'est uniquement parce que je suis en manque. Eh bien, vous vous trompez. Vous m'avez attiré dès le premier instant. Et je peux même vous assurer que je vous désire comme je n'ai jamais désiré aucune femme.

Samantha fut prise de vertige. Etait-il sincère ? Les accents passionnés de sa voix vibrante le suggéraient. Et même si ce n'étaient que des flatteries destinées à la séduire plus facilement, elle ne pouvait s'empêcher d'être transportée par ses paroles.

— Par conséquent, si vous êtes toujours déterminée à me repousser, je vous conseille de me le faire savoir maintenant, poursuivit-il d'un ton farouche. Parce qu'une fois que j'aurai posé les mains sur vous, il sera trop tard.

Parcourue de longs frissons, Samantha resta muette.

Lorsqu'il lui reprit la bouteille Thermos des mains pour la poser par terre, elle ne protesta pas. Lorsqu'il la souleva de terre, elle se laissa faire docilement.

Comme c'était bon de se laisser aller… Elle était submergée par un sentiment délicieux qu'elle n'avait jamais éprouvé auparavant.

Comme mus par une volonté propre, les bras de Samantha se nouèrent sur la nuque de Rachid, et sa tête se nicha au creux de son épaule. Elle laissa échapper un petit soupir de volupté.

— Voilà qui est mieux, murmura-t-il en refermant la porte du pied.

Oui, songea-t-elle, grisée par les sensations toutes nouvelles qui l'envahissaient. Beaucoup mieux…

Il marqua une pause au milieu du couloir pour jeter un coup d'œil dans la chambre.

— Cette pièce est trop petite et trop froide, commenta-t-il en se dirigeant vers le salon.

Il déposa la jeune femme sur le tapis devant le poêle, et défit le premier bouton de sa veste de pyjama.

— Tu ne devrais pas porter ce genre de vêtements, lui dit-il d'une voix douce en ouvrant le deuxième bouton. Ta peau est faite pour la soie ou le satin.

Quand il atteignit le dernier bouton, Samantha fut gagnée par l'inquiétude. Qu'était-elle censée faire ? Le souvenir de ses deux aventures à l'université ne lui était d'aucun secours. Son manque d'expérience flagrant ne risquait-il pas de rebuter un expert tel que lui ?

Il fallait lui dire la vérité.

— Rachid…, murmura-t-elle d'une voix à peine audible.

— Oui ?

— Je… je n'ai pas beaucoup…

— C'est la première fois ?

— Non, mais…

— Ne t'inquiète pas, coupa-t-il en souriant. J'ai assez d'expérience pour deux.

Laissant sa veste de pyjama ouverte sans la lui enlever, il lui prit le visage à deux mains et s'empara de ses lèvres pour lui donner un long baiser d'une douceur infinie. Quand il s'écarta d'elle, un petit gémissement échappa à Samantha. Que se passait-il ? Pourquoi s'arrêtait-il ? S'il ne recommençait pas tout de suite à l'embrasser, elle allait mourir…

Comme s'il avait entendu sa prière muette, il déposa un baiser sur ses lèvres, puis les lécha du bout de la langue et les mordilla doucement avant de s'écarter de nouveau.

Parcourue de longs frissons, Samantha tenait à peine sur ses jambes. Tout son corps brûlait d'une fièvre intense et une boule de feu tournoyait au creux de son ventre.

Les doigts de Rachid effleurèrent son cou et descendirent lentement entre les pans de sa veste ouverte. Elle sentit les pointes de ses seins se durcir, tandis que son cœur battait à un rythme effréné.

Il s'empara de nouveau de sa bouche et en força doucement l'entrée du bout de la langue. Au même instant, il glissa les mains sous sa veste et les posa sur ses seins.

Elle crut défaillir.

Tout en approfondissant son baiser, il pressa ses paumes sur les bourgeons hérissés, la mettant au supplice par des caresses de plus en plus appuyées. Poussant un petit cri étranglé, elle cambra les reins et se plaqua contre lui.

Aussitôt, la bouche de Rachid se détacha de la sienne et ses mains quittèrent ses seins.

— Attends ici, lui intima-t-il. Ne bouge pas. Je reviens dans quelques secondes.

Les jambes vacillantes, Samantha l'attendit avec une impatience fébrile.

A son grand soulagement, il tint sa promesse et revint presque aussitôt avec la couette qu'il avait prise sur son lit, dans sa chambre. Il l'étala sur le tapis devant le poêle, puis il se tourna vers elle avec un sourire contrit.

— Ce n'est pas le lit idéal, mais ça devrait être suffisamment chaud et confortable.

Samantha réprima un petit rire nerveux. De toute façon, elle ne risquait pas d'avoir froid ! Elle avait l'impression qu'à tout instant des flammes risquaient de s'élever de son corps brûlant…

Debout à côté de la couette, il lui fit signe de le rejoindre.

Elle s'approcha de lui comme un automate. Les pans de sa veste de pyjama bougeaient à chacun de ses pas, effleurant ses seins dont les pointes étaient si hérissées qu'elles en devenaient presque douloureuses.

Les yeux noirs de Rachid promenaient sur elle un regard possessif qui accrut son trouble. Lorsqu'elle arriva près de lui, il écarta du bout des doigts les mèches qui lui barraient le front.

— J'aime tes cheveux quand ils ne sont pas attachés, murmura-t-il en se penchant pour déposer un baiser furtif sur ses lèvres. En revanche, je déteste ce pyjama. Je vais te l'enlever. N'aie pas peur.

Peur ? Etait-ce la peur qui faisait battre son cœur à tout rompre ? se demanda-t-elle confusément. Sûrement pas. C'était plutôt une excitation incroyable…

Elle retint son souffle, tandis qu'il écartait le tissu pour regarder sa poitrine. Son regard était indéchiffrable. Impossible de deviner si ce spectacle lui plaisait. Certes, elle n'avait aucune raison d'avoir honte de son corps, mais comment savoir quels étaient les goûts de Rachid ?

S'il n'aimait que les poitrines plantureuses et les ventres un peu ronds, il devait être déçu…

Sans un mot, il lui dénuda les épaules et sa veste tomba sur le sol. Il fit ensuite glisser son pantalon sur ses hanches en même temps que sa fine culotte de coton.

Entièrement nue, Samantha se raidit sous son regard scrutateur, tandis qu'il tournait lentement autour d'elle. Comme si elle était une jument mise aux enchères, songea-t-elle soudain. Etait-ce vraiment elle qui se prêtait docilement à cet examen ? Elle ne se reconnaissait pas. L'ancienne Samantha n'aurait jamais toléré un tel comportement.

Alors que la nouvelle Samantha — celle qui était née à l'instant même où la bouche de Rachid s'était emparée de la sienne — éprouvait un plaisir étrange à ce petit jeu. Elle ne se lassait pas de sentir ces fantastiques yeux noirs se promener sur elle. Elle resterait même ainsi toute la nuit, exposée à son regard, s'il le lui demandait…

Tout à coup, sa voix profonde la fit tressaillir.

— Si je possédais un harem, tu y occuperais une place de choix, Samantha. Tu es faite pour le plaisir des hommes. Pour *mon* plaisir.

Il la souleva de terre et l'allongea sur la couette, étalant ses cheveux autour de son visage en une auréole dorée.

— Ne bouge pas, ordonna-t-il en se relevant. Et ne ferme pas les yeux. Je veux que tu me regardes me déshabiller.

Il ôta son pull d'un mouvement vif. La gorge sèche, elle fut éblouie par ses larges épaules, son torse puissant et ses bras à la fois fins et musclés.

Cependant, le plus fascinant était sa peau… D'un beau brun mordoré et presque entièrement dépourvue de poils, elle avait un aspect doux et soyeux qui donnait envie de la toucher.

Elle déglutit péniblement. Très envie…

Il défit sa ceinture d'un geste vif. Mais au lieu d'ouvrir le bouton et la fermeture Eclair de son pantalon, comme elle l'avait attendu le cœur battant, il s'assit sur le canapé pour enlever ses chaussures.

— Tu prends la pilule ? demanda-t-il en se relevant.

Elle secoua la tête. Mieux valait ne pas lui avouer qu'elle la prenait… D'ailleurs, c'était le moment d'aller chercher les préservatifs qu'elle gardait en réserve dans la salle de bains.

— De toute façon, ça n'a pas d'importance, dit-il en sortant justement un préservatif de sa poche.

Eh bien, en venant la voir, il était manifestement certain de parvenir à ses fins, songea-t-elle aussitôt. Mais pourquoi s'en offusquer ? Après tout, ne cherchait-elle pas un homme expérimenté pour s'initier aux subtilités de l'amour ? Elle avait devant elle le candidat idéal. De quoi aurait-elle pu se plaindre ?

D'autant que même dans ses rêves les plus fous, elle n'aurait jamais pu imaginer trouver un amant aussi splendide… et respectueux.

Retenant son souffle, elle le regarda finir de se dévêtir.

Ayant grandi entourée d'hommes, elle avait l'habitude de la nudité masculine. Ses frères, très sportifs, étaient tous bâtis en athlètes. Cependant, elle n'avait jamais vu un corps aussi sublime que celui de Rachid. Le modelé parfait des muscles, l'élégance des proportions et le velouté de la peau évoquaient une statue de bronze aux lignes d'une pureté admirable.

Et puis il y avait son sexe… D'une splendeur insolente, celui-ci se dressait fièrement, prêt à conquérir sa féminité.

Electrisée, Samantha eut l'impression de se liquéfier. Quand il la rejoignit sur la couette, elle faillit le supplier d'entrer en elle sans attendre.

Mais ses caresses la réduisirent au silence. Submergée par une foule de sensations divines, elle sombra dans un bain de sensualité brûlante. Il avait des doigts d'ange… Ou de démon ? Des doigts magiques, en tout cas.

Un petit cri étranglé s'échappa de la gorge de Samantha. Rachid venait d'aspirer entre ses lèvres la pointe d'un de ses seins. Jamais elle n'aurait cru possible un tel ravissement !

Mais très vite, son plaisir atteignit un nouveau palier.

Sans cesser d'aspirer et de lécher les bourgeons hérissés, Rachid glissa une main entre ses cuisses pour honorer sa fleur humide. Tout en la caressant, il enfonça un doigt dans son cœur brûlant.

Cambrant les reins, Samantha poussa un cri rauque.

Les lèvres de Rachid quittèrent son sein pour capturer sa bouche, étouffant les cris qui suivirent. Avec une habileté diabolique, ses doigts poursuivaient leur exploration. Ils se mouvaient au même rythme que sa langue, entraînant Samantha toujours plus haut, vers le sommet de la jouissance.

Tout à coup, il s'écarta d'elle. Sa bouche s'arracha à la

sienne, ses doigts quittèrent sa féminité. Elle crut défaillir de frustration.

Mais avant qu'elle ait le temps de protester, il la saisit par les hanches et la fit pivoter. Puis il l'obligea à se mettre à genoux et à cambrer les reins.

Le sentiment d'être une poupée de chiffon entièrement soumise à la volonté de Rachid décupla l'excitation de Samantha. Submergée par une vague de désir d'une puissance inouïe, elle sentit sa virilité, dure comme du marbre mais délicieusement chaude et palpitante, glisser sur ses reins avant de s'engouffrer en elle.

La maintenant par les hanches, il commença à aller et venir avec lenteur, se retirant presque entièrement avant de plonger de nouveau au plus profond de son intimité.

Samantha entendit un bruit étrange et ne comprit qu'au bout d'un moment que c'était elle qui en était la source. Un long gémissement modulé s'échappait de sa gorge…

Envahie tout entière par la passion incontrôlée qui montait en elle, elle s'en remettait entièrement à Rachid, s'abîmant avec volupté dans un océan de sensations pures.

Tout à coup, il s'immobilisa. Ses doigts coururent le long de son épine dorsale, écartèrent les cheveux qui masquaient sa nuque. Il se pencha sur celle-ci et la mordilla délicatement tout en lui caressant les seins, sans cesser son va-et-vient au cœur de sa féminité.

Puis il se redressa et agrippa de nouveau ses hanches, accélérant peu à peu le rythme. Les ongles de Samantha s'enfonçaient dans la couette. Elle vacillait au bord du précipice.

Et soudain, l'univers vola en éclats. La déflagration fut si violente qu'elle crut perdre conscience. Emportée dans une spirale de feu tourbillonnante, elle se laissa engloutir par le plaisir.

Elle ne reprit pied qu'un long moment plus tard, rompue, haletante, comblée. Et Rachid ? se demanda-t-elle. Avait-il été lui aussi balayé par cette explosion ? Comment le savoir ?

Malgré la langueur extrême qui semblait lui interdire tout mouvement, elle parvint à tourner la tête. Il était à genoux à côté d'elle, les mains sur les tempes. Dans ses yeux noirs brillait une lueur étrange.

Ce regard n'était pas celui d'un homme comblé… L'estomac noué, elle roula sur le dos et se couvrit avec la couette.

— Ça ne va pas ? Est-ce que… j'ai commis une maladresse ? demanda-t-elle avec appréhension.

— Pas du tout.

Il eut un sourire crispé.

— A une autre époque, tu aurais occupé une place de choix dans mon harem. J'aurais fait de toi ma petite esclave d'amour préférée.

Loin de l'indigner, cette plaisanterie procura un vif soulagement à Samantha.

— Vraiment ?

— Oui. Je n'ai qu'une envie. Rester ici avec toi et te faire l'amour toute la nuit. Malheureusement, je vais être obligé de te laisser. J'ai un début de migraine et il faut que je rentre pour prendre un médicament. Sinon, demain, je ne serai bon à rien.

Il poussa un soupir.

— Ce n'est que partie remise, Samantha. Je te le promets.

Electrisée par le regard brûlant dont il l'enveloppait, elle frissonna.

— As-tu souvent des migraines ? demanda-t-elle alors qu'il se rhabillait.

— Non. Seulement de temps en temps. Ça va passer. Il suffit que je prenne un cachet sans attendre.

8.

Après le départ de Rachid, Samantha resta blottie sous sa couette devant le poêle. La douce euphorie laissait peu à peu place à une sourde inquiétude.

Quand et où allaient-ils de nouveau se rencontrer ? Il ne pourrait pas continuer à venir chez elle : les autres ne mettraient pas longtemps à comprendre l'objet de ses visites. L'anonymat était un privilège de citadins. A la campagne, rien ne passait inaperçu et les commérages se déclenchaient pour un rien.

Bien sûr, ils étaient tous les deux des adultes responsables, libres de vivre comme ils l'entendaient. Toutefois, si sa liaison avec l'ami du prince devenait de notoriété publique, elle risquait fort de perdre le respect de ses collègues. Ce qui compliquerait sa vie professionnelle, même si elle quittait le haras à la fin du mois. Le milieu de l'équitation n'était pas si vaste en Australie. Tout le monde se connaissait.

Beaucoup de palefrenières avaient des aventures sur leur lieu de travail et elle avait entendu ce que les hommes disaient d'elles. Pour sa part, elle ne supporterait pas d'être la cible de telles médisances.

Il était donc hors de question de rencontrer Rachid dans l'enceinte du haras.

Bien sûr, si elle se confiait à Cléo, celle-ci s'empresserait de trouver une solution pour qu'elle puisse se rendre dans la suite de Rachid en toute discrétion. Mais elle ne pourrait jamais se résoudre à lui demander ce genre de faveur.

Sans doute parce que Samantha la savait très bavarde…

A moins qu'elle ne craigne de voir l'incrédulité se peindre

sur le visage de son amie quand celle-ci apprendrait que Rachid l'avait trouvée digne de partager son lit...

A vrai dire, elle n'arrivait pas à y croire elle-même. Comment pouvait-elle plaire à un homme comme lui ? Il prétendait avoir été attiré par elle dès leur première rencontre. Etait-ce bien vrai ? Et si oui, pourquoi ?

Serait-ce parce qu'elle n'avait pas hésité à lui dire ce qu'elle pensait, sans se soucier de lui plaire ? Peut-être appréciait-il les femmes rebelles.

Elle sentit ses joues s'enflammer. Rebelle, elle ne l'était pas restée très longtemps. Sa métamorphose avait même été spectaculaire. Ce soir, il avait fait d'elle ce qu'il voulait...

Dire qu'elle n'avait pas été choquée quand il l'avait comparée à une petite esclave d'amour ! Pire, elle avait été flattée ! Tout comme elle avait été ravie de s'abandonner à ses caresses et à ses baisers, prête à se plier à toutes ses exigences...

Au matin, Samantha se réveilla dans son salon. Comme on dormait bien après avoir fait l'amour avec un virtuose ! songea-t-elle en s'étirant avec volupté. Jamais elle ne s'était sentie dans une forme aussi éblouissante !

Dire qu'elle avait attendu toutes ces années pour découvrir ce plaisir fantastique... Elle comprenait mieux l'enthousiasme de certaines de ses amies, à présent.

Une vague de désir la submergea. Comme elle avait hâte de revoir Rachid ! De sentir de nouveau ses mains se poser sur elle. La couvrir de caresses...

Stop ! Il fallait absolument penser à autre chose.

Et se lever, par exemple.

Mais elle ne résista pas à l'envie de s'attarder dans le lit improvisé par Rachid en se remémorant certains épisodes de la nuit précédente. Envahie par une intense chaleur, elle laissa échapper un gémissement de frustration.

Comment allait-elle faire pour se concentrer sur son travail, aujourd'hui ? Allait-elle réussir à chasser Rachid de son esprit ? Il y avait peu de chances. Elle avait tellement envie de sentir sa force virile s'insinuer en elle et…

Stop ! Bondissant sur ses pieds, elle ramassa la couette et quitta précipitamment la pièce.

— On dirait que tu es encore patraque.

Samantha tressaillit. Gerald et elle étaient en train d'administrer un soin aux juments qui devaient mettre bas en août. Une tâche fastidieuse qui ne nécessitait pas une grande concentration. Si bien qu'elle avait l'esprit ailleurs…

Cependant, elle pouvait difficilement expliquer à Gerald la raison de sa distraction ! Il fallait donc continuer à prétendre qu'elle souffrait d'indigestion depuis la veille.

— Je ne suis pas encore tout à fait rétablie, en effet.

— Toujours mal à l'estomac ?

— Mmm. A la tête également.

Après tout, ce n'était pas loin de la vérité. Son cerveau ne lui laissait pas une seconde de répit. Il s'obstinait à lui imposer des images torrides d'elle et de Rachid, nus sur sa couette au milieu de son salon.

— Tu devrais prendre ton après-midi et aller t'allonger, poursuivit Gerald.

Elle réprima un soupir. S'allonger, c'était exactement ce dont elle rêvait !

Mais pas seule.

Et pas pour se reposer.

Tout à coup, elle crut que son cœur allait exploser dans sa poitrine : Rachid venait de surgir à l'entrée du paddock, à quelques mètres d'eux. La voiturette de golf, qu'il semblait avoir adoptée, était le véhicule le plus silencieux du haras et elle ne l'avait pas entendu arriver.

— Bonjour, dit-il en se hissant sur la clôture.

Vêtu d'un jean gris délavé et d'un gilet noir zippé en laine polaire, il était plus beau que jamais.

A son grand dam, Samantha sentit les pointes de ses seins se hérisser sous son pull.

Leurs regards se croisèrent. Rien dans ses yeux ni sur

son visage ne laissait deviner ce qui s'était passé entre eux, constata-t-elle avec une pointe de dépit. De toute évidence, il avait un sang-froid à toute épreuve. Son cœur ne battait sûrement pas à un rythme aussi frénétique que le sien…

Mais après tout, il ne fallait pas oublier que, à Londres, il avait trois maîtresses. Elle n'était qu'une aventure parmi d'autres. Une intérimaire, en quelque sorte. Une fille pas trop vilaine destinée à le distraire durant son séjour dans cet endroit beaucoup trop calme pour un séducteur tel que lui.

Par conséquent, il ne fallait pas s'emballer, se dit fermement Samantha. C'était un amant fantastique, mais il était de passage. Il avait besoin d'elle pour satisfaire sa libido, et elle avait besoin de lui pour apprendre tout ce qu'elle ignorait de l'amour. Point final.

Très bientôt, leurs chemins se sépareraient.

Raison de plus pour profiter pleinement des semaines à venir…

— Comment vous sentez-vous, aujourd'hui, Samantha ? demanda-t-il d'un ton neutre.

— Elle n'est pas dans son assiette, répondit Gerald avant qu'elle ait le temps d'ouvrir la bouche. Son indigestion n'est pas terminée. Je lui ai dit de prendre son après-midi et d'aller s'allonger.

— Voilà qui me paraît une excellente suggestion, approuva Rachid. Si vous voulez bien me suivre jusqu'à la villa, Samantha, j'ai justement un remède idéal contre l'indigestion.

Il était vraiment diabolique, songea-t-elle, le cœur battant à tout rompre. Son visage était impassible et son regard dénué de la moindre étincelle. Pourtant, ses intentions étaient claires. Du moins pour elle… Elle fut parcourue d'un délicieux frisson. Cette invitation à mots couverts ajoutait du piment à la situation et décuplait son excitation. Qui n'en avait pourtant nul besoin…

— Par ailleurs, il y a un divan dans le jardin d'hiver, où la température est très agréable, poursuivit Rachid. Vous pourriez vous y allonger. Le pavillon de Samantha est froid et humide, précisa-t-il à l'adresse de Gerald. Je m'en suis rendu compte hier soir en allant lui porter la soupe que lui avait préparée Cléo. J'ai même pensé qu'elle serait mieux à la villa, dans une des chambres d'amis, mais je n'ai pas osé le lui suggérer.

Gerald s'esclaffa.

— Bien joué ! Notre Samantha n'apprécie pas les conseils. Surtout quand ils viennent d'un homme. N'est-ce pas, Sam ?

Elle eut un sourire crispé.

— Ça dépend.

— En tout cas, tu ferais bien de suivre celui de Rachid. Va avec lui, prends ce médicament et reste à la villa pour te reposer. Cléo veillera sur toi.

— En fait, Cléo ne sera pas là pour veiller sur toi, murmura Rachid quelques instants plus tard, quand Samantha et lui s'installèrent dans la voiturette de golf. Jeudi est son jour de shopping. Elle vient juste de partir et je me suis arrangé pour que Norman l'accompagne. Si bien que nous avons la villa pour nous tout seuls pendant au moins trois heures.

Elle pouffa.

— Tu es machiavélique ! Dépêche-toi de démarrer, j'ai hâte d'être là-bas.

— Tu es pressée d'arriver ?

— Bien sûr !

— Dans ce cas, je vais rouler lentement, dit-il en mettant le contact. Tu es très douée pour l'amour mais tu as beaucoup de choses à apprendre, Samantha. La patience en fait partie. Sache que l'attente accroît le désir et par conséquent le plaisir. Tu dois aussi apprendre à m'obéir. Souviens-toi que tu es ma petite esclave d'amour.

Samantha déglutit péniblement. Pourquoi cette idée l'excitait-elle à ce point ? Elle aurait dû la scandaliser, au contraire…

— Il n'est pas question que je devienne ton esclave ! lança-t-elle dans un sursaut de révolte.

— Ah, je retrouve avec plaisir ton côté rebelle. Mais ne t'inquiète pas. Je n'ai pas l'intention de t'imposer des jeux pervers. Je voudrais simplement te faire découvrir quel plaisir fantastique peut éprouver une femme en acceptant de se soumettre à la volonté de son amant, pour peu que celui-ci soit digne de confiance. As-tu confiance en moi, Samantha ?

— Oui.

C'était insensé, mais c'était ainsi, songea-t-elle avec perplexité. Elle connaissait à peine cet homme. Elle ne savait presque rien de lui. Et pourtant, il lui inspirait une confiance absolue.

Quelques instants plus tard, ils arrivèrent devant la villa. Rachid arrêta le moteur, descendit du véhicule et en fit le tour. Prenant Samantha par la main, il l'entraîna à travers le hall, vers l'aile où étaient regroupés les appartements du prince et des invités.

Samantha était déjà entrée une fois dans la suite qu'occupait Rachid. Elle avait aidé Cléo à la préparer avant l'arrivée de visiteurs. Pas par obligation, mais pour échapper à la solitude.

La suite comprenait trois pièces. Une chambre, une salle de bains attenante et un salon. Toutes les trois spacieuses, décorées avec goût et dignes d'un palace. Un lit gigantesque, une télévision par satellite à écran plat, une baignoire jacuzzi avec robinets en or dix-huit carats comptaient parmi les équipements les plus marquants.

— Je vais faire couler un bain, annonça Rachid dans le salon, en lâchant la main de Samantha.

— Je sens le cheval ? s'exclama-t-elle, sur la défensive.

— Pas du tout. Cependant, c'est une odeur que j'apprécie beaucoup, déclara-t-il d'une voix caressante. Un jour, nous ferons l'amour sur un cheval.

— Oh…

Une image s'imposa à l'esprit de Samantha. Rachid et elle nus sur la même monture. C'était elle qui tenait les rênes parce que les mains de Rachid étaient occupées à lui caresser les seins. Sa virilité se mouvait au plus profond d'elle au rythme du cheval lancé au galop, et…

— Mais pas aujourd'hui, poursuivit Rachid. Aujourd'hui, j'ai envie de prendre un bain avec toi, puis de te faire l'amour dans un vrai lit.

Elle fut parcourue d'un long frisson. De toute évidence,

il avait un large éventail de scénarios à lui proposer, du plus classique au plus extravagant…

Soudain, elle eut l'impression qu'une poigne d'acier lui broyait le cœur. Tous ces scénarios, il les avait déjà joués avec d'autres femmes… Il avait pris des bains avec elles, leur avait fait l'amour sur des chevaux lancés au galop, dans des lits moelleux, sur des sols durs, et dans une foule d'autres endroits…

— Tu as déjà fait tout ça avec d'autres, n'est-ce pas ?

A peine ces mots eurent-ils quitté ses lèvres qu'elle se maudit intérieurement. Quelle idiote ! Pourquoi cette question stupide ? La réponse était si évidente ! Et elle n'avait aucune envie de l'entendre de sa bouche…

Il arqua les sourcils.

— Tu veux dire d'autres *femmes*, je suppose ?

Elle serra les dents et resta muette.

— Je ne peux pas nier que j'ai connu un certain nombre d'autres femmes, poursuivit-il d'un ton posé. Mais je ne vois pas où est le problème.

Il indiqua un placard encastré dans le mur, dont les portes de bois dissimulaient une kitchenette. Samantha le savait parce que, le jour où elle avait aidé Cléo à préparer la suite, celle-ci l'avait chargée de remplir le réfrigérateur.

— Il y a tout ce qu'il faut pour faire du café ou du thé, là-dedans, déclara-t-il. Tu pourrais peut-être nous préparer une boisson chaude pendant que je fais couler notre bain.

— Non ! s'exclama-t-elle, frustrée par sa désinvolture. Je n'ai pas soif. J'ai envie que tu m'embrasses ! Tout de suite.

Rachid fut décontenancé. Ce mouvement de révolte doublé d'un aveu aussi spontané était désarmant.

Et très excitant…

C'était cela qui l'avait fasciné dès le début. L'impétuosité de cette jeune femme. Quand ses yeux bleus jetaient des étincelles et que ses lèvres sensuelles arboraient cette moue de défi, il avait envie de se jeter sur elle pour lui arracher ses vêtements et la prendre avec sauvagerie.

— Si je t'embrasse, je ne serai peut-être pas capable de m'arrêter là, avoua-t-il, soudain inquiet.

Jamais aucune femme ne l'avait mis dans un tel état ! Lui qui se targuait de rester maître de lui en toutes circonstances, il sentait qu'un rien pouvait lui faire perdre son sang-froid.

Il était comme un volcan sur le point d'entrer en éruption…

— Et alors ? lança-t-elle en relevant le menton.

Il n'en fallut pas plus à Rachid pour céder au désir qui le tenaillait.

Il rejoignit Samantha, l'attira contre lui et s'empara de sa bouche avec une fougue qu'il ne se connaissait pas. Se plaquant contre lui, elle répondit à son baiser avec la même ardeur.

Il ne parviendrait pas à se contenir très longtemps, constata-t-il avec effarement. Lui qui était si fier de sa capacité à prolonger l'attente… Que lui arrivait-il ?

Il s'arracha à la bouche de Samantha. Mais devant son air hagard et ses pupilles dilatées de désir, il capitula.

Au diable sa fierté !

Devançant ses doigts fébriles, elle l'aida à la débarrasser de son pull et de son soutien-gorge, qui volèrent dans la pièce en un clin d'œil. La fermeture Eclair de son jean, en revanche, se coinça à mi-parcours. Renonçant à l'ouvrir entièrement, Rachid renversa Samantha sur le canapé et lui enleva simultanément bottes, jean et culotte.

Dès qu'elle fut entièrement nue, elle bondit sur ses pieds pour le dévêtir à son tour. Electrisé, il se laissa faire. Quand elle eut fini, il était dangereusement proche du point de non-retour. Bon sang ! Elle n'aurait pas dû en profiter pour lui prodiguer toutes ces caresses…

Il la prit par la taille, la souleva de terre et entra en elle d'un seul mouvement puissant. Puis il traversa la pièce à grandes enjambées en la maintenant fermement serrée contre lui. La plaquant contre le mur, il donna libre cours à sa frénésie, s'enfonçant de plus en plus profondément en elle à grands coups de reins.

Il entendit vaguement un cri. De douleur ou de plaisir ?

Il n'en avait aucune idée et il s'en moquait. Il avait perdu toute retenue.

Cueilli par la jouissance en un temps record, il se répandit en elle avec un cri rauque. Ce fut seulement en savourant le plaisir extraordinaire de sentir sa semence inonder l'intimité de Samantha qu'il prit conscience d'avoir brûlé une étape. Il avait oublié le préservatif !

Mais au même instant, elle le rejoignit dans la jouissance. Les ondes sismiques de la vague qui déferla en elle se répercutèrent en lui, le privant de nouveau de toute conscience.

Les regrets furent longs à venir. Mais quand ils finirent par le submerger, Rachid se maudit.

Samantha allait être furieuse contre lui. Et avec raison. Même si son impatience et ses caresses avaient une grande part de responsabilité dans ce qui venait de se passer. S'imaginait-elle vraiment qu'un homme normalement constitué pouvait garder le contrôle de lui-même quand il était soumis à de telles sollicitations ?

« Pourtant, jusqu'à aujourd'hui tu as toujours réussi à te maîtriser, quelles que soient les circonstances », lui souffla une petite voix intérieure.

Un petit soupir s'échappa des lèvres de Samantha.

Rachid ouvrit les yeux. Par quel miracle tenait-il encore debout ? Peut-être parce que tout son corps prenait appui sur le mur, écrasant Samantha au passage…

— Ça va ? demanda-t-il piteusement.

Elle ouvrit les paupières et un sourire imperceptible étira ses lèvres.

— Oui, très bien.

— J'ai oublié d'utiliser un préservatif.

Comment avait-il pu faire preuve d'une telle inconscience ? se demanda-t-il de nouveau, de plus en plus atterré au fil des minutes.

Il ne voulait pas d'enfant. Il en voulait d'autant moins qu'il n'était pas sûr d'être encore en vie dans quelques semaines.

— J'avais remarqué, murmura-t-elle.

Elle était bien désinvolte… Beaucoup trop désinvolte… Rachid eut l'impression de recevoir un coup de poing dans l'estomac. Non ! Il ne venait tout de même pas de se faire prendre au piège le plus grossier qu'une femme pouvait tendre à un homme ?

Etait-ce l'objectif qu'elle poursuivait depuis le début ? Lui faire perdre la tête pour lui imposer une grossesse ?

Elle ne serait pas la première femme à utiliser cette tactique. Il avait déjà failli tomber dans ce genre de traquenard quinze ans auparavant. Le fait d'avoir frôlé la catastrophe l'avait rendu extrêmement prudent. Depuis, il n'avait jamais commis un seul faux pas.

Jusqu'à aujourd'hui.

Il scruta le visage de Samantha. Que cachait cette façade d'ingénuité ?

D'ordinaire, il repérait les femmes cupides au premier coup d'œil. Difficile d'imaginer que Samantha appartenait à cette catégorie. Toutefois, il était mieux placé que personne pour savoir que certaines étaient capables de toutes les ruses pour prendre dans leurs filets un homme possédant une fortune comme la sienne.

— Si tu avais remarqué, pourquoi ne m'as-tu pas arrêté ? demanda-t-il d'un ton acerbe.

Samantha tressaillit. Pourquoi cette pointe de mépris dans la voix de Rachid ?

— Personne ne t'a obligé à te conduire comme un sauvage, il me semble, répliqua-t-elle avec vivacité.

Il se retira d'elle et la déposa brutalement sur le sol.

— Tu as plus d'expérience que tu ne le prétends, n'est-ce pas ? Avoue que tu m'as menti.

— Pas du tout ! protesta-t-elle avec véhémence.

Mais presque aussitôt, elle se mordit la lèvre. Ce n'était pas tout à fait exact. Elle n'avait pas été entièrement honnête avec lui.

— La culpabilité se lit sur ton visage.

Le ton accusateur de Rachid la révolta.

— Ce n'est qu'un minuscule mensonge par omission ! Un mensonge qui devrait d'ailleurs te soulager.

Il eut un rictus sarcastique.

— Vraiment ?

— Je prends la pilule, mais j'ai préféré ne pas te le dire.

Pourquoi cet aveu ne semblait-il pas rassurer Rachid ? se demanda-t-elle avec perplexité.

— Je ne te crois pas, assena-t-il d'une voix glaciale.

— Quoi ?

— Tu as parfaitement entendu.

Elle le foudroya du regard.

— En effet. Mais il m'a fallu quelques secondes pour me persuader que je n'avais pas rêvé. A présent que j'en suis convaincue, je n'ai qu'une chose à te dire. Va au diable ! Et ne m'adresse plus jamais la parole.

Samantha se précipita vers le canapé.

— Malheureusement, j'ai besoin d'utiliser ta salle de bains avant de partir, ajouta-t-elle rageusement en ramassant ses vêtements. Je tiens à me débarrasser de toute trace de toi avant de sortir d'ici.

Tremblante de colère, elle croisa les bras sur ses vêtements pour masquer sa nudité.

— Pas parce qu'il y a la moindre chance que je sois enceinte de toi. Mais parce que je ne supporterais pas de garder plus longtemps en moi la preuve que je me suis donnée corps et âme à un homme qui me méprise. Comme il méprise toutes les femmes.

Sur ces mots, Samantha pivota sur elle-même et gagna la salle de bains.

9.

Assis sur le canapé, Rachid buvait du thé en attendant que Samantha sorte de la salle de bains. Certain que la porte était verrouillée, il n'avait pas tenté de l'ouvrir. De toute façon, il était inutile d'essayer de lui parler tant qu'elle était aussi furieuse contre lui, avait-il décidé.

Il s'était donc habillé et avait préparé du thé. La douche avait coulé pendant un long moment. A présent, c'était le silence, mais Samantha n'avait toujours pas réapparu.

Il fallait reconnaître qu'elle avait touché un point sensible, songea-t-il en portant sa tasse à ses lèvres. Son comportement vis-à-vis des femmes laissait parfois à désirer.

Il éprouvait à leur égard une méfiance maladive. Malheureusement, il avait des raisons de se montrer aussi soupçonneux. Certes, toutes les femmes n'étaient pas intéressées. Mais la plupart changeaient d'attitude dès qu'elles prenaient conscience de l'étendue de sa fortune. Elles devenaient soudain prêtes à tout pour se marier avec lui.

Heureusement, ses maîtresses londoniennes faisaient exception à la règle. Toutes les trois riches et indépendantes, elles menaient une existence privilégiée qui les comblait. Epouser un milliardaire ne faisait pas partie de leurs fantasmes.

Les relations qu'il entretenait avec elles étaient épisodiques et strictement sexuelles. Samantha semblait choquée par ce mode de vie, mais il était honnête avec elles. Il ne leur avait jamais rien promis et n'avait jamais fait croire à aucune d'elles qu'elle était la seule femme dans sa vie.

N'étant pas amoureuses de lui, elles ne souffraient pas de cette situation.

Et s'il ne survivait pas à son opération, leur chagrin — à supposer qu'elles en éprouvent — s'apaiserait rapidement.

D'ailleurs, s'il mourait, personne ne le pleurerait. Pourquoi prétendre le contraire ? Il n'avait pas de famille proche, pas de femme, pas d'enfants.

Seul Ali souffrirait de sa disparition. Mais la vie de famille et sa passion pour les chevaux lui apportaient un tel bonheur que, un jour ou l'autre, il finirait sans doute par oublier qu'il avait eu à une époque un ami nommé Rachid.

Non, ce n'était pas vrai. Ali avait donné son prénom à son fils. Son souvenir subsisterait toujours dans la mémoire de son ami.

A cette pensée, Rachid sentit son cœur se gonfler d'une émotion étrange. Pas étonnant que la plupart des êtres humains tiennent tant à avoir des enfants qui continuent de vivre après eux.

Après eux…

Les doigts de Rachid se crispèrent sur sa tasse. Il ne voulait pas mourir.

Il ne voulait plus mourir…

Non qu'il ait jamais eu envie de mourir, bien sûr. Mais quand le neurochirurgien lui avait annoncé son diagnostic, il n'avait pas été dévasté par le désespoir. A vrai dire, il avait même éprouvé un certain soulagement. Une toute petite voix enfouie au plus profond de lui-même lui avait soufflé que la mort serait une délivrance. Qu'elle lui permettrait d'échapper enfin à la solitude et aux idées noires qui l'assaillaient chaque matin au réveil.

Mais curieusement, les pensées de ce genre l'avaient complètement déserté depuis son arrivée en Australie.

Etait-ce dû au dépaysement ?

Ou bien au désir obsédant que lui inspirait une certaine vétérinaire aux yeux bleus et aux longs cheveux blonds ?

— Monsieur s'est abaissé à préparer lui-même son thé ?

Il tressaillit et faillit renverser sa tasse. Debout dans l'encadrement de la porte, les mains sur les hanches, Samantha le toisait d'un air sarcastique. Ses cheveux humides étaient noués en queue-de-cheval et ses yeux bleus lançaient des étincelles.

— Oh, inutile de te lever, dit-elle d'un ton acerbe quand il posa sa tasse. Je devrais pouvoir me débrouiller toute seule. La marche à pied est excellente pour la santé. Au fait, la prochaine fois que tu auras Ali au téléphone, dis-lui que je démissionne. Je suis prête à renoncer à mes indemnités de fin de contrat pour pouvoir partir d'ici dès demain matin.

Pétrifié, Rachid s'efforça de réprimer la vague de panique qui le submergeait. Allons, du calme… Il n'allait tout de même pas perdre son sang-froid deux fois en si peu de temps !

« Laisse-la partir, lui souffla la voix de la raison. Cette fille est une source de complications dont tu n'as vraiment pas besoin. »

Mais son corps l'incita à ignorer la raison. Non, impossible de la laisser partir. Son désir pour elle était beaucoup trop fort… S'il ne lui restait que quelques semaines à vivre, il voulait les vivre avec elle.

D'ailleurs, n'avait-il pas fait dès ce matin le projet de l'emmener à Sydney pour le week-end ? Il fallait absolument la faire changer d'avis et la convaincre de l'accompagner.

Samantha vit Rachid se lever lentement. Manifestement, son esprit était en ébullition.

Elle serra les poings.

— Voyons, Samantha, tu n'as aucune raison de donner ta démission, dit-il d'une voix rauque.

— Je ne peux pas continuer à travailler ici. Pas après ce qui vient de se passer. De toute façon, j'avais l'intention de partir fin juin. Je ne fais qu'avancer mon départ.

Il la considéra avec surprise.

— Tu ne te plais pas, ici ?

— Non. Je préfère Sydney. Il est inutile de perdre ton temps à essayer de me faire changer d'avis. Ma décision est prise.

— Au contraire, j'espère de tout cœur réussir à te convaincre de rester. Pour commencer, je te prie d'accepter mes excuses. Je me suis comporté comme un mufle doublé d'un imbécile. Je n'aurais jamais dû mettre ta parole en doute. Je sais que tu es incapable de mentir. Tu accordes trop d'importance à l'honnêteté.

Samantha resta muette de stupeur. A en juger par sa mine contrite, il était sincère…

— Ma seule excuse est d'être depuis toujours la cible de femmes sans scrupules, poursuivit-il. Cela me rend extrêmement soupçonneux. Mais j'ai eu le temps de réfléchir pendant que tu étais dans la salle de bains et je suis convaincu que tu n'as jamais eu d'intention cachée en ce qui me concerne.

Samantha sentit ses joues s'enflammer. Allons bon, il allait sûrement se demander pourquoi elle rougissait. D'ailleurs, son regard était de nouveau plein de suspicion…

— Que signifie cet air coupable ? demanda-t-il d'un ton vif. Avais-tu une intention cachée ? Laquelle ? Est-ce parce que ton objectif est atteint que tu veux t'en aller ?

Effarée, elle secoua la tête avec frénésie.

— Non ! Ce n'est pas ce que tu crois !

— C'est quoi, alors ?

Elle soupira.

— Oh, ne m'oblige pas à me ridiculiser, s'il te plaît.

— Je veux que tu t'expliques.

— Eh bien… je… je trouvais que tu étais l'homme idéal pour m'initier à l'amour.

Il haussa les sourcils.

— Si j'ai eu cette idée, c'est parce que tu m'attirais, bien sûr, s'empressa-t-elle de préciser. Pas seulement parce que tu es un homme expérimenté. Quant à la pilule, tu ne peux pas m'en vouloir de t'avoir caché que je la prenais. Je savais que tu avais trois maîtresses à Londres. C'est normal que j'aie voulu éviter de prendre des risques.

Elle eut une petite moue penaude.

— Même si tout à l'heure, je me suis montrée aussi irresponsable que toi.

— Ne t'inquiète pas, tu ne cours aucun risque. J'ai subi un bilan médical complet juste avant de quitter Londres. A part mes migraines, tout était parfait. Mais pourquoi prends-tu la pilule ?

Elle ouvrit de grands yeux.

— Pourquoi cette question ?

— Simple curiosité. Si tu n'as pas une vie sexuelle régulière, pourquoi prendre la pilule ?

— C'est une longue histoire.

— Je t'écoute.

— Tu ne me crois toujours pas, c'est ça ?

Pas entièrement, reconnut Rachid intérieurement. C'était plus fort que lui. Il ne pouvait pas s'empêcher d'être sceptique.

— Je veux juste savoir pourquoi, insista-t-il.

— Eh bien, c'est dommage pour toi, parce que je n'ai pas l'intention de te l'expliquer. Sur ce, je m'en vais. Au revoir.

Il lui barra le passage.

— Je ne veux pas que tu t'en ailles.

— Ça m'est complètement égal. Laisse-moi passer.

— Non.

— Je vais crier.

Il sourit.

— Personne ne t'entendra.

Croisant les bras, elle le fusilla du regard.

— Tu ne me fais pas peur.

— Je crois que si, au contraire.

Il s'approcha d'elle et la prit par les épaules, scrutant son visage.

— Est-ce ton habitude de saisir n'importe quel prétexte pour prendre la fuite quand un homme s'intéresse à toi ? Samantha, je te demande de rester, s'il te plaît. Je te renouvelle mes excuses, et si tu n'as pas envie de m'expliquer pourquoi tu prends la pilule, je n'insisterai pas.

— Je n'en ai pas envie, confirma-t-elle avec une mine boudeuse.

Mais elle décroisa les bras.

De toute évidence, sa résolution faiblissait, comprit Rachid. Il suffirait de presque rien pour qu'elle s'abandonne de nouveau à lui. A cette pensée, il fut envahi par une joie intense. Son sang se mit à bouillonner dans ses veines. Oui ! C'était ce dont il avait besoin. Le désir irrépressible qu'il éprouvait pour elle lui donnait le sentiment exaltant d'être bien vivant.

— Mais tu as toujours envie que je t'initie à l'amour, n'est-ce pas ? demanda-t-il d'une voix douce.

Elle crispa la mâchoire, mais une lueur révélatrice s'alluma dans ses yeux. Rachid jubilait. C'était presque gagné...

— Allons, sois honnête, insista-t-il.

— Je suppose, oui, reconnut-elle, visiblement à contrecœur. Mais je ne supporte pas la méfiance.

— Je comprends. Je te promets de ne plus jamais mettre ta parole en doute. Et j'ai une proposition à te faire... J'avais prévu de t'emmener à Sydney pour le week-end. En fait, j'ai déjà fait préparer l'hélicoptère d'Ali. Il viendra nous prendre demain matin. Ali a mis sa suite du Regency Hotel à ma disposition. En un week-end, je peux t'apprendre une foule de choses. Dimanche soir, tu ne seras plus la même.

Le cœur battant à tout rompre, Samantha déglutit péniblement. Comment résister à une telle tentation ? Passer tout un week-end au lit avec Rachid dans la suite anonyme d'un palace de Sydney... Quelle fête !

— Mais... que vais-je dire aux autres ? Je ne veux pas qu'ils sachent que toi et moi...

— Pour une fois, tu pourrais peut-être consentir à mentir, suggéra-t-il, les yeux pétillants de malice. Tu pourrais par exemple raconter que tu dois aller à Sydney pour consulter ton médecin de famille. Tu m'as bien dit que tu avais grandi à Sydney, non ? Ton père et tes quatre frères y vivent toujours, je crois ?

Samantha plissa le front avec perplexité. Curieux... Elle ne se souvenait pas lui avoir jamais parlé de sa famille.

— Oui, ils habitent Sydney, confirma-t-elle.

— Parfait. Tu n'auras qu'à dire que tu en profites pour rendre visite à ta famille. Tout le monde trouvera naturel que je te fasse profiter de l'hélicoptère.

Samantha sentait monter en elle une excitation grandissante. Il avait déjà commandé l'hélicoptère... Une fois de plus, il n'avait pas douté qu'elle se plierait à sa volonté. Elle aurait sans doute dû s'en agacer mais, à vrai dire, elle en était incapable. La perspective de ce week-end était trop grisante !

— Alors, qu'en dis-tu ? demanda-t-il.

Il lui demandait quand même son avis ! nota-t-elle avec dérision.

— J'en dis qu'il faut absolument que j'aille à Sydney ce week-end pour consulter mon médecin et rendre visite à ma famille.

Il éclata de rire, puis la prit dans ses bras et l'embrassa longuement. Quand il finit par s'arracher à ses lèvres, Samantha avait complètement oublié que, quelques minutes plus tôt, elle était fermement décidée à quitter le haras dès le lendemain pour ne plus jamais le revoir.

— Quelle heure est-il ? demanda-t-elle d'une voix rauque.

— Un peu plus de 13 heures.

— A quelle heure Cléo et son mari doivent-ils rentrer ?

— Pas avant 15 heures.

— Dans ce cas, nous avons le temps de… ?

Il rit de nouveau et déposa un baiser sur ses lèvres.

— As-tu envie de dépasser le stade de l'initiation pour découvrir toutes les subtilités de l'amour ?

— Oui, je suppose, répondit-elle sans trop savoir à quoi il faisait allusion.

— Tu te souviens que tout à l'heure, je t'ai dit que tu devais apprendre la patience ? C'est l'occasion ou jamais. Pendant ce week-end, nous aurons tout le loisir de faire l'amour aussi souvent et aussi longtemps que nous en aurons envie. Eh bien, si nous nous abstenons jusqu'à notre arrivée à Sydney, je peux t'assurer que ta jouissance en sera démultipliée. Retarder le moment d'assouvir son désir est un préliminaire d'une efficacité redoutable. L'attente et l'anticipation nourrissent les fantasmes. Penses-tu souvent au sexe, Samantha ?

— En permanence, depuis que je t'ai rencontré, avoua-t-elle, les joues en feu.

Rachid eut un sourire sexy qui l'électrisa.

— Je le prends comme un compliment. Et à quoi penses-tu exactement ?

— Je ne peux pas te le dire !

— Mais si. Parler de sexe avec son partenaire est encore

plus excitant que d'y penser. As-tu déjà pratiqué le sexe par téléphone ?

— Je te rappelle que je n'ai pas beaucoup d'expérience.

Il secoua la tête.

— C'est très étonnant. Tu as un tel tempérament... Viens. Assieds-toi sur le canapé. Je vais te servir un verre de vin et nous allons bavarder.

— Juste bavarder ?

— Il se peut que je te soumette à de petits supplices de mon cru, répliqua-t-il en prenant une bouteille de vin dans le réfrigérateur.

Les jambes tremblantes, Samantha se laissa tomber sur le canapé. Si seulement il pouvait lui faire l'amour, là, tout de suite ! Elle en avait tellement envie...

— Quel genre de supplices ? demanda-t-elle, pleine d'espoir.

— Je pourrais t'attacher, par exemple.

Elle faillit s'étrangler.

— Tu ne vas pas faire ça ?

— Non. Pas aujourd'hui, répondit-il en ouvrant la bouteille et en versant du vin dans deux verres.

Il les posa sur la table basse et s'assit à côté d'elle.

— Aujourd'hui, je vais me contenter de t'expliquer pourquoi tu vas aimer être attachée.

Il prit un verre et l'approcha des lèvres de Samantha. La gorge sèche, elle but une gorgée de vin.

— Essaie de t'imaginer, allongée, nue, les poignets et les chevilles entravés. Tu es incapable de bouger.

Elle déglutit péniblement. Il lui fit boire une nouvelle gorgée avant de poursuivre.

— Bien entendu, tu as entièrement confiance dans l'homme qui vient de t'attacher et l'idée d'être à sa merci ne t'angoisse pas le moins du monde. Tu le connais bien et tu sais qu'il ne cherche que ton plaisir. Donc, tu ne peux ni te dérober à ses caresses ni l'obliger à te toucher. Et encore moins le toucher toi-même. C'est lui qui mène le jeu. Il peut te faire l'amour ou bien te faire attendre. Te faire basculer à maintes et maintes reprises dans le gouffre de la volupté, jusqu'à ce que tu te dissolves de plaisir. Ou bien, s'il est suffisamment habile, te maintenir en équilibre au bord du précipice en retardant indéfiniment le moment de t'y propulser.

Rachid posa le verre sur la table et se pencha sur Samantha.

— Lequel de ces deux scénarios te tente le plus ? murmura-t-il contre ses lèvres.

Elle déglutit péniblement.

— Lequel ? insista-t-il.

— Les deux, répondit-elle, parcourue d'un long frisson.

Oui ! songea triomphalement Rachid. C'était gagné.

— Pendant tout ce week-end, tu seras mon esclave d'amour, déclara-t-il d'une voix caressante, en reprenant le verre.

— Tu me promets de ne jamais me faire mal ?

— Jamais ! s'exclama-t-il, choqué que cette pensée puisse effleurer l'esprit de Samantha. Je ne te donnerai jamais que du plaisir !

Il l'embrassa dans le cou. Bon sang ! Il la désirait comme un fou ! Parviendrait-il à se contenir jusqu'à l'arrivée à Sydney ?

— Ne me fais pas attendre, Rachid ! supplia-t-elle soudain. Fais-moi l'amour ! Ici. Maintenant. Je te promets de me plier à tous tes caprices pendant tout le week-end. Mais par pitié, ne me fais pas attendre jusqu'à demain. J'ai trop envie de toi.

Il crispa la mâchoire.

— Il ne faut pas me dire ce genre de choses.

— Je ne peux pas m'en empêcher. Je suis en manque de toi. C'est comme une drogue… Tu crois qu'un jour je serai guérie ?

— As-tu envie de guérir ? demanda-t-il d'une voix rauque en la soulevant dans ses bras pour l'emporter dans la chambre.

— Oui. Non… Je ne sais pas. Je n'ai plus les idées claires. Une seule chose est sûre. J'ai envie de toi. En permanence.

10.

— Tu sais, je crois que Rachid t'aime bien.

Samantha arqua les sourcils d'un air qu'elle espérait indifférent.

— A mon avis, répondit-elle, tu te fais des idées.

Rachid avait annoncé à Cléo que la jeune femme devait consulter son médecin à Sydney et qu'il lui avait proposé de l'emmener en hélicoptère. Cléo, inquiète pour la santé de son amie, s'était précipitée au pavillon.

Samantha l'avait rassurée en inventant des problèmes féminins sans gravité qu'elle préférait exposer à la femme qui la suivait depuis son adolescence, plutôt qu'au médecin d'un certain âge de la ville voisine. Pour faire bonne mesure, elle avait ajouté que ce serait une excellente occasion de rendre visite à sa famille.

Installées à la table de la cuisine, les deux amies buvaient un café.

— Je sais ce que je dis, insista Cléo. Il n'arrête pas de me poser des questions à ton sujet.

Le cœur de Samantha s'affola dans sa poitrine.

— Quel genre de questions ?

— Il m'a interrogée sur ton milieu, ta famille.

— Que lui as-tu dit ?

— Juste l'essentiel. Que ta mère était morte peu de temps après ta naissance et que tu avais été élevée dans une famille de garçons.

— Je vois.

Voilà comment il avait appris qu'elle avait des frères,

songea Samantha. Entre autres choses, sans doute. Cléo ne s'en tenait jamais à « l'essentiel »…

— Il avait l'air inquiet, l'autre soir, quand tu as eu ton indigestion. Au fait, tu as aimé ma soupe ? demanda Cléo.

— Elle était délicieuse.

Samantha l'avait retrouvée sur le seuil du pavillon, le lendemain matin, et l'avait mangée au petit déjeuner.

— Merci, Cléo. Tu es vraiment très attentionnée.

— J'essaie.

— C'est une qualité qui se fait rare, de nos jours.

— Pas tant que ça. Rachid, par exemple. Lui aussi il est attentionné.

— Tu trouves ?

— Regarde ce qu'il a fait pour Martha Higgins.

— Qui est Martha Higgins ?

— La propriétaire de Valleyview Farm. Rachid n'était pas obligé de lui payer ses juments aussi cher. Norman a discuté avec Trevor, qui lui a dit qu'elles valaient beaucoup moins.

— Comment Trevor sait-il combien Rachid les a payées ? Il le lui a dit ?

— Mon Dieu, non ! Trevor l'a appris par l'ami d'un ami. Tu sais comment c'est ici, ma chérie. Impossible de garder un secret, à la campagne. Bref, j'en ai parlé à Rachid. Il m'a dit qu'Ali lui avait expliqué la situation de cette femme et qu'il avait eu envie de faire un geste pour elle.

— Il en a largement les moyens.

— Il y a des tas de gens qui ont les moyens et qui ne font jamais rien pour les autres. Il n'était pas non plus obligé de te proposer de t'emmener à Sydney en hélicoptère. Pourquoi es-tu aussi sévère avec lui ? C'est bizarre, je croyais que tu l'aimais bien.

Samantha haussa les épaules.

— Oui, je l'aime bien. Mais je ne vais pas lui embrasser les pieds parce qu'il m'emmène en hélicoptère !

Cléo s'esclaffa.

— Je ne t'imagine pas embrassant les pieds d'un homme !

Samantha eut un sourire crispé. Si Cléo savait…

— Es-tu excitée à l'idée de monter dans l'hélicoptère d'Ali ? demanda son amie.

Samantha réprima un soupir. En fait, elle s'efforçait de ne pas penser à ce voyage. Dès qu'elle s'y risquait, elle était submergée par une foule de sensations extrêmement perturbantes.

A coup sûr, elle n'allait pas fermer l'œil de la nuit…

— Tu n'aurais pas des somnifères, par hasard, Cléo ?

— Oh, mon Dieu, tu ne dois vraiment pas te sentir bien pour vouloir des somnifères ! Oui, j'en ai. Le médecin m'en a prescrit l'année dernière quand j'ai eu des insomnies à répétition.

Samantha n'écoutait plus Cléo que d'une oreille distraite. Son esprit était accaparé par le souvenir des derniers moments passés avec Rachid dans l'après-midi. Dans sa chambre, il l'avait déposée sur le lit, puis il lui avait fait l'amour avec une fougue qui l'avait comblée. Ensuite, il l'avait portée dans la salle de bains et l'avait longuement savonnée sous la douche.

De retour dans la chambre, il l'avait rallongée sur le lit et l'avait emportée vers de nouveaux sommets de volupté en soumettant la fleur de sa féminité aux caresses diaboliques de sa langue.

Puis, il lui avait demandé de prendre dans sa bouche sa virilité frémissante et de le conduire à son tour jusqu'à la jouissance. Elle y avait pris un plaisir inimaginable…

— Tu veux venir dîner à la villa, ce soir ? proposa Cléo, la tirant de sa rêverie. Je suis sûre que Rachid serait ravi.

Cléo se trompait. Rachid avait décidé qu'il valait mieux qu'ils ne se revoient pas avant de monter dans l'hélicoptère.

— Tu sais, parfois j'ai l'impression qu'il est très seul, ajouta Cléo.

Le cœur de Samantha se serra douloureusement. C'était vrai. Rachid était très seul… en Australie. D'autant plus seul qu'à Londres il avait trois maîtresses. C'était uniquement pour cette raison qu'il éprouvait du désir pour elle. Elle n'était qu'un pis-aller…

— Merci pour ta proposition, Cléo, mais je crois qu'il vaut mieux que je ne mange pas trop ce soir. Surtout si je dois prendre l'hélicoptère demain. En revanche je vais t'accompagner jusqu'à la villa pour récupérer ce somnifère.

Samantha se leva. Cléo en fit autant, visiblement à contrecœur.

— Rachid est à la villa ? demanda Samantha d'un ton désinvolte, tandis qu'elles rejoignaient leurs véhicules respectifs.

— Non. Il est allé monter son étalon fou. Et il a prévu de le monter de nouveau demain matin avant de partir, pour qu'il se tienne à peu près tranquille pendant le week-end. D'après ce que Ray a dit à Norman, ce cheval est vraiment très nerveux. Il paraît que c'est le genre d'étalon qui a besoin de saillir plusieurs juments par jour.

Comme son propriétaire, songea Samantha en ouvrant la portière de son 4x4. Nul doute que Rachid n'attendrait pas qu'ils soient arrivés à Sydney pour lui faire de nouveau l'amour. Il recommencerait dans l'hélicoptère. C'était évident. Il lui avait dit comment s'habiller pour le voyage. Une jupe. Sans rien dessous. Et pas de soutien-gorge non plus. Elle devrait être entièrement nue sous ses vêtements.

Un long frisson la parcourut.

Vivement demain…

11.

— Tu es magnifique, murmura Rachid d'un air admiratif quand ils furent seuls dans le salon privé de l'hélicoptère.

« Pas autant que toi », répondit silencieusement Samantha, trop éblouie pour pouvoir émettre le moindre son.

Sous la veste droite à un seul bouton de son élégant costume noir, un pull à col roulé vert amande mettait en valeur le teint hâlé et les boucles brunes de Rachid.

Il était fascinant.

Et visiblement fasciné par elle, constata-t-elle avec une joie immense.

Il était vrai qu'elle avait sorti le grand jeu. Se préparer pour ce week-end lui avait pris une grande partie de la soirée de la veille et toute la matinée. Epilation, lait hydratant sur tout le corps, vernis à ongles, maquillage, brushing. Elle n'avait rien laissé au hasard.

Même si elle avait eu quelques difficultés à trouver des vêtements appropriés… Sa garde-robe ne contenait pratiquement que des jeans. Quant aux tenues achetées pour ses vacances sur la Gold Coast, elles étaient trop estivales pour le climat de Sydney et pas assez sophistiquées pour un week-end aussi spécial.

Pour le voyage, elle avait choisi une longue jupe noire, fendue sur le devant jusqu'au genou, et un corsage de soie grenat au décolleté plongeant. Des bottes qu'elle possédait depuis des années mais qui ne s'étaient jamais démodées complétaient sa tenue.

Elle avait jeté sur ses épaules son éternel blouson de cuir noir pour effectuer le trajet en voiture jusqu'à l'héliport et parcourir à pied la centaine de mètres qui séparait le parking, où elle avait garé son 4x4, de l'hélicoptère. Même avec le blouson, elle offrait une image tout à fait inhabituelle. Si Cléo l'avait vue, les yeux lui seraient sortis de la tête !

Heureusement, son amie était absente. Rachid leur ayant judicieusement donné leur week-end, Norman et elle étaient partis tôt dans la matinée à Port Macquarie chez la mère de Norman.

Rachid attendait Samantha à l'intérieur de l'appareil. C'était le pilote qui l'avait débarrassée de son sac de voyage et l'avait aidée à monter à bord. L'espace d'un instant, elle avait eu très peur qu'un coup de vent ne fasse voler sa jupe, révélant qu'elle était entièrement nue dessous.

Mais heureusement, cette humiliation lui avait été épargnée.

L'intérieur de l'hélicoptère était aménagé avec un luxe et un raffinement dignes d'un manoir anglais. Murs lambrissés, somptueux sièges de cuir et moquette ultra-épaisse.

Etait-elle en train de rêver, ou bien s'apprêtait-elle vraiment à voyager dans ce décor de rêve en compagnie de cet homme sublime ? se demanda-t-elle, un peu étourdie.

La voix profonde de Rachid lui apporta la confirmation qu'elle ne rêvait pas.

— Je vois que tu as obéi à mes consignes.

— Comment le sais-tu ? s'exclama-t-elle, stupéfaite.

Elle n'avait même pas enlevé son blouson !

— Une femme bouge différemment quand elle est nue sous ses vêtements.

— Oui, en effet. Avec précaution.

Un sourire étira les lèvres sensuelles de Rachid.

— Mais tu aimes ça.

— Non, pas vraiment. Je me sens trop vulnérable.

— Et pourtant, ça t'excite.

Un long frisson parcourut Samantha. Curieusement, il avait raison…

Rachid lui enleva son blouson et le posa sur un siège. Puis il la prit par le bras et l'entraîna vers deux fauteuils de cuir crème disposés côte à côte. Entre eux, sur une petite table, étaient posées deux coupes de champagne et un soliflore de cristal contenant une rose rouge, dont les pétales immenses et veloutés, étaient d'un rouge écarlate tirant sur le noir.

— Quelle rose extraordinaire ! s'exclama Samantha en s'asseyant dans le premier fauteuil, je n'en ai jamais vu de semblable.

— Elle a été baptisée Carmen en hommage à l'héroïne de l'opéra.

— Elle est très…

— … sensuelle. As-tu remarqué que ton siège est muni d'une ceinture de sécurité ? Je vais t'attacher.

Quand il se pencha sur elle pour boucler la ceinture sur son ventre, elle crut qu'il allait l'embrasser, mais il n'en fit rien.

Il se redressa, s'assit dans le siège voisin et s'attacha à son tour avant de décrocher le téléphone qui se trouvait à proximité, afin de prévenir le pilote qu'ils étaient prêts pour le décollage. Après avoir raccroché, il prit les deux coupes sur la table.

— J'ai oublié de te demander si tu aimais le champagne, dit-il en lui en tendant une.

— Oui, beaucoup.

Elle but une longue gorgée. S'enivrer légèrement semblait une bonne idée…

Soudain, elle sentit l'appareil se soulever. Sa main libre se crispa instinctivement sur l'accoudoir de son siège, mais le décollage s'effectua en souplesse et dans le plus grand silence.

— On n'entend aucun bruit ! s'étonna-t-elle.

— L'isolation est parfaite. Et comme tu peux le voir, il n'y a pas d'ouvertures sur l'extérieur.

Elle promena autour d'elle un regard ébahi. Comment ne s'en était-elle pas aperçue plus tôt ?

— Quel dommage ! La vue doit être fantastique.

Rachid pressa un bouton sur le pupitre de commande intégré à l'accoudoir de son fauteuil. Un téléviseur que Samantha n'avait pas remarqué non plus s'alluma en face d'eux et le paysage qu'ils survolaient apparut à l'écran.

— La sixième chaîne est connectée à une caméra fixée sous l'appareil, expliqua-t-il.

— C'est très impressionnant, mais si je regarde ça pendant trop longtemps, je vais avoir le mal de l'air.

Il éteignit le téléviseur.

— De toute façon, j'ai à te parler.

Lui parler ? songea Samantha avec frustration. Ce n'était pas du tout ce qu'elle attendait de lui ! Ne se doutait-il donc pas qu'elle était sur des charbons ardents ?

Elle brûlait d'envie de remonter sa jupe et d'exposer à son regard la fleur de sa féminité… Elle voulait qu'il promène longuement sur elle ses yeux étincelants, puis qu'il la couvre de caresses diaboliques avant d'entrer en elle pour lui faire l'amour jusqu'à en perdre le souffle.

Parler ? Non. Cela pouvait attendre.

— Je devine à ta mine déçue que tu préférerais jouer à des jeux érotiques, poursuivit-il. Ton souhait sera bientôt exaucé. Je te le promets.

Les joues en feu, Samantha s'agita sur son siège.

— Mais d'abord, je voudrais te dire quelques mots… A l'adolescence, j'étais un drogué du sexe. Je ne pensais qu'à ça et j'assouvissais mon désir avec frénésie. Vers vingt ans, j'ai eu une relation avec une femme plus âgée que moi, qui m'a très vite annoncé que mon physique avantageux ne m'empêchait pas d'être un amant déplorable. Elle a ajouté que pour satisfaire une femme, il fallait avoir un peu plus de délicatesse qu'un bélier en rut.

Samantha observait Rachid avec perplexité. Pourquoi lui racontait-il tout ça ? Quel rapport avec elle ? Il avait de toute évidence fait des progrès considérables depuis ses vingt ans. Alors, pourquoi revenir sur le passé ? Assez de paroles. Des actes !

Malheureusement, il semblait déterminé à raconter son histoire jusqu'au bout…

— Piqué au vif par ses critiques, je me suis mis à lire tout ce que je pouvais sur le sexe. Le *Kama Sutra* m'a particulièrement éclairé. L'as-tu déjà consulté ?

Elle secoua la tête.

— Je t'en offrirai un exemplaire. Cependant, j'ai découvert d'autres traités érotiques moins connus, mais encore plus riches d'enseignements. La plupart écrits par des Chinois. Ceux-ci sont devenus maîtres dans l'art de la retenue. Avec de la pratique, ils parviennent à une telle maîtrise d'eux-mêmes qu'ils sont capables de faire l'amour à leur femme toutes les nuits pendant une semaine sans se laisser gagner par la jouissance. Quand ils s'autorisent enfin à y succomber, leur plaisir est mille fois plus intense, paraît-il.

L'air interloqué de Samantha arracha un sourire à Rachid.

— Bien sûr, je ne prétends pas atteindre de tels sommets, mais l'expérience m'a appris que retarder la satisfaction du désir procure des sensations fortes. Si je m'abstiens de te toucher avant que nous arrivions à Sydney, ton désir sera décuplé quand nous ferons enfin l'amour. Et quand tu atteindras le point de non-retour, ton plaisir sera si violent qu'il t'arrachera des hurlements. Ça ne te tente pas ?

Samantha continuait de fixer Rachid, de plus en plus effarée. Ne comprenait-il donc pas que d'un instant à l'autre, elle allait se mettre à hurler de frustration ?

— Oui, peut-être... Enfin, non... pas vraiment. Je veux dire... Tout ça me paraît très intéressant en théorie, mais je ne suis pas aussi sophistiquée que toi, Rachid. Pour l'instant, je préférerais m'en tenir à des pratiques plus classiques. Pour être claire, si tu continues à me faire languir, je vais devenir folle.

Il eut un sourire ravi.

— J'avais prévu cette réaction. Ton tempérament impétueux s'accommode mal de l'attente.

Il détacha sa ceinture et se leva.

— Rappelle-toi cependant que tu t'es engagée à m'obéir pendant tout le week-end. Es-tu prête à tenir cette promesse ?

— Oui.

Que lui réservait-il ? se demanda Samantha, le cœur battant à tout rompre.

Il lui prit sa coupe des mains, puis la dévêtit en commençant par ses bottes, qu'il lui ôta lentement, agenouillé devant elle. Puis ce fut au tour de son corsage, qu'il dut dégager de la ceinture de sécurité avant de le faire passer par-dessus sa tête. Il termina par sa jupe, qu'il fit glisser sur ses jambes.

Samantha fut parcourue d'un long frisson. Elle était enfin nue... Contre sa peau brûlante, le cuir du fauteuil était frais et incroyablement doux. La ceinture de sécurité ceignait sa taille, la retenant captive sur son siège. Rien ne l'empêchait de la détacher, mais elle n'en éprouvait pas le besoin.

Rachid écarta la petite table qui se trouvait entre les deux fauteuils, puis il tourna autour du siège de Samantha en examinant celle-ci d'un air appréciateur, comme il l'avait fait au pavillon. Tout à coup, il actionna un levier. Le dossier s'abaissa et Samantha se retrouva allongée.

Il fit de nouveau le tour de son siège, puis il s'agenouilla devant elle et lui écarta délicatement les cuisses. Electrisée, elle crispa les doigts sur les accoudoirs. Il contempla pendant un long moment sa fleur humide, qui frémissait dans l'attente de ses caresses.

Consumée par un feu dévorant, Samantha anticipait la suite. Allait-il plonger un doigt dans le cœur de sa féminité ? Ou bien explorer celle-ci du bout de la langue ? Cette incertitude était un supplice aussi délicieux qu'insupportable...

Rachid fit la seule chose à laquelle elle ne s'attendait pas. Il prit la rose dans le soliflore et la promena longuement sur tout son corps. Ses caresses subtiles déclenchèrent en elle une foule de sensations exquises, lui arrachant des petits gémissements extatiques.

Ceux-ci s'intensifièrent quand les pétales veloutés s'attardèrent sur ses seins, frôlant tour à tour les deux bourgeons hérissés, traçant les contours des aréoles dilatées, se pressant sur les pointes durcies, avant de descendre vers le ventre pour y dessiner des cercles concentriques.

Ondulant des hanches, les yeux mi-clos, Samantha ne s'appartenait déjà plus.

— Rachid, s'il te plaît..., supplia-t-elle d'une voix rauque.

Poursuivant leur descente, les pétales veloutés gagnèrent la fleur humide et s'écrasèrent sur le pistil gorgé de nectar, déclenchant une explosion d'une violence inouïe. Emportée dans un tourbillon inexorable, Samantha sombra dans le néant du plaisir physique.

Lorsqu'elle rouvrit les yeux, un long moment plus tard, elle constata que Rachid avait disparu.

Le cerveau embrumé, elle céda un bref instant à l'affolement. Où était-il passé ? Pourquoi l'avait-il laissée ?

Mais très vite, elle se reprit et sa respiration s'apaisa. Il ne pouvait pas être bien loin…

Elle tentait vainement de détacher sa ceinture de sécurité quand il réapparut, sortant d'une des deux portes masquées par les lambris.

— Laisse-moi faire, dit-il d'une voix douce.

Il la délivra et l'aida à se rhabiller.

Puis il la prit dans ses bras et l'embrassa avec ferveur.

12.

Depuis le spacieux salon de la suite d'Ali, au Regency Hotel de Sydney, Rachid observait Samantha. Debout sur la terrasse, elle promenait autour d'elle un regard ébloui. Comme si c'était la première fois qu'elle séjournait à l'hôtel. Ou qu'elle voyait le port de Sydney.

Il fallait reconnaître que la suite d'Ali était particulièrement luxueuse. Et la vue exceptionnelle. Surtout sous les rayons du soleil couchant, qui incendiaient l'Opéra et le célèbre pont.

Samantha le rejoignit en sautillant et le prit par la main.

— Viens sur la terrasse ! La vue est fantastique !

— Je la connais, répliqua-t-il en refusant de sortir de son inertie.

Il était en proie à une profonde perplexité. Pourquoi cette femme l'attendrissait-elle à ce point ?

— Quand es-tu venu ici ? demanda-t-elle.

— Il y a quelques années. Nous avions passé tout un week-end aux courses avec Ali... A propos, demain après-midi nous irons à Randwick. Le matin, nous ferons les boutiques pour t'acheter une tenue appropriée et quelques bricoles.

— Quel genre de bricoles ? demanda-t-elle, les yeux brillants.

Il prit un air faussement sévère.

— Ne pose pas de questions, petite esclave d'amour. Va plutôt nous faire couler un bain pendant que je commande à dîner.

— Dois-je également défaire tes bagages ? s'enquit-elle en faisant de son mieux pour prendre un air soumis.

Mais une lueur malicieuse dansait dans ses grands yeux bleus. Rachid réprima un sourire.

— Le maître d'hôtel s'en est déjà chargé.

— Ah, oui. Le dévoué Antoine. Pas étonnant que tu sois blasé, à force de vivre en permanence dans le luxe. Regarde cet hôtel. Pour ma part, je n'ai jamais séjourné dans un endroit aussi fastueux.

— C'est un hôtel correct, acquiesça Rachid.

— Correct ! Je n'ai jamais vu des meubles aussi magnifiques ! Et je ne parle pas des tapis. Ni des tableaux !

— Ce sont des copies, fit-il valoir avec un coup d'œil dédaigneux aux célèbres œuvres de Renoir et de Picasso.

— Quelle importance ? Ils sont quand même magnifiques !

Rachid poussa un soupir faussement exaspéré.

— Finalement, je ne crois pas que tu sois faite pour le rôle d'esclave d'amour. Celui de maîtresse te conviendrait peut-être mieux. Les maîtresses ont le droit d'exprimer leurs opinions. Pas les esclaves sexuelles.

— Je ne pourrais pas jouer les deux rôles ?

Il roula les yeux.

— Comment ça, les deux ?

— Je jouerais la maîtresse en public et l'esclave d'amour en privé. Pour sortir, tu m'habillerais chez les grands couturiers et tu me couvrirais de diamants, mais au lit tu continuerais à me mener à la baguette.

Rachid se raidit.

— Tu veux que je te couvre de diamants ?

Elle était comme les autres, finalement… Comment avait-il pu être assez naïf pour imaginer le contraire ? La métamorphose s'amorçait déjà. A peine arrivée dans un palace, elle voulait déjà des diamants !

— Pourquoi pas ? répliqua-t-elle d'un ton enjoué. Tu pourrais également m'offrir un ou deux chevaux de course. Moi aussi, j'ai des goûts de luxe, figure-toi !

Submergé par une amère déception, Rachid crispa la mâchoire. Dire qu'il l'avait vraiment crue différente… Quel idiot !

Un éclat de rire le fit tressaillir.

— Oh, Rachid ! Si tu voyais ta tête !

— Tu plaisantais ?

— A ton avis ? Tu n'as pas encore compris que j'étais une femme indépendante ? J'aime m'acheter mes vêtements moi-même, avec l'argent que j'ai gagné en travaillant. Pas en m'allongeant dans le lit d'un milliardaire. Je t'ai déjà expliqué que je considérais ce week-end comme une parenthèse enchantée. Si pour toi la routine consiste à passer son temps dans les palaces à inventer des scénarios érotiques, pour moi, la vraie vie est ailleurs.

Le soulagement de Rachid était mêlé d'irritation. Elle n'était pas intéressée, tant mieux. Mais pourquoi se permettait-elle de le juger en permanence ? Et surtout, pourquoi éprouvait-il systématiquement le besoin de se justifier ?

— Je ne passe pas mon temps dans les palaces à inventer des scénarios érotiques, protesta-t-il d'une voix crispée.

A vrai dire, il ne se souvenait même pas quand il avait emmené une femme en week-end pour la dernière fois…

Samantha eut un sourire mutin.

— Remarque, je reconnais que tous tes petits jeux sont particulièrement plaisants. Et très efficaces. Tu avais raison. J'ai déjà l'impression d'être une autre femme. Je me sens beaucoup plus sûre de moi. Les esclaves sexuelles sont-elles censées avoir de l'assurance ? demanda-t-elle, les yeux pétillant de malice.

A son grand dam, Rachid sentit son cœur faire un étrange bond dans sa poitrine. Décidément, il était sur une mauvaise pente : la situation lui échappait. Samantha était là pour satisfaire sa libido, pas pour semer la confusion dans son esprit. Ni dans son cœur…

— Les esclaves sexuelles sont censées obéir sans discuter, rétorqua-t-il d'un ton brusque. Va faire couler ce bain et installe-toi dans la baignoire. J'arrive dans un instant.

— Bien, maître, dit-elle en réprimant visiblement à grand-peine un fou rire. A vos ordres, maître.

Dès qu'elle eut quitté la pièce, celle-ci parut horriblement vide à Rachid.

« Et ta vie te paraîtra plus vide encore quand elle en sera sortie », lui souffla une petite voix intérieure.

Il réprima un juron. Quelle vie ? Il serait sans doute bientôt mort !

« Justement. Ce n'est pas le moment de tout compliquer, reprit la petite voix. De toute façon, pour Samantha, tu n'es rien d'autre qu'un coach d'un genre particulier. Ce n'est pas parce qu'elle apprécie tes petits jeux érotiques qu'elle éprouve pour toi de l'amour ou du respect. »

Il serra les dents. Cette dernière pensée était particulièrement désagréable. Il avait l'habitude d'être respecté.

Ou plutôt non. Il avait l'habitude qu'on lui fasse des courbettes. Ce qui n'avait rien à voir. C'était son argent que les gens révéraient. Pas lui.

Par moments, il avait sa fortune en horreur. Dans le testament qu'il avait rédigé récemment, il avait laissé tous ses chevaux de course à Ali et le reste de ses biens à la recherche sur le cancer.

Mais s'il survivait ? Peut-être ferait-il mieux de se débarrasser de tout son argent. Et de revenir en Australie, de commencer une nouvelle vie…

Conquérir le corps de Samantha Nelson était une chose. Conquérir son cœur et gagner son respect s'annonçait beaucoup plus ardu.

Par ailleurs, elle voulait qu'il lui apprenne tout de l'amour en un week-end. C'était une autre gageure. Serait-il à la hautcur ?

Il se massa les tempes en soupirant. A vrai dire, il n'en était plus si sûr. Il se sentait très las, tout à coup.

Samantha versa de l'huile de bain parfumée dans l'immense baignoire à ras du sol, tout en sifflotant.

Dès l'instant où elle était descendue de ce stupéfiant hélicoptère pour mettre le pied sur le toit de ce palace incroyable, elle avait pris une résolution et elle comptait bien s'y tenir. Elle allait profiter pleinement de ce week-end de rêve sans se poser de questions.

Puisqu'elle avait la chance inouïe de pouvoir vivre un fantasme absolu, il fallait en savourer chaque instant. Ce genre de miracle ne se produisait qu'une seule fois dans une vie.

Tout, depuis son arrivée au Regency Hotel, renforçait le sentiment d'irréalité qu'elle avait commencé à éprouver à bord de l'hélicoptère. Les deux agents de sécurité qui les avaient escortés jusqu'à la suite, le maître d'hôtel personnel d'Ali qui les avait accueillis sur le seuil… et la suite elle-même, dont le luxe insensé dépassait tout ce qu'elle aurait pu imaginer dans ses rêves les plus extravagants !

Bien sûr, il y avait, dans un coin de son esprit, une question dont elle ne parvenait pas à faire totalement abstraction. Une fois de retour dans la vie réelle, elle se passerait aisément de l'hélicoptère et du palace. En revanche, le plaisir fabuleux que lui prodiguait Rachid lui manquerait atrocement. C'était une évidence. Retrouverait-elle un jour un bonheur aussi complet dans les bras d'un autre homme ?

Mais c'était précisément le genre de question qu'elle devait éviter de se poser. Elle verrait bien le moment venu.

Pendant que l'eau coulait, elle se déshabilla. Dire que dans quelques instants elle serait allongée dans la mousse en compagnie de Rachid…

Quand la baignoire fut pleine, elle se plongea avec délectation dans les bulles parfumées. L'eau était à la température idéale… Combien de femmes avaient-elles partagé le bain de Rachid ? se demanda-t-elle soudain. Un nombre incalculable, sans aucun doute. Alors, inutile de commencer à imaginer qu'elle était spéciale à ses yeux.

Et inutile également de continuer à se poser ce genre de question, se morigéna-t-elle. N'avait-elle pas décidé de profiter pleinement de ce week-end sans se torturer l'esprit ?

Au même instant, Rachid pénétra dans la salle de bains.

— Notre dîner sera servi dans deux heures. Ça nous laisse le temps de prendre notre bain tranquillement.

Il se déshabilla en un clin d'œil et s'installa face à elle. La baignoire était si grande que leurs pieds ne se touchaient même pas. Il renversa la tête en arrière en poussant un soupir.

Il avait les traits tirés, constata-t-elle, tandis qu'il étendait les bras sur le rebord de la baignoire.

— Tu parais fatigué, dit-elle.

Il poussa un nouveau soupir.

— Oui, un peu. Je n'aurais peut-être pas dû faire galoper Flèche d'Argent avec une telle énergie, ce matin.

— Et si je te faisais un massage après le bain ? Ça te détendrait. Tu pourrais même faire un petit somme.

Il éclata d'un rire sonore.

— Tu crois vraiment que si tu me masses je vais m'endormir ? Pour ma part, j'en doute. Mais je reconnais que ta proposition est tentante. Tu sais faire de vrais massages de pro ?

— En tout cas, j'en ai une certaine expérience. Quand je jouais au football, j'avais une séance de massage hebdomadaire.

— Tu as joué au football ?

— Oui. Et aussi au cricket et au football australien. Mon père et mes quatre frères, tous plus âgés que moi, étaient très sportifs. Comme je n'avais aucune envie de rester seule à la maison, j'ai suivi le mouvement.

— Je vois.

— C'est d'ailleurs pour cette raison que j'ai commencé à prendre la pilule.

Il arqua les sourcils.

— Je ne comprends pas.

— Pour résumer, disons que le sport à haute dose a provoqué un léger dérèglement hormonal que le médecin a décidé de rectifier en me prescrivant la pilule. J'étais ravie parce que mes seins ont enfin atteint une taille acceptable, ajouta-t-elle avec une moue de dérision.

— Tes seins sont magnifiques. Tout ton corps est magnifique.

Confuse, Samantha sentit ses joues s'enflammer.

— Tu exagères.

— Pas du tout. Je suis sincère. Et je suis sûr que tu plais aux hommes, contrairement à ce que tu as l'air de penser. Allons, avoue. Je suis sûr que beaucoup d'hommes t'ont fait des avances.

— Il y en a eu un. Un homme avec qui j'ai travaillé, ici, à Sydney.

— Et… ?

— Il m'a dit qu'il m'aimait.

— Mais encore ?

— Il était marié.

Les prunelles de Rachid s'assombrirent.

— Tu as couché avec lui ?

— Non. Je t'ai dit que je n'avais pas fait l'amour depuis des années quand je t'ai rencontré.

— Mais est-ce que tu as eu envie de coucher avec lui ?

— Oui. Mais je ne l'ai pas fait.

— Pourquoi ?

— Je pensais qu'il ne m'aimait pas vraiment et je n'avais pas envie de me laisser manipuler.

— Et toi, tu l'aimais ?

— Je l'aimais bien. A force de travailler ensemble nous étions devenus proches. Mais je ne l'aimais pas.

— Pourtant, c'est à cause de lui que tu as quitté Sydney pour aller travailler au haras, n'est-ce pas ?

Samantha fut stupéfaite. Comment avait-il deviné ? Il fallait croire qu'il était doué d'une grande intuition…

— Oui, en effet, acquiesça-t-elle. C'est à cause de Paul que j'ai quitté Sydney.

Etait-ce à cause de ce Paul qu'elle avait envie d'y retourner ?

Rachid fixait sur Samantha un regard pénétrant, mais elle avait manifestement l'esprit ailleurs. Les yeux dans le vague, elle ne lui prêtait pas attention. De toute évidence, elle pensait à cet homme… Elle prétendait ne pas l'aimer, mais il n'en croyait pas un mot.

— Quel âge a-t-il ? demanda-t-il d'un ton qui se voulait désinvolte.

— Paul ? Je ne sais pas exactement. La quarantaine.

Beaucoup plus âgé qu'elle, nota Rachid avec un pincement au cœur. Et expérimenté, sans aucun doute. Etait-ce pour être à la hauteur qu'elle voulait tout apprendre de l'amour ? L'avait-elle fui parce qu'elle manquait de confiance en elle ?

Avait-elle l'intention de renouer avec lui une fois qu'elle se sentirait plus sûre d'elle ?

— Il est séduisant ?

Elle haussa les épaules.

— Il est pas mal.

Traduction : très séduisant, songea Rachid transpercé par une flèche de jalousie. Bon sang ! Que lui arrivait-il ? Il n'avait jamais été jaloux de sa vie !

Et pourtant, aujourd'hui, il était jaloux de ce Paul. Férocement jaloux.

— Reprendre contact avec lui à ton retour à Sydney serait une erreur, déclara-t-il.

Samantha ouvrit de grands yeux, manifestement stupéfaite.

— Je n'en ai pas l'intention !

— Tu es certaine ?

— Bien sûr !

— Tu n'as aucune raison de me mentir, tu sais.

Samantha resta bouche bée quelques secondes, puis elle eut un sourire enjôleur.

— Comment oserais-je mentir à mon seigneur et maître ?

Rachid fut assailli par une bouffée de rage.

Pas de doute, elle lui mentait.

13.

Comme prévu, le lendemain après-midi, Rachid et Samantha se rendirent à Randwick. Sans être allés faire du shopping le matin car ils s'étaient réveillés trop tard.

Rachid tenait Samantha par la main. Elle aimait ce geste simple, chaste et en même temps très intime.

— Tu es bien calme, aujourd'hui, dit-il en l'entraînant vers l'entrée de l'hippodrome. Il y a un problème ?

Un problème ? se demanda-t-elle. Etait-ce un problème d'être prête à tout accepter de cet homme ? Etait-ce un problème que la Samantha indépendante et rebelle se soit volatilisée ?

Elle sentit une vive chaleur l'envahir, tandis que des bribes de souvenirs de la nuit précédente s'imposaient à elle.

Penchée sur Rachid, elle embrassait chaque parcelle de sa peau veloutée. Elle léchait sa virilité triomphante. Elle la prenait dans sa bouche. Elle la savourait avec délectation. Elle recueillait au fond de sa gorge le témoignage de sa jouissance…

Un peu plus tard, elle hurlait de plaisir alors qu'il lui caressait les seins pendant qu'ils faisaient l'amour, emboîtés l'un dans l'autre…

Plus tard encore, plaquée contre lui, elle retenait son souffle, inondée de désir, prête à l'accueillir en elle dès qu'il se réveillerait…

Un peu avant l'aube, les poignets liés ensemble et attachés à la tête du lit, elle subissait avec volupté le supplice de ses caresses diaboliques…

A l'aube enfin, elle finissait par s'endormir d'un sommeil profond, blottie contre lui, entourée de ses bras puissants.

Et à présent qu'ils venaient d'arriver à Randwick, elle n'avait qu'une envie. Rebrousser chemin, rentrer à l'hôtel et se retrouver seule avec lui, peau contre peau dans ses bras.

C'était insensé ! D'ordinaire, elle adorait les courses de chevaux. C'était sa passion !

Elle déglutit péniblement. Non, à présent, sa passion c'était Rachid. Etait-ce un problème ? Mieux valait ne pas chercher à connaître la réponse à cette question…

— Je suis juste un peu fatiguée, répliqua-t-elle.

Mensonge éhonté… Elle ne s'était jamais sentie aussi débordante d'énergie.

Rachid eut un petit rire coquin.

— Ce n'est pas très étonnant… Une pause nous fera le plus grand bien. Allez, entrons et voyons si nous parvenons à miser sur un cheval gagnant.

Après avoir payé les entrées, il lui reprit la main et l'entraîna à travers la foule vers l'endroit où on commençait à seller les trotteurs pour la troisième course. Les robes des chevaux brillaient sous les rayons du soleil hivernal, témoignant du zèle des palefreniers.

Samantha tenta de s'intéresser au choix d'un cheval sur lequel miser. Inutile, constata-t-elle très vite. L'homme qui la tenait par la main accaparait son esprit.

L'aimait-elle ?

Probablement.

Trop souvent au cours de la nuit précédente, elle avait senti son cœur vibrer à l'unisson de son corps…

Tout à coup, les doigts de Rachid se resserrèrent avec force sur les siens, la ramenant à l'instant présent.

— Cet homme, là-bas, qui te regarde fixement, dit-il d'un ton crispé. Tu le connais ?

Elle jeta un coup d'œil dans la direction qu'il lui indiquait.

— Oh, c'est Paul !

Les doigts de Rachid lui broyèrent la main.

— Celui qui t'aime ?

— Je t'ai expliqué qu'il ne m'aimait pas.

— Il vient vers nous.

Paul venait effectivement à la rencontre de Samantha. Celle-ci n'eut d'autre choix que de le saluer, puis de faire les présentations.

— Je te présente… Rachid, dit-elle à Paul qui continuait de fixer sur elle un regard extrêmement embarrassant. C'est un ami du prince Ali… Le prince Ali de Dubar, mon employeur.

— J'ai entendu parler de lui, répliqua Paul d'un ton crispé.

Il s'arracha à la contemplation de Samantha pour tendre la main à Rachid.

Mais ce dernier ne lâcha pas Samantha, et Paul laissa retomber sa main.

— Moi aussi, j'ai entendu parler de vous, déclara Rachid d'un air hautain.

Sans prêter attention à ces paroles, Paul se tourna de nouveau vers Samantha.

— Tu as changé de couleur de cheveux. Ce blond te va bien. Ça t'adoucit le visage.

— Oui, c'est vrai.

En voyant les deux hommes côte à côte, Samantha comprit pourquoi Rachid lui faisait autant d'effet. Paul était très séduisant, certes. Mais Rachid était fascinant. Non seulement d'une beauté sublime, mais doué d'un charme irrésistible, débordant d'une énergie redoutable, et… à cet instant précis, si elle ne se trompait pas… il était jaloux !

Elle sentit son cœur se gonfler d'une joie indicible. Etait-ce possible ? Rachid ? Jaloux de Paul ? Ça alors !

— En fait, je ne t'ai jamais vue aussi radieuse, poursuivit Paul en promenant sur elle un regard insistant.

Elle eut toutes les peines du monde à ne pas laisser éclater sa joie. Si Paul savait à quel point ce regard lui était agréable ! Pas en lui-même, bien sûr. Mais parce qu'il provoquait la colère de Rachid !

— Tu es à Sydney pour le week-end ? demanda Paul. Nous pourrions peut-être prendre rendez-vous pour aller boire un verre quelque part.

— Samantha est avec moi, intervint sèchement Rachid.

Paul parut embarrassé.

— Mais… c'est sans arrière-pensée. Nous ne sommes que de vieux amis, n'est-ce pas, Samantha ? Il n'y a pas de mal à prendre un verre ensemble.

— Permettez-moi de ne pas partager cet avis. Viens, Samantha.

La jeune femme adressa un petit sourire contrit à Paul par-dessus son épaule, tandis que Rachid l'entraînait avec brutalité en direction de la tribune. Elle était à la fois ravie qu'il soit jaloux et irritée qu'il se montre aussi autoritaire. Elle ne pouvait pas tout accepter sans broncher, décida-t-elle. Il était temps que l'ancienne Samantha fasse une réapparition.

— Hé, arrête de jouer les hommes des cavernes ! s'exclama-t-elle en dégageant sa main. Tu me fais mal ! Tu m'avais promis de ne jamais me faire mal.

Il se tourna vers elle, le regard étincelant.

— Quand une femme est avec moi, elle ne s'amuse pas à prendre rendez-vous avec un autre homme. Tu pourrais au moins attendre que je sois reparti ! Quand je serai à Londres, tu pourras coucher avec ce crétin autant que tu voudras.

— Qu'est-ce qui te prend ? Tu as perdu la tête ? Je t'ai dit que je n'aimais pas Paul et qu'il ne m'aimait pas.

— Il te désire. Ça se voit dans ses yeux.

— Et alors ? Quatre-vingt-dix pour cent des femmes qui sont autour de nous en ce moment te désirent, Rachid. Est-ce que j'en fais une maladie ? Si je suis avec toi, c'est parce que j'en ai envie. Si j'avais envie d'être avec Paul, je serais avec lui.

Rachid passa nerveusement la main dans ses cheveux, la mine contrite. Mais cette lueur dans ses yeux, ce n'était pas de la confusion, se dit Samantha, soudain inquiète. Cette lueur, elle l'avait déjà aperçue…

Son estomac se noua. C'était le signe qu'il souffrait physiquement !

— Tu as toujours des migraines ?

— Comment as-tu deviné ? s'exclama-t-il, manifestement surpris.

— Je l'ai vu dans tes yeux. Tu as des médicaments sur toi ?

— Non, répondit-il avec une moue de dépit.

— Dans ce cas, il faut rentrer à l'hôtel.

— Je vais rentrer seul. Reste, si tu veux.

— Je n'ai aucune envie de rester. Viens.

Cette fois, ce fut elle qui lui prit la main et qui l'entraîna.

Pendant le trajet en taxi, il ne dit pas un mot. Il souffrait terriblement, comprit Samantha, le cœur serré. Une fois de retour dans la suite, elle le déshabilla, puis elle l'aida à s'asseoir sur le lit avant d'aller chercher un verre d'eau. Quand elle le rejoignit, il tentait maladroitement d'ouvrir une boîte de comprimés.

— Combien ? demanda-t-elle en la lui prenant des mains.

— Deux, répondit-il d'une voix mal assurée.

Elle ouvrit la boîte, prit deux comprimés, les lui tendit avec le verre d'eau, et reposa la boîte sur la table de chevet.

Il avala les comprimés avec une grimace et s'allongea sur le lit. Puis, il ferma les paupières en laissant échapper un gémissement étouffé. Elle se hâta de tirer les rideaux puis de fermer les portes afin de plonger la pièce dans la pénombre. Après avoir enlevé ses bottes, elle s'allongea à côté de lui et lui caressa doucement la tête jusqu'à ce qu'il finisse par s'assoupir.

Alors, elle se releva et prit la boîte pour l'examiner à la lumière, dans le salon.

Elle réprima une exclamation de stupeur. De la morphine ! Quel médecin inconscient avait prescrit de la morphine pour des migraines ? se demanda-t-elle, effarée.

Et si ce n'était pas de migraines que souffrait Rachid ?

Elle eut l'impression qu'on lui broyait le cœur. Non, c'était impossible ! Il ne pouvait pas être atteint d'une maladie grave. Il était trop vigoureux, trop dynamique…

La meilleure preuve, c'était la façon dont il montait Flèche d'Argent. Un homme gravement malade serait-il capable de tenir sur un cheval aussi fougueux lancé au galop ? Certes, ces chevauchées le fatiguaient, mais elles auraient fatigué n'importe qui.

D'accord, mais le premier soir, au dîner ? Etait-ce seulement à cause du décalage horaire qu'il souffrait ? Ou bien avait-il été frappé par une crise de ce genre ?

Il en avait eu une autre le mercredi soir…

Et une aujourd'hui.

La vraie migraine pouvait être horriblement douloureuse, mais les crises étaient rarement aussi fréquentes. Et pourquoi de la morphine ?

Samantha regagna la chambre sur la pointe des pieds et remit la boîte sur la table de nuit avant de se rallonger à côté de Rachid. Sa respiration était redevenue régulière et toute trace de souffrance avait disparu de son visage. Il ne bougea pas quand elle déposa un léger baiser sur son front. Et il ne vit pas les larmes qui roulaient sur ses joues.

Quand Rachid se réveilla, Samantha dormait profondément à côté de lui, tout habillée. Il avait le cerveau légèrement embrumé, mais c'était probablement l'effet des comprimés, se dit-il. Il prit la main de Samantha, posée sur son torse, et la porta à ses lèvres.

Elle ouvrit immédiatement les yeux.

— Tu es réveillé…, murmura-t-elle.

— Toi aussi, dit-il en souriant.

— Comment te sens-tu ? demanda-t-elle avec un regard scrutateur.

— Beaucoup mieux, merci.

Il referma la bouche sur un de ses doigts, qu'il suça lentement, puis il retourna sa main pour lui lécher la paume. Laissant échapper un petit cri, elle tenta de dégager sa main, mais il la retint fermement. Elle renonça à lutter.

— Tu es presque aussi douée comme infirmière que comme esclave d'amour, murmura-t-il avant de lui lécher de nouveau la paume.

Il fallait à tout prix rester léger, se dit-il. Léger et sexy. C'était tout ce qu'elle attendait de lui, pour l'instant.

Toutefois, il avait des espoirs pour l'avenir. S'il avait un avenir, bien sûr…

— Rachid…

— Oui ?

— Tu n'as pas une tumeur au cerveau, n'est-ce pas ?

La stupéfaction fut telle qu'il ne parvint pas à rester impassible. Relevant vivement la tête, il rencontra un regard beaucoup trop intelligent à son goût.

— Ne me mens pas, intima-t-elle d'un air grave.

Le croyait-elle donc complètement stupide ? S'il lui disait la vérité, tout était fini. Il *fallait* qu'il lui mente. Parce qu'il était hors de question de se séparer d'elle pour l'instant. Ce serait au-dessus de ses forces. Il l'aimait trop.

D'un autre côté, il fallait bien admettre que retarder plus longtemps l'opération serait de l'inconscience. Ne serait-ce que parce qu'il ne supportait plus ces migraines. Elles étaient trop invalidantes. Seul l'orgueil l'avait empêché de hurler de douleur, cet après-midi.

Ce soir, il devait envoyer un e-mail à Ali pour lui expliquer la situation. Et un autre à son chirurgien. Ensuite, il réserverait pour demain une place sur un vol à destination de Londres.

Mais les prochaines vingt-quatre heures étaient à lui. Et il les passerait en compagnie de la femme qu'il aimait.

— Où es-tu allée chercher cette idée ? demanda-t-il enfin.

— Les comprimés… C'est de la morphine. On ne prend pas de la morphine pour de simples migraines. En revanche, il arrive qu'on en prenne quand on a un cancer.

Cancer… Il n'avait jamais associé sa tumeur au cerveau à ce mot. Et pourtant, c'était bien de cela qu'il s'agissait…

En tout cas, c'était un terme très efficace pour vous ramener brutalement à la réalité. Son impact sur le regard des autres était tout aussi redoutable… S'il avouait à Samantha qu'il était atteint d'un cancer, elle serait tellement inquiète pour lui qu'elle l'empêcherait sûrement de lui faire l'amour de peur de le fatiguer.

— Est-ce que j'ai l'air d'avoir un cancer ? demanda-t-il d'une voix douce.

— Non…

— Je souffre de migraines extrêmement fortes. Or, l'avion déclenche systématiquement des crises. J'ai essayé des dizaines de médicaments. Il se trouve que la morphine est le plus efficace. Ces comprimés ne sont pas fortement dosés, ce qui m'évite d'être dépendant. Ma seule drogue, c'est toi, ma chérie. D'ailleurs, où en étais-je ? murmura-t-il avant de recommencer à lui lécher la paume.

Elle cessa de le questionner et laissa bientôt échapper des petits soupirs de volupté.

Il la dévêtit lentement, avec tendresse, en prenant le temps de la couvrir entièrement de baisers. Il fallait graver dans sa mémoire le souvenir de chaque parcelle de son corps, de chaque seconde passée avec elle.

Car c'était à elle qu'il penserait juste avant qu'on l'endorme sur la table d'opération.

S'il mourait, il partirait le sourire aux lèvres et le cœur débordant d'amour.

14.

Elle n'avait aucune envie de rentrer, songea Samantha, le cœur lourd. Plus le moment du départ approchait, plus elle était d'humeur maussade.

Comme Rachid, apparemment.

A 16 heures, ni l'un ni l'autre n'esquissèrent le moindre mouvement pour se lever et s'habiller. Pourtant, le décollage avait été fixé à 17 heures afin d'arriver au haras avant la nuit.

Elle ne voulait pas rentrer… Elle voulait rester au lit avec Rachid jusqu'à la fin des temps.

Quand il finit par se redresser, elle le retint par le bras.

— Ne partons pas.

Il se tourna vers elle, le visage sombre.

— Nous ne pouvons pas rester ici éternellement, Samantha. Même si j'en ai très envie.

— C'est vrai ?

Il se pencha pour déposer un baiser sur ses lèvres.

— Bien sûr. Mais la vie continue. J'ai des obligations.

— Ils n'ont pas vraiment besoin de toi au haras, plaida-t-elle. Ni de moi. Nous pourrions partir quelque part ensemble. Ou bien rester ici. Au moins pendant quelques jours.

Rachid eut un sourire étrangement triste.

— Ce n'est pas possible. Comme je te l'ai dit, j'ai des obligations. Mais pas au haras. Il y a eu un imprévu chez moi. Il faut que je reparte pour Londres ce soir.

Samantha eut l'impression de recevoir un coup de poing dans l'estomac.

— Tu rentres à Londres ?

— J'y suis obligé.

— Mais… pourquoi ?

— C'est un problème d'ordre privé.

— Emmène-moi avec toi, supplia-t-elle, submergée par une vague de panique.

— Je suis désolé, mais c'est impossible.

La panique se mua en désespoir.

— Mais je ne peux pas vivre sans toi ! dit-elle dans un sanglot étouffé. Je… J'ai besoin de toi. Il faut que tu m'emmènes avec toi. Je me ferai toute petite, je te le promets. Tu peux garder tes autres maîtresses si tu veux, du moment qu'on continue à se voir… Oh !

Prenant conscience de ce qu'elle venait de dire, Samantha enfouit son visage dans ses mains et éclata en sanglots, au comble de l'humiliation.

Elle sentit les bras puissants de Rachid se refermer sur ses épaules.

— Ce n'est pas pour retrouver ces femmes que je rentre, murmura-t-il en la berçant contre son torse. Je reviendrai auprès de toi dès que je le pourrai.

Cette promesse inespérée rendit un peu d'espoir à Samantha. Elle leva vers lui ses yeux bleus noyés de larmes.

— C'est vrai ? Tu reviendras ?

Il l'embrassa sur le front.

— Comment pourrais-je abandonner ma petite esclave d'amour ?

— Quand reviendras-tu ?

— Dès que possible.

— Mais quand ?

— Je ne sais pas combien de temps il me faudra pour régler ce problème imprévu. Mais sache que je reviendrai le plus vite possible.

— Tu ne sembles pas très sûr de toi. Est-ce un problème d'argent ? As-tu fait de mauvais investissements ? Ecoute, je me moque éperdument que tu sois riche ou pauvre. J'ai de l'argent. Je peux payer ton billet de retour. Je peux t'entretenir.

Il lui caressa les cheveux avec un sourire ému.

— Ce n'est pas un problème d'argent. Il ne faut pas t'inquiéter. Repars en hélicoptère et je te donnerai des nouvelles très bientôt. Je vais prendre ton numéro de téléphone.

— Tu me le promets ?

— Je te le promets.

— Quand ?

— Dans quelques jours.

Manifestement, cette réponse ne la satisfaisait pas, comprit Rachid. Mais il ne pouvait pas prendre le risque de se confier à elle alors qu'il se sentait si fragile émotionnellement. Il fallait qu'il reste fort pour l'opération. Il fallait également qu'il modifie son testament. Dans quelques jours, elle serait prévenue. Par lui ou par son notaire. Car il avait bien l'intention de léguer tout ce qu'il possédait à cette femme qui l'aimait pour lui-même et pas pour son argent.

— Je t'aime, Rachid, dit-elle dans un sanglot.

Surtout ne pas flancher, s'exhorta-t-il, bouleversé.

— Je suis sûr que c'est ce que tu crois, en tout cas…, dit-il.

En voyant la souffrance qui se peignait sur le visage baigné de larmes qu'il chérissait tant, Rachid se maudit. Malheureusement, vu les circonstances, c'était la seule chose à lui dire, pour l'instant.

— Tu ne crois pas à l'amour, c'est ça ? lança-t-elle avec véhémence. Si tu reviens, ce sera uniquement pour le sexe, n'est-ce pas ?

Rachid prit une profonde inspiration. Il fallait absolument résister à la tentation de lui ouvrir son cœur. Il fallait trouver le courage de la quitter.

— Tu préférerais que je ne revienne pas ?

— Fais ce que tu veux ! lança-t-elle avec humeur. De toute façon, tu n'en fais toujours qu'à ta tête.

Il eut un sourire attendri.

Tout à coup, la jeune femme rebelle au caractère épouvantable était de retour, c'était celle qu'il avait rencontrée le premier jour. Toujours aussi impétueuse…

— Je constate avec plaisir que tu as toujours aussi mauvais caractère. Tu me reverras, Samantha, *inch'Allah*.

*
* *

Samantha pleura pendant tout le trajet du retour en hélicoptère.

Elle pleurait encore quand elle descendit de l'appareil d'un pas mal assuré et qu'elle se jeta dans les bras de la femme aux cheveux rouges qui l'attendait sur l'héliport.

— Qu'est-ce qui t'arrive ? s'exclama Cléo, visiblement inquiète. Mon Dieu, tu n'es pas gravement malade, j'espère ?

— Je... je ne peux pas te parler ici.

— D'accord. Allons à la villa. Mais où est Rachid ?

— En route pour Londres, le mufle !

Cléo arqua les sourcils mais, en femme avisée, elle garda le silence. Elle attendit que Samantha et elle soient seules dans la cuisine de la villa et que la jeune femme soit assise avec une tasse de café fumant devant elle. L'hélicoptère était reparti depuis longtemps et le plus grand calme régnait aux alentours.

— Tu couches avec lui, n'est-ce pas ? interrogea Cléo sans détour.

Incapable de nier, Samantha hocha la tête.

— Depuis quand ?

— Mercredi soir, répondit Samantha avec un soupir de lassitude.

A présent que ses larmes ne coulaient plus, elle se sentait épuisée. Toutefois c'était une fatigue plus émotionnelle que physique.

— Mmm... Le soir où je lui ai donné cette soupe pour toi. Il n'a pas perdu de temps, il faut lui reconnaître ça. Et bien sûr, tu n'étais pas malade ?

— Je suis désolée, Cléo.

— Ça n'a aucune importance. A ta place, j'aurais probablement fait la même chose. Difficile d'envoyer promener un homme comme lui. Je savais qu'il t'aimait bien, je te l'avais dit. Mais pourquoi est-il reparti à Londres ?

— Un imprévu, paraît-il. Il n'a pas voulu me dire de quoi il s'agissait exactement, et ça m'a paru un peu suspect. Il a dit qu'il avait envoyé un e-mail à Ali pour lui expliquer la situation.

— J'appellerai Ali. Il me dira ce qui se passe. Mais dis-moi, comment est notre play-boy au lit ? D'une efficacité redoutable, à te voir.

— Tu ne peux pas imaginer…

— Je suppose que tu es tombée amoureuse de lui ?

— Malheureusement.

— Pourquoi « malheureusement » ? Il vaut mieux avoir perdu l'amour que de ne jamais l'avoir connu.

— Ce sont des foutaises Cléo ! Tu le sais aussi bien que moi.

— Mais au moins tu as vécu des moments merveilleux. Beaucoup de femmes ne peuvent pas en dire autant, tu sais.

— Il a dit qu'il reviendrait.

— Vraiment ? Tu avais oublié de mentionner ce détail !

Samantha eut une moue de dérision.

— Je ne crois pas qu'il en ait vraiment l'intention. Il est parti et il ne reviendra jamais. Il a dit ça pour me faire taire.

— Tu crois ? Il ne m'a pas fait l'effet d'être un menteur. Je vais appeler Ali pour essayer d'en savoir plus sur ce soi-disant imprévu. Attends-moi ici.

— Je n'ai pas l'intention de bouger, répliqua Samantha, d'un air misérable.

Cléo resta absente un long moment, laissant à Samantha tout le temps de revivre cette dernière nuit merveilleuse qu'elle avait passée avec Rachid. Il avait fait preuve avec elle d'une tendresse incroyable… Et ils n'avaient pas passé tout leur temps au lit : ils avaient dîné dans le salon en parlant de leur passion mutuelle pour les chevaux, puis ils avaient bu un cognac sur la terrasse, en savourant la vue extraordinaire et le bonheur d'être ensemble. Elle s'était sentie si heureuse. Si… aimée ?

— Je n'arrive pas à y croire !

La voix de Cléo tira Samantha de sa rêverie.

— Il semblait en si bonne santé !

Le cœur de la jeune femme fit un bond dans sa poitrine.

— Oh, non ! s'écria-t-elle en bondissant sur ses pieds. Il a vraiment une tumeur au cerveau, c'est ça ?

Elle lut l'horrible vérité dans les yeux de Cléo.

— Comment as-tu deviné ?

Samantha se précipita aux toilettes pour vomir. Quand elle regagna la cuisine, elle était à bout de forces, mais elle avait pris une décision.

— Répète-moi exactement ce que t'a dit Ali, demanda-t-elle à Cléo. Dis-moi tout.

En fait, elle n'en apprit pas beaucoup plus que ce qu'elle soupçonnait déjà. Rachid avait une tumeur maligne au cerveau — opérable, mais l'intervention était très risquée. Il avait retardé l'opération pour tenir la promesse qu'il avait faite à Ali : il se sentait redevable envers son ami parce que celui-ci lui avait sauvé la vie autrefois. C'était une question d'honneur, paraît-il.

— Apparemment, il y a quelques jours, Ali lui a dit de repartir à Londres *tout de suite*, avant que son état ne s'aggrave, poursuivit Cléo.

— Il y a quelques jours ? Pas hier ?

— Non. Ali a dit samedi.

Samantha faillit crier de joie et de désespoir à la fois. Rachid avait choisi de rester avec elle une nuit de plus. Il n'avait pas eu envie de la quitter. Il l'aimait ! Il n'y avait pas d'autre explication. Pour quelle autre raison lui aurait-il caché la vérité ? Il avait voulu la protéger. A moins qu'il ne croie pas à la sincérité de son amour ?

Mais peu importait. Il fallait qu'elle le rejoigne. Qu'elle reste auprès de lui. Qu'elle lui prouve à quel point elle tenait à lui.

Mais peut-être était-il déjà trop tard… Son cœur se serra.

— Quand est prévue l'intervention, tu le sais ?

— Dès que possible. C'est tout ce que sait Ali. Que vas-tu faire ?

— Aller à Londres. Je vais prendre mon passeport chez moi, repartir immédiatement à Sydney, en voiture, et prendre le premier vol disponible pour Londres. Peux-tu essayer d'en savoir plus auprès d'Ali ? J'ai besoin de l'adresse de Rachid à Londres et du nom de l'hôpital où il est traité. Qu'il ne lui dise rien, surtout. Je t'appellerai de l'aéroport.

Samantha était déjà sur le départ, soulagée de pouvoir agir.

Pourvu que Rachid s'en sorte ! pria-t-elle en courant vers la sortie. Qu'Allah le sauve !

15.

Samantha arriva trop tard. Il n'y avait plus aucune place pour Londres avant le lendemain après-midi. Et encore, elle fut obligée de prendre un billet en classe affaires.

Quand l'avion se posa enfin à l'aéroport d'Heathrow, on préparait déjà Rachid pour l'intervention. Mais Samantha ne le savait pas encore. Elle ne l'apprit qu'en arrivant à l'hôpital dont Ali avait donné les coordonnées à Cléo.

Rachid bin Said al Serkel faisait bien partie des patients de l'hôpital, lui dit la jeune femme de la réception. Mais elle ne pouvait pas lui rendre visite pour l'instant parce qu'il se trouvait sur la table d'opération.

Samantha aurait posé d'autres questions si elle n'avait pas perdu connaissance sur-le-champ.

Quand elle reprit conscience, elle vit un homme vêtu de blanc penché sur elle. Ce n'était pas un médecin. Il avait les yeux noirs, le teint mat et son beau visage était empreint de sollicitude. Il portait un keffieh, la coiffure des bédouins.

Son employeur. Le prince Ali de Dubar.

— Ali !

Elle se redressa sur le canapé où on l'avait allongée, dans un bureau.

D'une main douce mais ferme, Ali l'obligea à se rallonger.

— Ce n'est pas une bonne idée de se relever trop vite après avoir perdu connaissance, déclara-t-il. Une infirmière va vous apporter du thé et des biscuits.

— Mais… que faites-vous ici ? Vous n'êtes pas à Dubar pour le couronnement de votre frère ?

— Le couronnement officiel n'a lieu que demain. J'ai

estimé que, aujourd'hui, ma place était auprès de mon ami. Malheureusement, je suis arrivé trop tard pour voir Rachid avant son opération. Et si je comprends bien, vous êtes dans la même situation.

Le cœur de Samantha se serra douloureusement et elle réprima un haut-le-cœur.

— Oh, Ali… Et s'il meurt ?

— Alors il mourra, répliqua-t-il avec un fatalisme qu'elle était incapable de partager. Ce qui est écrit est écrit.

— Je ne supporte pas qu'on dise ce genre de choses ! Le destin n'existe pas. Ce qui est écrit, c'est ce qu'on provoque soi-même.

Elle se redressa brusquement, incapable de rester allongée plus longtemps.

— Ce n'est pas lui qui s'est infligé cette tumeur, fit valoir Ali.

— Qu'en savez-vous ? Cléo a dit que Rachid était un homme très seul. J'ai lu quelque part que la solitude pouvait favoriser un affaiblissement des défenses de l'organisme.

— Pourquoi vous intéressez-vous à ce genre d'articles ? Parce que vous souffrez vous-même de la solitude ?

— Oui, je suis solitaire, acquiesça-t-elle en se levant. J'ai toujours été solitaire. Jusqu'à ce que je rencontre Rachid. Je l'aime, Ali, à un point que les mots ne peuvent exprimer. Et je pense qu'il m'aime.

— Je vous le confirme. Savez-vous qu'il vous a légué tous ses biens ?

La colère et le chagrin firent sortir Samantha de ses gonds.

— Bon sang ! Je ne veux pas de son maudit argent ! Je veux juste qu'il vive et qu'il guérisse.

— Il le sait.

— Combien de temps doit durer l'opération ? demanda-t-elle en arpentant la pièce pour tenter de surmonter son désespoir.

— Elle devrait bientôt se terminer, d'après ce qu'on m'a dit. J'ai demandé au chirurgien de venir nous voir ici dès qu'il aura terminé. Ah, voilà le thé…

Une infirmière entra d'un air affairé avec un plateau. Ali la remercia et lui dit qu'il se chargerait du service.

Malgré son angoisse, Samantha ne put retenir un pâle sourire en prenant la tasse de thé qu'Ali lui tendait. Il était comme Rachid. Si sûr de lui. Si maître de la situation.

Mais peut-être se trompait-elle ? Peut-être l'assurance apparente de Rachid cachait-elle une grande solitude intérieure.

— Parlez-moi de lui, Ali. Je veux tout savoir.

Il eut un petit rire gêné.

— Vous parlez comme ma femme, Charmaine. Elle veut toujours tout savoir.

— S'il vous plaît, parlez-moi de lui.

— Je ne peux rien vous dire de plus que ce que je sais. Il y a des choses qu'il n'a jamais confiées à personne. Les hommes ont tous leurs petits secrets, dont certains qu'ils ne révéleront surtout pas à la femme de leur vie.

— Si vous pensez aux trois maîtresses qu'il fréquentait dernièrement, je suis au courant. Elles n'ont aucune importance.

Ali arqua les sourcils, manifestement impressionné.

— Je vois que vous comprenez bien Rachid. Il m'a assuré que ces femmes ne comptaient pas du tout pour lui. Aucune femme n'a jamais compté pour lui jusqu'à ce qu'il vous rencontre. Même sa propre mère.

— Il n'aimait pas sa mère ? Comment un enfant peut-il ne pas aimer sa mère ?

— C'était elle qui ne l'aimait pas. Il n'était rien de plus pour elle qu'un ticket d'entrée dans un milieu aisé. Elle a rencontré le père de Rachid quelque temps après la mort de sa première épouse, qui était enceinte. Le pauvre homme avait été dévasté par le chagrin et il était venu s'installer à Londres où il menait une vie dissolue, dépensant sans compter pour tenter de s'étourdir. La mère de Rachid était une fille qui ne pensait qu'à s'amuser. Même si les médias la qualifiaient avec indulgence de fêtarde, elle n'était ni plus ni moins qu'une sorte de prostituée, qui se vendait à n'importe quel homme ayant les moyens de lui payer ses péchés mignons hors de prix.

— Elle se droguait ?

— Ce n'était pas une toxicomane, mais elle prenait des drogues de synthèse pour garder l'énergie indispensable à son mode de vie et pour séduire des hommes comme le père de Rachid, qui n'avaient pas l'habitude de ce genre de femmes. Naturellement, quand elle lui a annoncé qu'elle était enceinte, il l'a épousée. Il ne pouvait déjà plus se passer d'elle, à l'époque. Et elle a continué à le tenir sous son emprise après la naissance de Rachid. L'enfant était confié à des tiers pendant que le couple passait son temps à faire la fête dans le monde entier, et dépensait son argent dans les casinos et aux courses, sombrant de plus en plus profondément dans la débauche. Si le père de Rachid n'avait pas tiré des revenus inépuisables de ses puits de pétrole, il aurait été mis en faillite plus d'une fois. Bref, les parents de Rachid ne se sont jamais occupés de lui. Ils sont morts dans l'incendie d'un de leurs yachts le jour de son seizième anniversaire. Il se trouvait dans un lycée de Londres pendant qu'eux faisaient la fête dans les Caraïbes.

— Quelle histoire horrible ! Pauvre Rachid.

— Oui. Pauvre Rachid.

— Depuis combien de temps le connaissez-vous ? J'ai entendu dire que vous étiez amis depuis très longtemps.

— J'ai rencontré Rachid à Dubar, nous fréquentions la même école. J'avais quatorze ans. Il avait deux ans de moins que moi. C'était un enfant timide, aussi incroyable que ça puisse paraître.

Oui. Samantha voulait bien le croire. Rachid n'avait pas été plus désiré qu'elle. Or, elle ne savait que trop bien à quel point un enfant pouvait souffrir de cette situation. Mais il était probable que Rachid était plus introverti que timide : il ne comptait que sur lui-même et ne faisait pas confiance aux autres.

— Les autres garçons de l'école avaient entendu parler de sa mère et ils se moquaient de lui. Il l'a supporté sans broncher pendant un certain temps, et puis un jour, il a réagi. Malheureusement, il a mal choisi ses adversaires. Ceux-ci étaient beaucoup plus grands que lui, et plus cruels. L'un d'entre eux était armé d'un couteau. Quand je suis intervenu, Rachid était déjà blessé. Heureusement, sa vie n'était pas menacée. Après cet incident, son père l'a envoyé dans une école en Angleterre. Vous pouvez imaginer quel effet ce changement de vie a eu sur Rachid ! Pendant longtemps, il est resté comme un poisson hors de l'eau. Rejeté et mis à l'écart par les élèves anglais. Pourtant, il a fini par se faire accepter dans ce milieu, même s'il prétend que c'est grâce à son argent.

— Il éprouve un certain mépris pour sa fortune.

— C'est vrai, acquiesça Ali. Mais ce n'est pas sans raison. Vous ne savez pas ce que c'est d'être un homme extrêmement riche, Samantha.

— Rachid m'a dit qu'il était constamment la cible de femmes intéressées…

— Certaines sont capables de tous les mensonges et de toutes les ruses. Quand il avait dix-neuf ans, Rachid a été séduit par une femme très belle et très intelligente. Quand elle a prétendu être enceinte, il était fou de joie. Mais elle ne voulait pas se marier, elle voulait juste de l'argent. Beaucoup d'argent. Mais Rachid ne pouvait pas imaginer que son enfant puisse grandir sans un père pour le protéger. Heureusement, il s'est confié à moi et j'ai fait faire des recherches sur la femme en question. J'ai découvert qu'elle était déjà mariée, et qu'il ne s'agissait que d'une escroquerie. J'ai conseillé à Rachid d'exiger par ordonnance du tribunal qu'un test ADN soit pratiqué après la naissance du bébé. Et tout à coup, comme par enchantement, il n'y a plus eu de bébé… Bien que la femme ait vraiment été enceinte. De qui ? Nous ne le saurons jamais.

— Rachid devait être anéanti.

— A partir de ce moment, il a toujours fait preuve de la plus grande prudence avec les femmes.

— Puisque Rachid est venu vivre en Angleterre, comment se fait-il que vous ne vous soyez pas perdus de vue ?

— Grâce aux chevaux. Après être restés plusieurs années éloignés l'un de l'autre, nous nous sommes revus quand j'ai été envoyé pour une courte période dans les écuries de mon père en Angleterre.

— Je vois.

C'était agréable d'en savoir un peu plus sur l'homme

qu'elle aimait. Mais à quoi bon, s'il mourait ? Bouleversée, Samantha sentit les larmes perler à ses paupières. Elle posa sa tasse pour les essuyer furtivement. Pas question de pleurer devant Ali.

— Il n'y a pas de honte à pleurer, dit-il d'une voix douce. Charmaine pleure tout le temps.

— Oh, Ali…

Samantha se blottit dans les bras qu'il lui tendait et donna libre cours à ses larmes.

Ses sanglots commençaient à s'espacer quand la porte s'ouvrit. Le chirurgien de Rachid entra dans la pièce. C'était un homme très grand, au visage avenant. Il semblait fatigué mais satisfait.

— Tout s'est très bien passé, annonça-t-il, déclenchant une nouvelle crise de larmes chez Samantha.

— Sa fiancée, déclara Ali au chirurgien, en guise d'explication.

— Mais il m'a dit qu'il n'en avait pas !

— Il a caché son état à Samantha pour ne pas l'inquiéter.

— Ah, je me disais aussi… C'est un homme tellement exceptionnel. Mais ma secrétaire va être terriblement déçue : elle est tombée sous son charme la première fois qu'elle l'a vu… Mais revenons aux choses sérieuses. J'ai pu enlever toute la tumeur. Elle ne reviendra pas et son cerveau n'a subi aucun dommage. Il n'y aura donc aucune séquelle. Sans fausse modestie, j'ai fait de l'excellent travail.

— Je vous remercie, dit Ali avec chaleur. Et Samantha aussi. Elle vous le dira elle-même dès qu'elle sera en état.

Quand elle entendit ces paroles, Samantha s'efforça de se reprendre.

— Je ne vous témoignerai jamais assez ma gratitude, dit-elle en secouant vigoureusement les mains du chirurgien. Vous êtes fantastique.

Il eut un sourire un peu suffisant. Mais il avait bien le droit d'être suffisant, songea-t-elle. Il venait de sauver Rachid !

— Votre fiancé est en salle de réveil, dit-il en tapotant les mains de Samantha. Il va rester groggy un bon moment.

Allez-y doucement avec lui aujourd'hui. Ménagez-le. Pas trop de bavardages. Ni trop de baisers.

Le chirurgien eut un clin d'œil complice.

— A présent, je vous laisse. J'ai besoin de rentrer chez moi et de dormir. Je suis épuisé.

— Souhaitez-vous voir Rachid seule, d'abord ? lui demanda Ali après le départ du chirurgien.

Samantha eut une moue indécise. Comment allait réagir Rachid quand il la verrait ?

— Je ne sais pas. Je suis soulagée et en même temps, je suis morte de peur. Rachid ne va pas s'imaginer que je l'ai suivi à cause de son argent, n'est-ce pas ?

Ali secoua la tête avec un agacement manifeste.

— Ah, les femmes !

Il la prit par le bras, un peu comme le faisait Rachid, d'un geste autoritaire qui ne souffrait aucune protestation.

— Elles sont parfois si aveugles ! Il est fou de vous.

— Fou ? répéta-t-elle avec ahurissement, tandis qu'Ali l'entraînait dans le couloir.

— Il vous a légué tous ses chevaux de course, y compris le favori du prochain derby. Si ça n'est pas une preuve !

16.

Rachid émergea lentement, la tête dans du coton. Il entendait des bruits autour de lui mais il ne parvenait pas à ouvrir les yeux. Il émit un grognement. Une voix féminine lui demanda son nom. Il jura et elle pouffa. Au prix d'un immense effort, il finit par ouvrir les paupières. Une infirmière était penchée sur lui, un sourire aux lèvres.

— Je vois que vous êtes de retour dans ce monde.

La lumière se fit soudain dans l'esprit embrumé de Rachid. Il n'était pas mort sur la table d'opération… Il était vivant ! Mais pour combien de temps ?

— Comment s'est passée l'opération ? demanda-t-il d'une voix étranglée.

Bon sang, il avait la gorge comme du papier de verre.

— Très bien. Le chirurgien a tout enlevé.

Des larmes emplirent les yeux de Rachid. Il détourna la tête. Pas question que l'infirmière le voie pleurer.

— Reposez-vous, dit-elle en lui pressant doucement l'épaule.

Il se rendormit. Pendant combien de temps ? Il ne le sut pas. Quand il ouvrit les yeux, on l'avait changé de chambre. Et ce n'était pas une infirmière qui se trouvait à son chevet, mais Ali, vêtu d'une djellaba.

— Ali ?

Il voulut se redresser mais sa tête était trop lourde. Il émit un grognement et renonça.

— Tu dois rester allongé, lui dit Ali. Tiens, l'infirmière a laissé des glaçons. Elle a dit que tu aurais sans doute envie d'en sucer.

Il en laissa tomber quelques-uns dans la main de Rachid.

— Inutile de protester contre ma présence ici, ajouta-t-il, devançant son ami. Je ne vais pas m'attarder, puisque je suis rassuré sur ton sort. Si les cérémonies de ce maudit couronnement ne commençaient pas demain, je resterais plus longtemps.

— Tu ne peux pas laisser tomber ton frère.

— Le jet royal m'attend à Heathrow. Je reviendrai.

— Merci d'être venu, dit Rachid, la gorge nouée par l'émotion.

— Je t'en prie. Mais il y a ici quelqu'un qui est beaucoup mieux placé que moi pour te tenir la main et te donner des glaçons.

Rachid soupira.

— Tu n'as pas engagé une garde-malade, j'espère ?

C'était exactement le genre de choses qu'Ali était capable de faire…

— Non, je parlais de ta fiancée.

— Ma fiancée ?

— Oui. « Fiancée » donne à Samantha une plus grande légitimité que « petite amie australienne ».

— Elle est là ?

— Elle était déjà là quand je suis arrivé. Elle s'était évanouie devant le comptoir de la réception.

Cette fois, Rachid se redressa d'un bond.

— Elle va bien ?

— Apparemment, elle a perdu connaissance en apprenant que tu étais déjà au bloc. Et à présent, elle est morte d'inquiétude à l'idée que tu puisses la soupçonner d'être venue jusqu'ici avec des intentions cachées.

— Où est-elle ?

— Dehors, en train d'arpenter le couloir. Veux-tu que je te l'envoie ?

Rachid ne parvenait pas à y croire. Elle était là ! Elle était venue le retrouver…

— Comment a-t-elle appris que je devais être opéré ?

— Ne pose pas de questions stupides. C'est une femme. Elle sait comment trouver les informations importantes. Tout ce que tu as besoin de savoir, c'est qu'elle t'aime, Rachid. N'en doute jamais.

— Justement, j'avais décidé que si je survivais à cette opération, je l'épouserais. Si elle veut bien de moi.

Ali fronça les sourcils.

— Vous ne vous connaissez que depuis une semaine !

— Certaines semaines sont plus denses que d'autres. Par ailleurs, quand on a frôlé la mort, on prend conscience que le temps est précieux. Envoie-la-moi, s'il te plaît. Et pars à Dubar rejoindre ton frère.

Ali secoua la tête.

— Tu as toujours été un garçon obstiné. Et souvent très mal avisé en matière de femmes. Mais cette fois, je dois reconnaître que tu as su choisir. Il faudra venir nous voir en Australie quand tu te sentiras suffisamment en forme pour faire le voyage.

— Promis.

— Je suppose que je vais devoir engager une autre vétérinaire ? demanda Ali d'un ton pince-sans-rire.

— J'espère !

— Dans ce cas, tu me seras de nouveau redevable.

— Quand tu rentreras au haras, tu pourras constater que je me suis déjà largement acquitté de ma dette. Il y a dans tes écuries cinq superbes juments qui ne t'ont pas coûté un centime.

— Ah, oui. Cléo m'en a parlé. Merci mon ami. Prends soin de toi.

Un bref salut, un petit signe de la main, et Ali partit.

Le cœur battant, Rachid resta les yeux fixés sur la porte. Samantha allait bientôt apparaître…

Et soudain, elle fut dans la pièce. Manifestement très nerveuse, elle s'avança lentement vers le lit. Elle portait une longue jupe à fleurs qui mettait en valeur sa silhouette élancée, et un corsage décolleté d'un beau rose vif. Son visage portait des traces révélatrices. De toute évidence, elle avait pleuré. Ses yeux étaient rouges et gonflés. Ses cheveux, qui flottaient librement sur ses épaules, étaient ébouriffés. Comme le matin du jour où ils s'étaient séparés, après une longue nuit d'amour.

— S'il te plaît, ne sois pas fâché contre moi, dit-elle d'une voix étranglée avant qu'il ait le temps de prononcer un mot.

Le cœur de Rachid se serra.

Fâché ? Il ne pourrait jamais être fâché contre elle ! Elle était tout pour lui. Son avenir. Sa raison de vivre.

Rien d'autre ne comptait.

Il tendit la main et elle s'approcha encore.

— Assieds-toi, dit-il en tapotant le matelas.

Elle s'assit.

Il posa la main sur sa joue. Elle pencha la tête contre sa paume et ferma les yeux avec un petit soupir.

— Tu veux bien m'épouser ? demanda-t-il d'une voix douce.

Elle tressaillit et releva brusquement la tête, les yeux écarquillés.

— Pas de discussion, petite esclave d'amour. Tu dois obéir aux ordres de ton seigneur et maître.

Samantha lui prit la main en secouant la tête.

— Les Australiennes ne promettent jamais d'obéir à leur mari, Rachid. Pour nous, le mariage est une association basée sur l'amour et le respect mutuel.

Il eut un large sourire.

— D'accord. Je recommence. Samantha Nelson, toi que j'aime plus que tout au monde, veux-tu devenir ma femme ?

Des larmes emplirent de nouveau les yeux de Samantha. Des larmes de bonheur, cette fois. Il l'aimait ! Et il voulait l'épouser… Il avait donc confiance en elle.

Elle posa la tête sur son torse en soupirant.

— Tu ne dois plus jamais me quitter, chuchota-t-elle. Pas même une minute.

— Toi non plus, répliqua-t-il en lui caressant les cheveux. Nous allons faire installer un autre lit dans cette chambre. Et nous nous marierons dès que je serai sorti. Dois-je demander ta main à ton père, est-ce la coutume en Australie ?

Cette idée était très réjouissante, songea Samantha.

— Oui, en effet, acquiesça-t-elle avec un sourire malicieux. C'est la coutume.

— Dans ce cas, ce sera fait.

Samantha n'oublierait jamais la tête de son père quand Rachid lui avait demandé sa main.

Ni celle de ses frères le jour de son mariage.

Ali avait catégoriquement refusé de se marier discrètement à la mairie, et le mariage avait été célébré aux Ecuries royales de Dubar, dans le somptueux pavillon au bord de la piscine.

Samantha comptait ce jour parmi les plus beaux de sa vie.

Avec celui où Rachid l'avait demandée en mariage, dans sa chambre d'hôpital, à Londres.

Et celui où elle lui avait annoncé qu'elle était enceinte, moins de deux mois après leur mariage. Dès le début, Rachid avait été rempli du plus grand respect pour l'enfant qui grandissait dans son ventre.

La joie et l'émerveillement qui avaient illuminé son visage quand elle lui avait tendu le petit Ali, juste après sa naissance, resteraient gravés à jamais dans la mémoire de Samantha. Tout comme le regard éperdu d'amour qu'il avait alors posé sur elle.

EMMA DARCY

La prisonnière du cheikh

éditions HARLEQUIN

Cet ouvrage a été publié en langue anglaise sous le titre :
TRADED TO THE SHEIKH

Traduction française de
MARIE-NOELLE TRANCHART

Ce roman a déjà été publié en décembre 2006

83-85, boulevard Vincent-Auriol, 75646 PARIS CEDEX 13.
Service Lectrices — Tél. : 01 45 82 47 47
www.harlequin.fr

1.

Si le visage du cheikh Zageo Al Farrahn restait impassible, intérieurement, il bouillait de colère.

D'abord parce qu'il venait d'apprendre que, déjouant les alarmes les plus sophistiquées, quelqu'un avait réussi à s'introduire dans les jardins du palais que sa mère aimait tant. Ce palais construit par ses ancêtres sur l'île aux épices — l'île légendaire de Zanzibar. Mais aussi parce qu'un trafiquant de drogue français s'était permis de jeter l'ancre à quelques encablures de son port privé ! Et à présent, pour pouvoir partir tranquillement, sans avoir de comptes à rendre à la police, ce trafiquant lui proposait une femme !

Jacques Arnault s'imaginait donc que le cheikh Zageo ouvrait son lit à n'importe qui ?

— Elle est superbe, assura le yachtman avec l'air matois d'un maquignon vantant les qualités d'une jument. Une vraie blonde aux yeux bleus, avec des cheveux comme de la soie, longs comme ça.

A deux mains, il dessina dans l'air une silhouette voluptueuse.

— Des courbes à damner un saint, une poitrine de rêve, des jambes interminables…

— Et elle est vierge, bien sûr ? coupa le prince d'un ton sarcastique.

Comme il méprisait cet homme capable de livrer ainsi sa petite amie en échange de sa liberté ! Cet homme capable de s'imaginer que lui, le cheikh Zageo Al Farrahn, accepterait sans même sourciller une aussi sordide tractation.

Jacques Arnault fit mine d'être choqué par sa question.

— Altesse ! s'écria-t-il d'un air vertueux. Me permettrais-je de vous l'offrir si elle ne l'était pas ?

Son aplomb sidéra le prince. Comme si la compagne de cet individu pouvait être la plus pure des femmes ! pensa-t-il avec le plus profond dédain.

— Et où se trouve cette perle rare ? interrogea-t-il, plus ironique que jamais.

— Sur le *Baroudeur des Mers*, mon bateau.

Jacques Arnault jeta un coup d'œil inquiet aux gardes armés qui l'avaient traîné jusqu'au palais.

— Vos agents de sécurité n'ont qu'à me reconduire à bord. Ils vous la ramèneront.

Pendant qu'il s'empresserait de lever l'ancre, bien sûr…

Un silence pesant s'installa. Le prince toisait le Français d'un air sceptique.

— Vous avez dit que vous veniez de la mer Rouge, reprit-il enfin. Pour arriver à Zanzibar, il vous a fallu longer la moitié des côtes africaines.

— Forcément.

— Pendant tout ce temps, vous n'avez pas été tenté de toucher à cette fille fabuleuse ?

— Je ne gâche pas la marchandise.

— Et où avez-vous trouvé cette marchandise de choix ?

— Dans un complexe hôtelier de luxe où elle donnait des cours de plongée. Comme elle avait envie d'aller à Zanzibar, je lui ai proposé d'embarquer. En échange, elle devait aider aux manœuvres.

— Elle avait envie d'aller à Zanzibar ? Comme ça ?

Jacques Arnault haussa les épaules.

— C'est le genre de fille qui se balade avec un sac à dos, au gré de son humeur, en gagnant sa vie grâce à des petits jobs. Une routarde qui s'imagine que le monde lui appartient et qu'elle n'aura jamais de problème.

Avec un sourire plein de cynisme, il ajouta :

— Si elle disparaît un jour, personne ne se donnera la peine de la chercher.

— Elle est stupide de vous avoir fait confiance.

— Les femmes sont stupides.

Zageo haussa les sourcils.

— Vous me prenez pour un idiot, moi aussi ?

— J'ai joué cartes sur table avec vous, assura le trafiquant. Vous la voulez ? Vous l'aurez.

L'homme contempla les somptueux meubles Versace qui décoraient le hall, cette salle immense qui servait depuis toujours de pièce de réception officielle.

— Elle va être éblouie en voyant tout ce luxe, poursuivit-il. Vous n'aurez même pas besoin d'employer la force.

Après un instant de réflexion, il enchaîna :

— A moins que vous n'aimiez ça.

La colère du prince ne connaissait plus de bornes.

— Vous faites bon marché des lois, monsieur ! Voici plus d'un siècle que l'esclavage a été aboli à Zanzibar.

— Peuh ! Un homme aussi riche et puissant que vous tiendrait compte des lois ? Ce serait nouveau, ça. Qui se permettrait de vous poser des questions au sujet d'une routarde sans le sou ?

— Cela suffit !

Zageo fit signe aux gardes.

— Enfermez-le dans une cellule. Puis, vous irez sur son voilier. S'il y a une femme à bord, vous me l'amènerez.

Deux des gardes encadrèrent Jacques Arnault qui perdit un peu de sa superbe. D'une voix qui tremblait légèrement, il lança :

— Vous verrez, vous verrez ! Je ne vous ai pas menti. C'est un morceau de choix. Un morceau de roi ! Une fois que vous…

— Hors de ma vue, coupa le prince en désignant la porte d'un geste impérieux.

Les gardes entraînèrent le trafiquant.

Resté seul, Zageo reprit son cocktail à la mangue. D'un air pensif, il le sirota à petites gorgées.

Il doutait de l'existence de cette blonde « aux courbes à damner un saint ». Jacques Arnault devait être prêt à inventer n'importe quoi pour se tirer d'affaire. Tout ce qu'il voulait ? Regagner son bateau, s'arranger pour fausser compagnie aux gardes, larguer les amarres et fuir au large.

Mais s'il avait une complice, celle-ci devait être arrêtée. Car, même si elle n'y participait pas activement, elle devait être au courant des trafics du yachtman et pourrait fournir des informations précieuses.

Zageo s'adossa aux coussins du canapé aux allures de trône. Sa colère ne retombait pas. Ce Français lui avait raconté un tissu de mensonges. Croyait-il que l'on pouvait se moquer de la sorte du cheikh Zageo Al Farrahn ?

Mais il devait avouer qu'il était surtout furieux parce que Véronique avait refusé de l'accompagner.

— Un voyage d'affaires ? avait-elle lancé avec une moue dédaigneuse. Ce ne sera pas amusant.

Amusant ? Pour elle, seul comptait donc le côté divertissant de leur relation ? Passer trois mois à visiter les luxueux hôtels de sa chaîne en Afrique ne lui semblait pas suffisamment distrayant ?

Mais Véronique, mannequin en vogue à la beauté exotique, ne s'intéressait qu'aux boutiques où le moindre colifichet atteignait des prix faramineux.

Soit, elle était sensuelle et ils formaient un couple sensationnel. Toutes les têtes se tournaient vers eux lorsqu'ils entraient dans un endroit à la mode. Véronique avait l'art de choisir les tenues qui mettaient en valeur sa peau couleur café, sa forêt de cheveux sombres et ses yeux en amande d'un saisissant vert émeraude.

Mais, en parfaite égoïste, Véronique ne pensait qu'à elle. Ce que souhaitait celui qu'elle prétendait aimer à la folie ? Elle s'en moquait parfaitement.

Son refus de l'accompagner avait froissé Zageo. Pour lui, c'était la goutte d'eau qui faisait déborder le vase. Et il comprenait enfin que cette comédie ne pouvait plus durer. D'ailleurs, à trente-cinq ans, il était temps qu'il mette un terme à cette succession de jolies filles venues de tous les pays du monde.

Il allait rompre avec Véronique, sa dernière conquête en date, et se marier avec une femme de sa propre culture. Une princesse du Golfe ayant été élevée pour tenir sa place auprès d'un homme comme lui.

Il était donc hors de question que cette soi-disant vierge blonde aux yeux bleus et aux jambes interminables ne prenne la place de Véronique.

Pourtant, il espérait que cette fille existait et que les gardes qu'il avait envoyés passer le yacht au peigne fin la découvriraient. Il espérait aussi qu'elle serait aussi sournoise et rusée que ce Jacques Arnault.

A cette pensée, Zageo eut envie de rire.

Il les laisserait parler, s'empêtrer dans leurs mensonges. Avec autant de mépris que d'indifférence, il toiserait la sirène blonde qui tenterait sûrement de le séduire en faisant appel à tous ses artifices féminins.

Et avec quel plaisir il leur démontrerait ensuite qu'il n'était pas dupe de leurs sordides machinations !

Pour eux, ce serait le coup de grâce.

2.

« Il faut absolument que je trouve le moyen de sortir d'ici », se dit une fois de plus Emily.

Assaillie par des nuées de moustiques, elle pataugeait depuis des heures dans la vase des marais.

La mangrove qui avait envahi ce rivage hostile semblait sans fin. Elle était dominée par les grands palétuviers dont les racines aériennes ne cessaient de lui fouetter le visage au passage.

Emily crispa les poings.

— Quelle idiote j'ai été !

Comment avait-elle pu faire confiance à Jacques Arnault ? Elle aurait mieux fait d'acheter un billet d'avion pour venir à Zanzibar. Au moins, elle serait arrivée à temps.

Dès le premier instant, son intuition lui avait conseillé de se méfier du Français. Très vite, elle avait compris qu'il ne fallait pas croire un mot de ce qu'il racontait.

La laissant seule à bord du *Baroudeur des Mers*, ancré à quelques encablures d'un port privé où l'on ne voyait que deux ou trois bateaux de grand luxe, il avait mis le canot pneumatique à l'eau pour se rendre à terre.

Mais Emily ne se faisait plus d'illusions. Elle avait percé à jour les activités de Jacques Arnault et savait qu'elle avait commis la bêtise de sa vie en acceptant de devenir son équipière.

La conduirait-il à Stone Town, comme il l'avait promis ? Rien n'était moins sûr. Or, si elle voulait retrouver Hannah, elle devait absolument rester à Zanzibar.

Pour cela, un seul moyen : profiter de l'absence du trafiquant pour fuir.

Sans hésiter, elle avait entassé en hâte quelques vêtements, de l'argent et ses papiers dans un sac imperméable. Puis elle s'était jetée à l'eau.

Elle avait nagé jusqu'au rivage sans encombre. Pas de requins, pas de récifs, pas de courants, pas de coraux coupants... Mais maintenant, il fallait qu'elle trouve le moyen de sortir de la mangrove.

Elle avançait précautionneusement, connaissant le danger que représentaient les trous de vase... et les crocodiles.

Enfin, elle arriva sur un monticule de terre ferme. Plus de boue ! Le pire était passé. Epuisée, elle se laissa tomber dans l'herbe.

Soit, elle avait réussi à échapper à Jacques Arnault et à ses dégoûtants trafics. Cela ne signifiait pas pour autant qu'elle arrivait au bout de ses peines... Elle se trouvait maintenant devant une petite crique. Encore de l'eau ! Au-delà de cette étendue miroitante, elle aperçut ce qui semblait être le parc verdoyant d'une vaste propriété.

— Ouf ! Retour à la civilisation ! s'exclama-t-elle à haute voix.

Tout en reprenant son souffle, Emily admira les pelouses ombragées par de grands arbres, et les massifs soigneusement entretenus. Au loin, elle pouvait distinguer l'enceinte d'un haut mur.

Elle se trouvait donc dans une propriété privée. Cela signifiait qu'il lui faudrait, après avoir traversé la crique à la nage, atteindre le mur sans se faire dévorer par les chiens — si du moins des molosses gardaient l'endroit — puis l'escalader...

La liberté était à ce prix.

Après s'être octroyé quelques minutes de repos, Emily se remit à l'eau en soupirant. Une fois arrivée de l'autre côté de la crique, elle se dit qu'il valait mieux ne pas continuer l'expédition dans son minuscule deux-pièces. D'autant plus que le crépuscule commençait à tomber et qu'elle allait devoir chercher un village et se renseigner sur le moyen le plus rapide de gagner Stone Town.

Elle s'apprêtait à ouvrir son sac pour y prendre un short et un T-shirt quand un ordre claqua :

— Arrêtez !

Arrêtez ? Pourquoi lui parlait-on en français ?

La respiration coupée, elle vit, à seulement quelques mètres, deux hommes braquer leurs mitraillettes sur elle.

« D'où sont-ils sortis ? » se demanda-t-elle avec stupeur.

Ils devaient se cacher derrière cet énorme figuier. Un poste d'observation idéal pour la voir se frayer un chemin à travers la mangrove.

Les deux hommes étaient vêtus de manière identique : chemise blanche à pattes boutonnées, pantalon kaki, ceinturon avec revolver et matraque…

Ils avaient plutôt l'air de policiers que de gangsters. Mais cela valait-il mieux ? S'ils avaient établi une connexion entre elle et Jacques Arnault — ce qui expliquerait pourquoi ils l'avaient interpellée en français —, elle pouvait très bien se retrouver en prison.

L'un d'eux sortit un téléphone portable et composa un numéro. Puis, il se mit à parler à toute vitesse en arabe.

Lorsque l'autre homme lui fit signe de s'approcher, Emily obtempéra sans protester. Le moyen de faire autrement quand on pointait une mitraillette sur votre poitrine ?

Celui qui téléphonait remit l'appareil dans sa poche avant de s'emparer du sac d'Emily.

— Non ! s'écria-t-elle. Ne touchez pas à ça !

Il y avait là son passeport, de l'argent, des vêtements… Emily se sentit soudain infiniment vulnérable, seulement vêtue de son Bikini mouillé.

Peut-être pensaient-ils qu'elle transportait de la drogue, elle aussi ?

— Il n'y a rien d'intéressant dans ce sac, ajouta-t-elle. Juste quelques vêtements et mes papiers.

Elle tenta de les en persuader tout d'abord en anglais, puis dans son mauvais français. Sans résultat. L'écoutaient-ils seulement ?

L'un des hommes passa derrière elle. La terreur la submergea quand elle sentit le canon de la mitraillette dans son dos. Il ne lui restait plus qu'à avancer sur des jambes qui la portaient à peine.

Ils marchèrent longtemps dans les jardins merveilleusement bien entretenus qu'Emily n'était guère d'humeur à admirer. Fuir ? Elle n'y songea même pas. Ces deux hommes auraient vite fait de la rattraper. A moins qu'une rafale de mitraillette n'ait raison d'elle…

Enfin, ils arrivèrent devant une vaste bâtisse blanche d'allure coloniale avec ses vérandas aux balustrades en fer forgé. Une volée de marches en marbre menait à un porche à colonnades.

Au moins, cela ne ressemblait pas à une prison. A un palais, plutôt. Peut-être était-ce un tribunal ?

Comment Jacques osait-il se livrer à ses trafics juste devant un bâtiment administratif ? A moins que le gouvernement de ce pays ne soit terriblement corrompu ?

De plus en plus paniquée, Emily gravit le perron. Elle était suffisamment lucide pour comprendre qu'elle s'était mise dans une situation plus que délicate. Une étrangère, jeune, seule, à peine vêtue… Sa seule protection ? Son passeport. Hélas, il ne se trouvait même plus en sa possession.

Elle gravit les marches.

Avec lenteur, un domestique en livrée rouge et or ouvrit les deux battants d'une imposante porte cloutée tandis que, instinctivement, Emily baissait la tête d'un air coupable.

Une prison ? Un tribunal ? Rien de tout cela. Entre ses cils baissés, elle aperçut un tapis persan de toute beauté, un parquet de bois exotique… Stupéfaite, elle leva la tête et aperçut des vasques anciennes en bronze qui n'auraient pas déparé un musée. Puis des meubles modernes aux lignes épurées.

Les gardiens venaient de la conduire chez le maître des lieux, devina-t-elle. Rien de plus normal. Après tout, ils l'avaient surprise tentant de s'introduire dans une propriété privée et n'avaient fait que leur travail.

Quelque peu rassurée, Emily regarda autour d'elle et en eut la respiration coupée. Elle avait l'impression de se trouver au milieu d'un décor de film…

On l'avait amenée dans un hall immense autour duquel couraient les galeries des étages, aux balustrades en fer forgé très travaillé. Ce hall, éclairé par une verrière en coupole, était meublé avec un luxe inouï.

« *Les Mille et Une Nuits* », pensa-t-elle.

Mais *Les Mille et Une Nuits* revues de manière contemporaine, tout en gardant un côté oriental fastueux.

Soudain, Emily vit un homme s'approcher d'elle. Très grand, brun, il avait une allure folle avec son visage à la peau mate, ses yeux sombres, son front haut, sa bouche sensuelle et son profil aquilin. Il portait une longue tunique blanche très large sur laquelle était jetée une autre tunique noire, sans manches, bordée d'un galon doré.

Jamais, de sa vie, elle n'avait vu un homme aussi beau, aussi imposant, aussi aristocratique, aussi viril — aussi fascinant. Et son impression de vivre un film s'en trouva renforcée. Cet homme aurait pu être un prince oriental, un cheikh arabe, un aristocrate andalou… Bref, un seigneur.

A pas lents, tandis que ses tuniques flottaient derrière lui avec une folle élégance, il s'approcha d'elle.

Le film continuait. Mais il ne s'agissait plus des *Mille et Une Nuits*. Emily se croyait à présent revenue à l'époque où Zanzibar était l'un des plus importants marchés d'esclaves en Afrique.

« On vient d'amener une captive européenne devant un acheteur potentiel », pensa-t-elle, oubliant pendant une fraction de seconde la gravité de sa situation.

En arabe, l'homme adressa quelques mots brefs à l'un des gardes. Aussitôt, celui-ci arracha le foulard qu'elle avait noué sur sa tête.

— Non ! protesta-t-elle, tandis que ses cheveux tombaient sur ses épaules.

Elle se recroquevilla sur elle-même, terrifiée. Allait-on la débarrasser de la même manière de son maillot ?

L'inconnu la dominait de toute sa taille, la toisant d'un air méprisant. Quand il reprit la parole, ce ne fut pas en arabe mais en français. Il parlait très vite et, Emily, dont le français demeurait rudimentaire, ne saisit pas un mot de son discours, qu'il conclut par un rire cynique.

— Je suis désolée, je ne suis pas française et n'ai rien compris, dit-elle en anglais.

Il haussa les sourcils.

— Vous êtes anglaise ? demanda-t-il dans la même langue.

— Australienne. Je m'appelle Emily Ross.

Elle désigna le sac imperméable que tenait toujours l'un des gardiens.

— Mon passeport vous prouvera mon identité et…

— Cela ne m'intéresse pas.

Emily, qui peu à peu, réussissait à se dominer, ne put s'empêcher de lancer :

— Puis-je vous demander ce qui vous intéresse, monsieur ?

— Je dois admettre que Jacques Arnault m'a donné de vous une description exacte. Ce qui, de sa part, me semble assez surprenant.

Son anglais était parfait.

— Serait-il possible qu'il ait dit vrai sur *tous* les points ? enchaîna-t-il avec une ironie appuyée.

S'attendant à entendre une série de mensonges, elle demanda :

— Qu'a-t-il bien pu raconter ?

— Que vous étiez vierge.

Emily, qui s'attendait à tout sauf à cela, se plia en deux comme si elle venait de recevoir un coup. Elle ferma les yeux, tandis que sa vive imagination lui représentait tout ce que les racontars de Jacques Arnault impliquaient.

Cet escroc qui l'avait persuadée d'embarquer à bord de son voilier comme équipière, ce trafiquant de drogue sans foi ni loi, cet aventurier qui ne songeait qu'à se faire de l'argent par n'importe quel moyen avait donc réussi à conclure un marché avec cet homme qui la détaillait des pieds à la tête avec un indicible dédain… Ce dernier voulait-il faire d'elle une esclave à son entière disposition, prête à satisfaire tous ses caprices ? Puis ceux des gardes ? Puis…

Emily prit une profonde inspiration et, fixant son interlocuteur droit dans les yeux, déclara avec force :

— Moi ? Vierge ? Certainement pas.

L'homme haussa les épaules.

— Je ne l'ai pas cru.

Sa voix, si méprisante un peu plus tôt, était devenue glaciale.

— Vous êtes danseuse du ventre, peut-être ?

— Danseuse du ventre ? répéta-t-elle avec stupeur. Comment cela ?

Il parut agacé.

— Ne mentez pas à votre tour. Vos costumes ont été trouvés sur le yacht de votre complice, ainsi que les bagages que vous avez abandonnés à bord avant de fuir.

— Fuir ? répéta-t-elle, incertaine.

— Quand vous avez compris que Jacques Arnault avait été arrêté et que vous alliez subir le même sort.

Ainsi, Jacques était aux mains de la police ? Il l'avait bien cherché ! Emily n'allait certainement pas le plaindre.

Les policiers avaient dû ensuite perquisitionner le *Baroudeur des Mers*. Et maintenant, on l'accusait d'avoir voulu échapper à la justice. Quel imbroglio !

— Je ne fuyais pas la police, monsieur, mais Jacques Arnault, qui me gardait à bord contre ma volonté.

— Vraiment ? lança l'inconnu, sceptique.

— Oui. Quant aux costumes de danseuse, je vous assure qu'ils ne m'appartiennent pas !

Zageo plissa les yeux. Une vierge, une trafiquante de drogue, une danseuse du ventre… Qui était vraiment cette aventurière ?

Avec un sourire moqueur, il détailla de nouveau, sans la moindre hâte, la silhouette de la jeune femme. La courbe voluptueuse de ses seins, sa taille mince, ses hanches rondes, ses longues cuisses fuselées…

— Votre physique me dit que vous devez exceller dans votre métier, mademoiselle Ross.

Emily se sentit devenir écarlate. Instinctivement, dans un geste à la fois pudique et défensif, elle croisa ses bras sur sa poitrine.

— Je suis monitrice diplômée de plongée, dit-elle en pointant en avant un menton volontaire.

De nouveau, elle désigna son sac.

— Mes papiers, que vos gardes m'ont confisqués, vous le prouveront.

Il laissa échapper un rire dur.

— L'expérience m'a appris que l'on pouvait être beaucoup de choses dans la vie.

— Là, vous n'avez pas tort. Jacques Arnault représente l'exemple parfait de votre théorie.

La colère commençait à la gagner. « Après tout, même si les apparences sont contre moi, je n'ai rien à me reprocher », songea-t-elle.

Soutenant le regard du propriétaire de la luxueuse demeure, elle déclara d'un ton plein de défi :

— Il serait peut-être temps que vous vous présentiez et que vous m'expliquiez de quel droit vous me retenez prisonnière.

Etonné par l'aplomb de la jeune femme, Zageo marqua une légère hésitation avant de répondre :

— Premièrement, vous avez été surprise sur une propriété privée. Deuxièmement, vous êtes en relation étroite avec un homme se livrant à des activités illégales.

— Premièrement, rétorqua-t-elle aussitôt, j'ignorais, en tentant de me frayer un passage à travers la mangrove, que je me trouvais sur une propriété privée. Deuxièmement, vous n'avez aucune preuve que je me livrais, moi aussi, à des activités illégales.

En guise de réponse, il rit de nouveau.

— Je vous jure que je n'ai jamais participé à l'odieux trafic de Jacques Arnault ! s'écria-t-elle.

— Ne vous fatiguez pas.

— Quant aux costumes que vous avez trouvés, continua-t-elle, ils appartiennent probablement à cette femme qui prétendait être l'épouse de Jacques Arnault. Tous deux m'ont proposé de faire partie de l'équipage du voilier. A ce moment-là, j'ignorais que je serais la *seule* équipière ! Mais il était déjà trop tard.

— Comment cela ?

— J'avais absolument besoin de me rendre à Zanzibar.

Jacques m'a dit qu'il allait à Madagascar et qu'il me débarquerait à Zanzibar au passage. En échange, je devais aider…

— Au trafic de drogue ?

— Non ! Aux manœuvres du yacht ! s'écria-t-elle avec exaspération. J'ignorais tout de ses activités. C'est seulement quand je me suis réveillée, en pleine mer, après avoir été moi-même droguée, que j'ai compris toute l'histoire.

Visiblement sceptique, l'homme demanda :

— Vous seriez donc une victime ? Une innocente victime ?

— Oui !

— Et où est la prétendue Mme Arnault ?

Emily laissa échapper un soupir. Son récit ne semblait pas vraisemblable, elle s'en rendait compte. Pourtant, c'était l'entière vérité.

— Je n'en sais rien. Elle avait disparu quand je me suis réveillée le lendemain matin à bord du *Baroudeur des Mers*.

— Disparue ? Envolée ? En laissant tous ses costumes de scène ?

Désespérément, Emily chercha une explication.

— Peut-être cherchait-elle à échapper à Jacques, elle aussi ? J'ai bien laissé la plupart de mes bagages sur le bateau.

— Dans votre hâte de fuir ?

— Oui.

— Fuir quoi, mademoiselle Ross ? interrogea l'homme d'une voix dangereusement douce. Arnault vous avait promis de vous amener à Zanzibar. Vous y étiez. Que vouliez-vous de plus ?

— Il devait me conduire à Stone Town, répondit Emily.

— Je suppose qu'il vous y aurait conduite si cette escale n'avait pas mal tourné.

Elle secoua la tête.

— Je n'ai aucune confiance en lui. Au lieu d'aller à Stone Town, il aurait très bien pu mettre le cap sur Madagascar, en me gardant comme équipière.

— Plutôt que d'éviter ce terrible sort, vous avez préféré plonger dans une mer qui était peut-être infestée de requins ? Patauger au cœur d'une mangrove où il n'est pas rare d'apercevoir des crocodiles ? Alors que la nuit était sur le point de tomber ? Vous deviez être complètement désespérée pour agir ainsi, mademoiselle Ross.

— Ou bien profondément déterminée.

Mais si cet interrogatoire devait se poursuivre encore longtemps, pensa-t-elle, elle allait *vraiment* sombrer dans le désespoir.

— Déterminée à éviter la prison ? lança-t-il.

— Non ! s'écria-t-elle, plus exaspérée que jamais. Je n'ai rien à me reprocher ! J'ai promis à ma sœur de la retrouver à Stone Town. Et comme je craignais que Jacques Arnault ne m'amène pas là-bas, j'ai décidé de m'y rendre par mes propres moyens.

— Tiens. Voilà qu'il est question d'une sœur, maintenant. Qui est votre sœur ? Pourquoi deviez-vous la voir ?

Oubliant toute prudence, Emily demanda avec brusquerie :

— Et vous ? Qui êtes-vous ? Ma sœur et moi avons des choses personnelles à voir ensemble. Je ne vais pas révéler ma vie privée à un homme qui ne s'est même pas présenté.

Lorsqu'il la toisa de toute sa hauteur, Emily mesura le ridicule de sa situation.

— Je suis le prince Zageo, déclara-t-il enfin. Le cheikh Zageo Al Farrahn.

Un prince ? Un cheikh ou un sultan ?

— Le sultanat de Zanzibar a été aboli depuis au moins un demi-siècle et l'île fait maintenant partie de la république de Tanzanie, dit-elle, méfiante.

— C'est en partie exact. Mais Zanzibar a maintenu son propre gouvernement. Mon influence est énorme sur l'île, où je suis très respecté. Au lieu de vous rebeller stupidement, vous feriez mieux de chercher mon appui.

— En échange de quoi ?

S'il lui proposait de passer la nuit avec lui, elle allait hurler. S'il osait de nouveau la détailler de la tête aux pieds, elle lui arracherait les yeux. Si…

— Je vais vous laisser le temps de réfléchir, mademoiselle Ross. En admettant que vous ayez la sagesse de me donner des informations franches et précises au sujet de votre situation, je serai peut-être en mesure de vous aider.

Emily se demanda si elle ne ferait pas mieux de se montrer plus diplomate. En se rebellant comme un chat sauvage, n'avait-elle pas compromis toutes ses chances ?

— Nous poursuivrons cette conversation quand vous vous sentirez mieux, après avoir pris un bain et mis d'autres vêtements. Les gardes vont vous escorter à l'étage des femmes.

Allait-elle se retrouver dans un harem ? Elle était si lasse que, en cet instant, Emily s'en moquait presque.

Prendre un bain chaud, ôter son maillot et enfiler une tenue correcte qui dissimulerait son corps au cheikh Zageo Al Farrahn… Quel rêve !

3.

A la demande de Zageo, on avait vidé le contenu du sac d'Emily Ross sur une table du salon privé.

D'un côté, les papiers et l'argent. De l'autre, les vêtements. Le prince feuilleta le passeport. Celui-ci semblait authentique : Emily Ross était née à Cairns, en Australie, vingt-huit ans auparavant.

Il se tourna vers Abdul Haji, son assistant et son bras droit.

— Cairns ?

— Une ville portuaire de l'Etat du Queensland. Mlle Ross possède un diplôme de monitrice de plongée. Vous trouverez là les références des sociétés qui l'ont employée sur la Grande Barrière de corail, en Australie.

— Des références sérieuses ?

— Impossible de le vérifier pour le moment à cause du décalage horaire. Mais dans quelques heures, je saurai si tout cela est exact.

Zageo feuilleta les papiers. Emily Ross avait obtenu son diplôme six ans auparavant. Ce qui signifiait, si tous ces documents n'étaient pas des faux, qu'elle travaillait depuis l'âge de vingt-deux ans.

— Le complexe hôtelier de la mer Rouge où Arnault l'aurait rencontrée…

— … est réputé pour être un centre de plongée important, Altesse.

Sans que son expression trahisse quoi que ce soit, Abdul ajouta :

— Par ailleurs, une ou deux fois par semaine, l'hôtel propose à ses clients un spectacle de danse du ventre.

Zageo eut un sourire sardonique.

— Nous en saurons bientôt davantage.

Avisant la pile de shorts et de T-shirts bien pliés, il haussa les sourcils.

— Comment une femme peut-elle voyager avec si peu de vêtements ?

— Je pense qu'il s'agissait d'un kit de survie. Et n'oubliez pas que l'on peut acheter tout ce qu'on veut pour trois fois rien sur les marchés locaux.

Zageo feuilleta la petite liasse de dollars américains.

— Elle ne possède pas grand-chose.

— Je suppose qu'elle utilise sa carte de crédit.

Celle-ci, une Visa que l'on acceptait pratiquement partout dans le monde, se trouvait également sur la table.

— Si elle est mêlée à cette histoire de trafic de drogue, elle s'attendait sûrement à recevoir une belle somme, remarqua Zageo.

Abdul secoua la tête d'un air dubitatif.

— Est-elle vraiment impliquée dans tout cela ? Pour le moment, je ne m'avancerais pas trop, Altesse. Nous n'avons aucune preuve. Je serais plutôt enclin à penser qu'elle a vraiment conclu un marché avec Arnault. Il l'amenait à Stone Town et, en échange, elle l'aidait à manœuvrer le bateau.

— Et partageait sa couchette.

Abdul fronça les sourcils en entendant cette remarque pleine de cynisme.

— Le yacht a été inspecté de fond en comble. Le Français et son équipière occupaient des cabines séparées.

— Parce qu'il ronflait, peut-être ?

— Je n'ai pas l'impression que ces deux-là étaient follement amoureux. N'oubliez pas qu'Arnault était prêt à vous offrir Mlle Ross en échange de sa liberté, et…

— … et qu'elle a préféré sauter par-dessus bord plutôt que de rester avec lui. De l'amour ? Non, sûrement pas.

Avec dégoût, il enchaîna :

— Mais du sexe, oui. Ce genre de fille sans principes va d'un homme à l'autre.

— Dans ce cas, pourquoi n'a-t-elle pas fait appel à toute sa féminité pour vous amadouer ? observa Abdul.

— Bonne question, murmura le prince, qui avait l'habitude de voir les Occidentales se jeter à sa tête.

Mais pas celle-ci. Emily Ross avait un corps parfait, et au lieu de jouer de ses atouts, elle avait croisé sagement les bras sur sa poitrine. Une telle réaction n'avait rien de naturel.

Si encore elle avait été vierge, comme le prétendait ce petit truand d'Arnault… Mais elle avait avoué avec franchise que ce n'était pas le cas. Par ailleurs, une femme de vingt-huit ans n'avait plus ces pudeurs de jeune fille.

— Tout cela ne tient pas debout, dit Zageo.

Le comportement d'Emily Ross lui paraissait incompréhensible. Elle n'avait pas hésité à lui tenir tête. Oui, cette petite Australienne avait osé tenir tête au cheikh Zageo Al Farrahn ! Ce dont il n'était pas encore revenu.

Au lieu de lui lancer des œillades aguicheuses, elle l'avait hardiment défié, plantant droit dans les siens ses magnifiques yeux bleus.

— Cette femme a besoin d'être domptée, déclara-t-il, bien déterminé à s'en charger.

Abdul fronça les sourcils, tout en caressant machinalement sa courte barbe — comme il le faisait chaque fois qu'il se trouvait devant un problème.

— Si elle est vraiment australienne…

— Oui ? fit le prince avec impatience.

— Les Australiens sont des gens extrêmement indépendants, je l'ai souvent remarqué. Ils vivent dans une société très libre et pensent avoir le droit de dire tout ce qui leur plaît, de poser toutes les questions qu'ils veulent. De plus, ils acceptent mal l'autorité. Chaque fois que nous avons engagé des ingénieurs australiens à Dubaï, nous avons eu droit à cette réaction qui peut se résumer ainsi : « Vous obtiendriez de meilleurs résultats si vous nous laissiez travailler à notre manière. »

Zageo eut un geste indifférent.

— Il s'agissait de spécialistes qui connaissaient leur métier. Des hommes.

— Les hommes et les femmes sont égaux en Australie.

— Où voulez-vous en venir, Abdul ? Vous pensez que cette Emily Ross ne sait pas obéir ?

— Quand elle ne le juge pas nécessaire, non. Question d'éducation, à mon avis.

— Hum… Je vais réfléchir à tout cela. Et en attendant que vous ayez vérifié ses papiers et ses références, nous nous en tiendrons aux instructions que j'ai données.

— Bien, Altesse.

Resté seul, Zageo serra les dents. C'était bien la première fois qu'une femme osait lui tenir tête. Même si sa version des faits était vraie, même si elle n'avait pas commis d'autre crime que celui de s'introduire dans les jardins du palais, elle *devait* reconnaître son autorité.

Il fallait qu'elle plie.

Et il la ferait plier.

Les yeux clos, allongée dans un Jacuzzi presque aussi vaste qu'une piscine, Emily s'étira paresseusement tandis qu'une multitude de jets d'eau parfumée au santal massaient ses muscles douloureux.

Après cela, Heba, la plus âgée des servantes qui s'occupaient d'elle, lui tendit un peignoir de soie. Puis elle passa entre les mains d'une coiffeuse, d'une manucure et même d'une pédicure… Bref, on la traitait comme une star dans le palais du prince Zageo Al Farrahn.

Peu à peu, Emily se détendait.

« En fin de compte, cela vaut mieux qu'une prison », se dit-elle, s'efforçant de ne pas penser à ce qui allait suivre.

Heba la conduisit ensuite dans une chambre somptueuse. Et là, quel choc !

Une seule robe l'attendait, posée sur le grand lit. Une robe qui ne se trouvait pas dans son sac imperméable, ni même dans les bagages qu'elle avait laissés à bord du voilier.

— Mais ce… ce n'est pas à moi, balbutia-t-elle.

Une robe ? Dès le premier coup d'œil, elle avait deviné qu'il s'agissait d'un costume clinquant de danseuse du ventre.

L'un de ceux qui, apparemment, avaient été découverts sur le bateau.

Le prince Zageo voulait l'obliger à porter cette horreur ?

Sidérée, elle examina l'invraisemblable tenue. Fixées à une large ceinture dorée, des lanières de soie allant du bleu le plus pâle au violet le plus foncé en constituaient la jupe. Avec cela, elle était censée porter un string violet et un soutien-gorge turquoise scintillant de strass et de paillettes.

Il ne s'agissait pas d'un déguisement, mais d'un véritable costume de danseuse professionnelle. Un costume sûrement très coûteux. Qu'était devenue celle qui avait laissé tout son matériel de scène sur le bateau de Jacques Arnault ? Derrière tout cela, Emily devinait une sombre histoire qu'elle ne connaîtrait probablement jamais.

« Mon histoire ne vaut pas mieux, pensa-t-elle avec appréhension. Me voilà, bien malgré moi, l'héroïne d'un roman d'aventures. *Prisonnière d'un cheikh sanguinaire à Zanzibar…* »

Sanguinaire ? Peut-être… Cela n'empêchait pas le prince Zageo Al Farrahn d'être malgré tout fort séduisant…

— Je ne veux pas mettre ça, dit-elle à Heba, avec laquelle elle réussissait à communiquer en anglais. D'abord, ce n'est pas à moi.

— On a amené cette robe spécialement pour vous. Son Altesse a ordonné que vous la portiez.

Et quand Son Altesse ordonnait quelque chose… Emily serra les dents.

Le prince lui avait au moins permis de prendre un bain, et elle avait ensuite été traitée royalement. Une détente plus que bienvenue après l'épreuve de la mangrove !

Même si elle se sentait infiniment mieux maintenant, cela ne l'empêchait pas de deviner les raisons qui faisaient agir ainsi le prince. Des raisons troubles, forcément.

« Est-ce ainsi que l'on prépare la favorite choisie pour partager la couche du cheikh ? »

De nouveau, elle serra les dents. Que faire ? Elle n'avait guère le choix puisque son maillot avait disparu. Rester nue sous ce léger peignoir de soie transparente ? Cela ne valait pas mieux que cette tenue provocante de danseuse…

Fuir ?

« Avec tous ces gardes armés de mitraillettes qui rôdent autour du palais, mieux vaut ne pas y penser. »

Emily refoula ses idées de rébellion. A quoi bon ? Que cela lui plaise ou non, elle devait se plier aux *desiderata* de Son Altesse. Tout en espérant que ce costume voyant et vulgaire ne serait pas à sa taille : le prince serait alors obligé d'admettre qu'elle n'était pas danseuse du ventre.

Aidée par Heba, elle revêtit la jupe, dont la ceinture tomba immédiatement en place sur la courbe de ses hanches. Restait le soutien-gorge. Les bonnets, se placèrent tout naturellement sur ses seins, les projetant en avant. Quant au décolleté… Aïe !

Elle se mordit la lèvre inférieure au sang. Il lui restait un mince espoir : peut-être que Heba ne réussirait pas à l'agrafer sur son dos musclé de nageuse ?

Hélas ! A son grand désespoir, elle dut bientôt reconnaître que ce costume semblait avoir été coupé exactement à ses mesures.

Lorsque la glace lui renvoya son reflet, elle se reconnut à peine dans cette créature sexy aux courbes plus que voluptueuses. Jamais elle ne s'était sentie aussi consciente de son corps qu'en cet instant. Et elle allait devoir se montrer ainsi devant le cheikh ?

Soit, il l'avait déjà vue en Bikini… Mais ce n'était pas la même chose.

Son impression de vivre une scène des *Mille et Une Nuits* se renforça, et elle tenta de faire appel à sa raison.

« La traite des Blanches n'existe plus. Après tout, nous sommes au XXIe siècle. »

D'ailleurs, même Heba, qui, dans sa longue robe noire, les mains et le menton tatoués de bleu, avait des allures de sorcière, utilisait un téléphone portable…

Quelques minutes plus tard, deux gardes et un homme à la courte barbe noire vinrent la chercher.

Comme le quartier des femmes se trouvait au second

étage, Emily s'attendait à ce qu'on la ramène dans le hall. Mais quand ceux qu'elle considérait déjà comme ses geôliers s'arrêtèrent au premier étage, son anxiété monta d'un cran supplémentaire. Où la conduisait-on, cette fois ?

Elle avait l'impression que l'on n'entendait plus que les battements fous de son cœur. A *qui* allait-on la livrer ?

Déjà, sa vive imagination lui dépeignait une douzaine de psychopathes prêts à se jeter sur elle…

L'homme à la barbe ouvrit une porte qui donnait sur un salon.

Emily aperçut de confortables canapés entourant une table basse sur laquelle étaient disposés des boissons et de nombreux plateaux chargés de mets appétissants.

Le prince Zageo était seul. Il se leva et n'eut qu'à adresser un bref signe de la tête aux gardes pour qu'ils disparaissent. Quand ils furent seuls, il la détailla avec lenteur.

Les poings crispés, tête haute, Emily réussit à garder l'immobilité d'une statue.

Elle ne bougea pas davantage quand il passa derrière elle. Que faisait-il maintenant ? Elle eut l'impression qu'il touchait ses cheveux…

Au prix d'un effort surhumain, elle réussit à ne pas se retourner.

— Eh bien, je constate que ce costume vous va à merveille, déclara-t-il enfin avec ironie.

— Pur hasard.

— Vous devez coûter cher… pour danser.

Cette fois, elle se retourna d'un bond et le surprit en train de porter une mèche de ses cheveux dorés à ses lèvres.

— Vous vous trompez ! Je… je ne suis pas celle que vous croyez !

Lorsqu'il laissa échapper un léger rire, elle se sentit ridicule.

— C'était un compliment, assura-t-il. Ne vous fâchez pas.

Il tenait toujours ses cheveux entre ses doigts. Il n'avait pas le droit de la toucher sans son autorisation. Mais à quoi bon le lui dire ? Ici, le prince Zageo faisait la pluie et le beau temps. La loi, c'était lui.

— Vous avez l'air de me prendre pour… pour une call-girl, dit-elle avec nervosité.

— Non. Je pense que vous avez suffisamment de caractère pour choisir vous-même vos amants.

Ainsi, il croyait qu'elle multipliait les conquêtes ? Cela ne valait pas mieux.

Il lui fit signe de s'asseoir sur l'un des canapés qui entouraient la table.

— Servez-vous, vous devez mourir de faim. Alors, vous avez fait tout cela pour fuir Jacques Arnault ?

— Vous avez enfin admis que je voulais lui échapper ? Que je n'étais pas impliquée dans ses trafics ?

— Nous n'en sommes pas là. J'ai demandé que l'on fasse certaines vérifications et j'attends que l'on m'apporte des réponses. En attendant, considérez-vous comme mon invitée, et non ma prisonnière.

— Vous prenez des renseignements à mon sujet ? demanda-t-elle, absurdement soulagée.

Car, même si les apparences semblaient contre elle, elle n'avait rien à se reprocher.

— Oui. L'ennui, c'est qu'à cause du décalage horaire, nous nous trouvons dans l'impossibilité de contacter certains services. Chaque chose en son temps.

— Et pour le moment, j'ai faim, oui, admit-elle avec simplicité.

— Servez-vous.

— Merci, murmura-t-elle sans se faire davantage prier.

— Que voulez-vous boire ? proposa-t-il. Lait de coco ? Jus de mangue, d'ananas, d'hibiscus…

— Du jus d'hibiscus ? s'étonna-t-elle. J'ignorais que cela existait.

— Il est doux, léger, rafraîchissant, dit Zageo en s'emparant d'une cruche en terre cuite sur laquelle étaient peintes quelques fleurs d'hibiscus écarlates.

— Je préfère la mangue, s'empressa-t-elle de dire. Je connais bien ce fruit : les manguiers abondent aux alentours de Cairns, ma ville natale.

Une lueur ironique brilla dans les yeux du prince.

— Vous ne voulez pas essayer l'hibiscus ?

— Non, merci.

— Comme vous êtes méfiante ! Où est passé votre esprit d'aventure, mademoiselle Ross ?

— Des aventures ? J'en ai eu assez pour aujourd'hui.

Il prit une autre cruche sur laquelle était peinte une mangue, se détachant sur son feuillage vernissé. Tout en remplissant un verre en cristal, il déclara :

— On n'a jamais d'ennuis en limitant les risques. Une femme craignant l'inconnu n'aurait pas embarqué à bord du yacht d'Arnault. Elle aurait choisi un moyen de transport plus sûr.

Il avait raison… Emily regrettait beaucoup, à présent, de ne pas avoir opté pour une autre solution. Au moins, elle serait maintenant à Stone Town, et pas dans ce palais plein de gardes armés, en tenue légère de danseuse du ventre, devant un cheikh tyrannique qui faisait la pluie et le beau temps à Zanzibar.

Comment sortir de là ? Elle n'en avait aucune idée. Car malgré ce qu'il prétendait, elle était bel et bien prisonnière.

— J'ai été engagée je ne sais combien de fois comme équipière sur des voiliers en Australie, expliqua-t-elle. Lorsqu'on sait manœuvrer un bateau, c'est une bonne façon d'économiser le prix d'un billet d'avion.

— Soit. Mais on court certains dangers en acceptant de suivre un étranger.

— Je me sentais capable de faire face.

— Même quand vous vous êtes réveillée et que vous avez constaté que vous étiez seule avec Arnault ? Que sa soi-disant femme avait disparu ? Comment avez-vous réagi ?

— Il a bien fallu que je me débrouille. Nous avions besoin l'un de l'autre pour mener le bateau. Cela nous a amenés à adopter une sorte de compromis. Chacun restait à sa place sans importuner l'autre… Une fois — une seule ! —, Jacques a tenté de franchir la ligne jaune.

Zageo nota que les prunelles bleues de la jeune femme avaient presque viré au noir.

— Il n'a pas essayé une seconde fois. Je lui ai fait trop mal pour qu'il s'y risque de nouveau.

Un sourire sardonique joua sur les lèvres du prince.

— Lutter pour sa vertu… Peut-être est-ce à cause de cela qu'Arnault s'est persuadé que vous étiez vierge, mademoiselle Ross ?

— Vierge ou pas, qui accepterait de partager la couchette d'une pareille ordure ? Un type si bas, si vil, si…

— Avec qui accepteriez-vous de partager votre couche, mademoiselle Ross ? Avec quelqu'un de très haut placé ?

Le cœur d'Emily se mit à battre à grands coups précipités. *Quelqu'un de très haut placé* ? Il parlait de lui, forcément.

La conversation prenait un tour inquiétant. Pour se donner une attitude, Emily se pencha vers la table, faisant mine d'hésiter entre ces préparations toutes plus délicieuses les unes que les autres.

Elle comprenait soudain que cela n'avait servi à rien de dire la vérité au cheikh Zageo Al Farrahn. Celui-ci se moquait bien de savoir qui elle était, d'où elle venait et où elle allait. Et que voulait-il au juste ? Qu'elle lui appartienne.

Cela, jamais !

Mais s'il la gardait ici jusqu'à ce qu'il obtienne sa reddition ? Ce serait dramatique, car elle n'arriverait pas à temps à Stone Town pour y rencontrer sa sœur.

4.

Zageo observait Emily Ross pendant qu'elle faisait son choix parmi les mets disposés sur la table basse.

Elle ne lui prêtait absolument aucune attention. Bizarre ! Cette femme se comportait comme s'il n'existait pas. Or le prince n'avait pas l'habitude d'être traité avec une telle indifférence.

De la part d'une autre, il aurait trouvé cela très choquant. De la part de celle-ci… il s'attendait à tout. Elle était absolument imprévisible. Sa façon de lui tenir tête l'amusait. Au moins, cela le changeait des minauderies sans fin de celles qui tentaient de le séduire.

Il savait déjà que s'il faisait le moindre commentaire au sujet de son appétit, elle lèverait aussitôt vers lui ses extraordinaires yeux bleus. « Vous m'avez invitée à me servir, lui dirait-elle. Et maintenant, cela vous ennuie que je mange ? »

Que répondre à une remarque aussi logique sans paraître stupide ?

Mais il savait se montrer patient lorsqu'il le fallait. Une fois qu'Emily Ross aurait satisfait son appétit, elle serait bien obligée de lui accorder un peu d'attention.

En tout cas, le Français ne l'avait pas trompé quand il l'avait décrite… Avec sa chevelure d'or aux mille nuances et sa peau légèrement hâlée, Emily Ross lui faisait penser à une statue couleur miel. Une déesse au corps parfait. Curieusement, elle ne semblait pas consciente de la féminité et de la sensualité qu'elle dégageait.

Une déesse, oui. Une sirène. Une créature de la nature

qui n'avait jamais fait de régimes stricts ou de chirurgie esthétique.

Zageo rêvait de caresser pendant des nuits entières ce corps sensuel aux proportions idéales. De se fondre en lui. Mais pour cela, il faudrait qu'elle aussi en ait envie.

« Et ce n'est pas gagné ! » pensa-t-il, tout en continuant à l'observer.

Elle avait repoussé les avances d'Arnault, lui avait-elle confié. Et il la croyait. Si elle avait appartenu au Français, ce dernier ne la lui aurait pas offerte aussi facilement.

Le prince esquissa une grimace de dégoût en revoyant l'expression sournoise du trafiquant.

Il ne se faisait cependant aucune illusion. Même si Emily Ross gardait fièrement ses distances — pour le moment, du moins —, elle pouvait être achetée. Comme tout le monde. Restait à trouver le prix qu'il fallait y mettre.

— Où deviez-vous retrouver votre sœur à Stone Town ? interrogea-t-il.

Tout en terminant une délicieuse tartelette aux asperges et aux œufs de caille, Emily réfléchit à la question que le prince venait de lui poser.

Où deviez-vous… Pourquoi avait-il cru bon d'employer le passé ? Cela signifiait-il qu'il l'empêcherait de se rendre à son rendez-vous ?

— J'ai *toujours* l'intention de la voir, déclara-t-elle enfin avec fermeté.

Avec une visible réticence, elle poursuivit :

— Elle a des problèmes et compte sur moi pour l'aider. C'est parce que je tenais absolument à ne pas manquer ce rendez-vous que je me suis lancée dans l'expédition qui…

Elle pinça les lèvres avant de terminer avec amertume :

— … qui m'a amenée ici.

— Quels problèmes ?

Emily résista à l'envie de tout lui raconter. Elle se tut, jugeant qu'il valait mieux faire preuve de prudence. Pour le moment, du moins.

De nature très confiante, elle avait toujours cru ne rien avoir à redouter du monde et des êtres. Les expériences qu'elle venait de vivre lui avaient fait comprendre, à ses dépens, que c'était loin d'être le cas. Lorsque l'on suivait le premier venu, le jugeant sur sa mine, on pouvait se retrouver dans des situations dramatiques.

— Je lui ai dit que je serais là. Elle m'attend, fit-elle, s'efforçant de cacher son anxiété.

— Mademoiselle Ross, si vous voulez que j'accorde un certain crédit à votre histoire, il faut m'en raconter un peu plus que cela. Donc, vous *deviez* rencontrer votre sœur à Stone Town.

Toujours ce verbe au passé…

— Où ça ? reprit-il. Dans un hôtel, une maison, un magasin ? Avez-vous une adresse à me fournir afin que je puisse vérifier vos dires ?

Emily hésita. Si elle lui parlait, la libérerait-il ? Elle craignait fort que non. Il la regardait d'une manière qui suggérait qu'il avait d'autres idées en tête.

Cependant, pour lui prouver qu'elle n'avait aucun lien avec les trafics de Jacques Arnault, il fallait bien qu'elle lui en dévoile davantage.

— A l'hôtel Salamander, fit-elle enfin avec réticence. Je ne pense pas qu'Hannah ait réservé une chambre, mais le lieu du rendez-vous était bien le Salamander.

Elle nota qu'elle aussi avait parlé au passé, et son appréhension grandit.

Zageo haussa les sourcils.

— Le Salamander ? Le meilleur hôtel de Zanzibar.

— Vous le connaissez ?

— Il m'appartient, répondit-il avec un sourire arrogant.

Cette nouvelle, loin de réjouir Emily, la déprima encore plus. Décidément, ses chances d'échapper au cheikh Zageo Al Farrahn s'amenuisaient d'instant en instant.

— Dans ce cas, vous pouvez vérifier facilement si Hannah Coleman est arrivée ou pas.

— Hannah Coleman ? Pas Ross ?

— Coleman est son nom de femme mariée.

— Elle pourrait prendre une chambre sous son nom de jeune fille, Ross.

— Hannah ne s'est jamais appelée Ross…

— Comment cela ? coupa-t-il, soupçonneux.

— Ross est mon nom de femme mariée.

Le prince sursauta. Lorsqu'il se pencha en avant, Emily vit ses muscles jouer sur sa joue.

— Où est votre mari, madame Ross ?

— Dans la mer.

Pour une fois, Zageo sembla pris de court.

— Dans la mer ?

— Ses cendres ont été jetées à la mer, précisa-t-elle. Il avait dit une fois qu'il préférait être incinéré plutôt qu'enterré.

Elle avait parlé d'une voix neutre. Elle n'allait tout de même pas montrer à cet homme combien la mort de Brian — son mari, son ami d'enfance — l'avait secouée !

Le visage du prince s'adoucit quelque peu.

— Quand cela s'est-il passé ?

— Il y a deux ans.

— Il était jeune ?

— Deux ans de plus que moi.

— Comment est-il mort ?

— En essayant de sauver le petit chien d'une vieille dame, pendant un cyclone. Il faisait partie d'une équipe de secours. Le toit de la maison est tombé sur lui.

— C'était un homme courageux.

Elle parvint à sourire.

— Brian n'avait peur de rien. Il fonçait sans se poser de questions. A l'époque, nous visitions l'Australie, libres comme l'air, tout en travaillant ici et là. Des petits boulots.

— Pas d'enfants ?

Elle secoua la tête.

— Nous n'étions pas prêts à mener une vie tranquille, à fonder une famille. Ce serait pour plus tard, après avoir fait le tour du monde…

— Puis le cyclone a frappé.

— Oui, murmura-t-elle.

Avec étonnement, Emily constata qu'elle avait plus parlé de Brian au cours de ces dernières minutes qu'au cours des deux ans qui avaient suivi son départ d'Australie.

Elle avait tenté de fuir ses souvenirs, son chagrin… Tout d'abord au cours d'un long voyage en Asie, au gré des possibilités d'emploi qui se présentaient à elle. Les hôtels touristiques où l'on enseignait la plongée sous-marine ne manquaient pas sur les côtes. Et une monitrice diplômée, sympathique et chaleureuse, se voyait toujours bien accueillie. Elle ne se posait pas de questions, se contentant de vivre au jour le jour sans celui qui avait depuis toujours donné un sens à son existence.

Sa capacité d'écoute lui permettait de se faire des amis ici et là. En revanche, elle ne se livrait pas. En général, comme les gens aimaient surtout parler d'eux, ils ne songeaient pas à lui poser de questions. Si, par hasard, cela arrivait, elle se contentait de parler de ses voyages, évitant de mentionner sa vie privée.

Alors, pourquoi avait-elle éprouvé le besoin de se livrer au prince Zageo ?

Tout simplement parce qu'il existait entre eux une relation spéciale. Une relation presque charnelle alors qu'ils ne se touchaient même pas. Une relation instinctive, presque primitive, entre un homme et une femme.

Cela la mettait mal à l'aise. Etait-ce pour cela qu'elle avait parlé de Brian ? Pour qu'il lui serve de bouclier ? Une jeune veuve était plus respectable qu'une danseuse prête à se vendre à celui qui y mettrait le prix…

Lorsque ses yeux rencontrèrent ceux de Zageo, un trouble sans nom l'envahit. Le prince représentait la quintessence de l'homme viril, autoritaire, puissant. Les femmes devaient être très sensibles à l'aura qui se dégageait de lui. Elle comme les autres.

Tentant de se dominer, elle lança :

— Et vous, quel est votre situation familiale ?

Il sursauta de nouveau.

— Pardon ?

— Vous me posez des questions, j'ai le droit de vous en poser aussi.

S'il avait plusieurs femmes et de nombreuses concubines,

peut-être cesserait-il de lui paraître aussi séduisant ? espéra Emily en son for intérieur.

Le cheikh la fixait sans mot dire, mais son expression en disait plus qu'un long discours.

— Après tout, je ne sais rien de vous, déclara Emily d'un ton plein de défi. Vous m'avez dit vous appeler le cheikh Zageo… et etc. Que vous possédiez ce palais et le Salamander, ce qui laisse entendre que vous êtes très riche. A part ça…

— Je suis le cheikh Zageo Al Farrahn, déclara-t-il avec hauteur.

— Ah, oui, c'est ça ! Je vais essayer de m'en souvenir.

Le premier instant de surprise passé, le prince semblait maintenant amusé par l'impertinence d'Emily.

— Ne vous donnez pas ce mal, répliqua-t-il. Appelez-moi tout simplement Zageo.

— Volontiers. Comment pouvez-vous rester sérieux quand on vous donne de l'Altesse ? A notre époque ? Altesse, *Altezza… alto*, haut. Vous vous sentez si haut que ça ?

Elle haussa les épaules.

— Enfin, si ça vous plaît…

— C'est ainsi que l'on s'adresse aux personnes de ma condition, dans mon pays. On dit bien Majesté à la reine d'Angleterre. Elle ne se sent pas majestueuse pour autant.

— Vous avez raison, admit-elle. Ne m'en veuillez pas. On n'est pas très forts pour les titres en Australie.

Au fond, Emily n'était pas mécontente d'avoir rabattu un peu de la superbe de ce cheikh.

— Puisque j'ai l'autorisation de vous appeler Zageo, reprit-elle, je vous donne celle de m'appeler Emily.

— Merci, Emily.

Dans sa bouche, son prénom était devenu une caresse. Puis, il sourit. Et les battements du cœur d'Emily s'accélérèrent. Un petit frisson sensuel courut le long de son dos. Elle retint sa respiration.

— Revenons-en à votre situation familiale, insista-t-elle d'une voix mal assurée.

— Je ne suis pas marié.

— Je croyais que les cheikhs pouvaient avoir autant de femmes qu'ils le voulaient. Vous n'avez pas encore commencé ?

— Dans toutes les cultures, dans tous les pays, le fait de choisir une épouse demande une mûre réflexion. Après tout, ne se marie-t-on pas pour la vie ? Sans compter l'alliance avec une autre famille.

— Et l'amour ? On n'en tient pas compte ?

— Au contraire. J'ai souvent eu l'occasion d'observer que lorsque les goûts étaient compatibles, lorsqu'une solide tendresse unissait les époux, leur couple durait plus longtemps que ceux qui se formaient à la suite d'un coup de foudre.

— Tiens ! Vous êtes contre le coup de foudre ?

— Pour un mariage, oui, car cela risque de n'être qu'un feu de paille. En revanche, pour une brève aventure, pour le seul plaisir des sens…

De nouveau, sa voix était devenue une caresse. S'efforçant d'ignorer le trouble infini qui l'envahissait, Emily lança :

— Je suppose que vous n'êtes pas vierge non plus.

Il éclata de rire. Ce qui eut l'heureux effet de rompre la tension qui s'était accumulée dans la pièce. Emily respira plus librement.

— Je ne prétendrais pas avoir vécu comme un moine jusqu'à présent, non, dit le prince.

Son regard se posa sur les seins largement exposés de la jeune femme.

Emily prit une profonde inspiration, s'exhortant au calme. Lorsqu'il la détaillait ainsi, elle se sentait défaillir. Et ce n'était pas le moment ! Elle avait plutôt intérêt à garder les idées claires.

Pourtant, qu'il serait doux de se laisser aller à tous les plaisirs qu'il semblait prêt à lui dispenser… Elle se souvint d'un poème dans lequel Omar Khayyam exprimait son regret de voir passer la vie et l'amour aussi vite. Ne fallait-il pas profiter de tout cela, quand il en était encore temps ?

Elle se sentait de plus en plus tentée. Oui, pourquoi ne pas tout oublier pour une expérience qui, elle en était certaine, serait fabuleuse ?

Grâce au ciel, un restant de raison, joint à son solide bon

sens, la retenait encore. Sa situation était déjà suffisamment difficile. Inutile de la compliquer davantage.

— Hannah va m'attendre à Stone Town, murmura-t-elle. Si je ne suis pas là à son arrivée, quel drame !

— Ne me faites pas croire que ce rendez-vous est si important. Si vous ne vouliez pas le manquer, vous auriez choisi un autre moyen pour venir à Zanzibar. Les trajets en voilier sont assez aléatoires.

— J'avais tout calculé. Même en cas de problèmes ou de mauvais temps, je devais arriver avant elle. Et au moins, ça ne me coûtait rien. Je ne peux pas me permettre de gaspiller le peu d'argent que je possède.

Il eut un sourire ironique.

— Prendre une chambre au Salamander coûte une fortune.

— Je m'en doute. Et je n'ai aucune intention de m'y installer. Quelle idée !

— Où seriez-vous allée ?

— Dans un petit hôtel aux prix plus adaptés à mon budget.

— En attendant l'arrivée de votre sœur, vous n'avez qu'à profiter de mon hospitalité. Cela vous reviendra encore moins cher.

— Et en échange, je devrais donner un spectacle de danse du ventre tous les soirs ?

— Si vous le souhaitez, j'en serai ravi.

— Honnêtement, je n'y tiens pas.

Elle fronça les sourcils avant d'objecter :

— Mais si Hannah est déjà à Stone Town ?

— Nous allons nous en assurer immédiatement.

Le prince s'empara d'un téléphone portable. Le contraste entre l'opulent décor oriental et ce moyen de communication ultramoderne frappa une fois de plus la jeune femme.

Le prince appuya sur quelques touches et obtint immédiatement la communication. Mais il parlait en arabe, et dans ce rapide discours, Emily ne put comprendre que le nom de sa sœur : Hannah Coleman.

Elle s'assit au bord du canapé, osant à peine respirer. Dès que Zageo coupa la communication, elle demanda d'une voix angoissée :

— Alors ?

— Votre sœur n'est pas à l'hôtel. Et aucune réservation n'a été faite à son nom.

Très déçue, Emily crispa les mains avec une telle violence que ses ongles pénétrèrent dans ses paumes.

— Est-ce la vérité ?

L'expression du prince changea.

— Pourquoi mentirais-je ?

Pour m'amener dans votre lit… Aussitôt, Emily mesura la bêtise d'un pareil raisonnement. Un homme aussi important, riche et séduisant que le cheikh Zageo Al Farrahn n'avait qu'à claquer des doigts pour voir accourir les plus belles femmes du monde.

La colère faisait étinceler les yeux sombres du prince, tandis qu'il déclarait d'une voix qui claqua comme un coup de fouet :

— Jusqu'à présent, c'est vous, Emily Ross, qui n'avez cessé de mentir afin de vous faire passer pour une innocente victime.

— Je vous ai dit la vérité, je vous le jure.

Il l'examina d'un air sceptique.

— D'où vient votre sœur ?

— Du Zimbabwe.

Comprenant qu'il lui fallait maintenant fournir d'autres explications, elle poursuivit :

— Vous êtes certainement au courant des terribles difficultés qui règnent au Zimbabwe. Le mari d'Hannah, qui possède une vaste ferme, a été prié de quitter le pays en abandonnant tout ce qu'il possède. Il tient tête aux autorités, en dépit du danger. Mais il veut mettre sa femme et ses enfants à l'abri.

— Des enfants ?

— Ils ont deux petites filles. Hannah devait tout d'abord se rendre au Botswana tant que les routes étaient encore à peu près sûres. Puis, elle a décidé de me retrouver à Zanzibar, au Salamander où elle avait passé des vacances avec Malcolm, son mari, il y a six ans. Elle a gardé un merveilleux souvenir de leur séjour.

— Il y a six ans, dites-vous ?

— Oui. Vous devriez pouvoir aisément retrouver la trace de leur passage.

— Pas à cette heure-ci.

— Demain matin ? Vous verrez alors que je vous ai dit la vérité.

Emily porta les mains à ses tempes soudain douloureuses.

— Je suis fatiguée… Si cela ne vous ennuie pas, et puisque vous avez la gentillesse de m'offrir l'hospitalité, j'irais volontiers me reposer dans la chambre qui m'a été attribuée, au deuxième étage.

Il se leva et elle l'imita aussitôt. Pendant quelques instants, ils demeurèrent en face l'un de l'autre, sans rien dire. L'air semblait chargé d'électricité. Qu'allait maintenant dire le prince ? Tendue comme un arc, Emily attendait.

Il s'inclina légèrement.

— Eh bien… à demain.

Ce fut escortée par deux gardes armés qu'Emily dut gravir le large escalier de marbre.

« Moi, l'invitée du cheikh Zageo Al Farrahn. Quelle sinistre plaisanterie ! Je suis sa prisonnière, oui », pensa-t-elle.

5.

Sidéré par le comportement d'Emily Ross, Zageo marchait de long en large. L'impertinence de cette femme le remplissait de stupéfaction. Elle se croyait donc libre d'agir comme bon lui semblait ?

Comment osait-elle le traiter ainsi ? Sa manière d'être lui rappelait celle de Véronique, qui se croyait, elle aussi, le centre du monde.

Penser à Véronique attisa encore sa fureur. Il décrocha le téléphone et appela l'appartement parisien qu'il avait acheté pour sa maîtresse.

En attendant qu'elle réponde, il décida de lui offrir cet appartement en guise de cadeau d'adieu.

— Chéri !

Véronique se mit à roucouler au bout du fil.

— Quel plaisir de t'entendre ! Je te manque ?

Il se contenta de répondre d'un rire bref à cette question hypocrite.

— Ecoute, Véronique, inutile d'y aller par quatre chemins. Entre nous, c'est fini.

— Quoi ?

A la stupeur succéda l'anxiété.

— Quoi ? répéta-t-elle. C'est… c'est fini ? Que veux-tu dire, Zageo ?

— Les meilleures relations ont une fin. D'ailleurs, tu l'as compris toi-même. N'as-tu pas préféré rester à Paris plutôt que de m'accompagner en Afrique ?

— Il y a une autre femme ?

— Oui.

La voix de Véronique se fit plus aiguë.

— *Une autre femme* ? Ce n'est pas possible ! Tu me quittes pour une autre ?

Zageo sourit avec amertume. Cette égoïste qui l'avait toujours cru à sa disposition ne parvenait pas à admettre que le jeu était fini.

— Je vais prendre les dispositions nécessaires pour mettre l'appartement à ton nom, déclara-t-il.

— Je n'en veux pas si tu n'y viens plus ! s'écria-t-elle dans un sanglot. J'ai tellement besoin de toi !

Ses larmes laissèrent Zageo de glace. D'autant plus qu'il la connaissait suffisamment pour savoir que tout cela n'était que de la comédie. Si elle avait vraiment souhaité être avec lui, elle l'aurait suivi…

— Je t'en prie, Véronique, ne dramatise pas.

— Tu ne te rends pas compte ! Tu…

— Inutile d'insister. Tu savais aussi bien que moi que notre histoire ne durerait pas éternellement. Je t'ai promis l'appartement, tu l'auras. Dès demain, je m'occuperai des formalités.

D'une voix presque hystérique, elle insista :

— Je ne peux pas le croire ! Tu as trouvé une autre femme ?

En fin de compte, seul son amour-propre souffrait en ce moment, se dit Zageo.

— Mais toi aussi, tu trouveras aussi un autre homme.

Elle n'aurait que l'embarras du choix parmi ses nombreux admirateurs.

— Tu ne peux pas me traiter comme ça ! Je ne veux pas que…

— Pas de comédie, s'il te plaît, coupa-t-il, agacé. Séparons-nous en bons amis.

— Zageo, je…

— Et si nous avons l'occasion de nous revoir, nous nous comporterons en personnes civilisées. Sur ce, au revoir et bonne chance.

Il raccrocha, coupant court au flot de protestations. A quoi bon discuter toute la nuit ? Cela ne changerait rien à sa décision. Il suffirait à Véronique de réfléchir posément pendant quelques instants pour comprendre qu'elle n'était pas à plaindre, bien au contraire. Ce superbe appartement ne valait-il pas une fortune ?

Zageo se rassit et tenta de faire le point.

Il avait rompu avec Véronique, mais ce n'était pas pour cela qu'il avait avancé avec Emily…

Celle-ci ne céderait pas facilement, il le pressentait. Quand admettrait-elle qu'il possédait toutes les cartes en main ? Si elle voulait qu'il l'aide, elle allait devoir faire preuve d'un peu plus de souplesse.

Abdul prétendait que les Australiens avaient peine à reconnaître l'autorité. Etait-ce une raison pour que cette femme se montre aussi agressive ?

Peut-être serait-il plus sage de ne pas insister ? Après tout, il pouvait très bien la remettre à la police et cesser de se préoccuper d'elle… D'un autre côté, il aurait volontiers continué sa tournée en Afrique en sa compagnie. Dès qu'il l'avait vue apparaître en maillot, entre les deux gardes armés jusqu'aux dents, il avait eu envie d'elle.

Maintenant, il avait surtout envie de lui montrer *qui* commandait. Et malgré tout ce qu'elle s'imaginait, ce n'était pas elle !

Il hocha la tête d'un air entendu.

Demain, il en saurait plus au sujet d'Emily Ross. Et elle ne serait plus, alors, qu'une marionnette entre ses mains.

Malheureusement, le lendemain n'apporta aucun éclaircissement à Zageo.

— Les administrations sont fermées le samedi et le dimanche en Australie, lui apprit Abdul. Impossible de vérifier un acte de naissance, de mariage ou de décès.

Quelle frustration !

De plus, ceux qui avaient rédigé des lettres de références élogieuses au sujet de la jeune femme ne se trouvaient plus là pour les confirmer : Barrière de Corail Touring avait changé de direction dix-huit mois auparavant. La société Whitsundays Diving avait récemment fait faillite. Et personne ne se souvenait d'Emily Ross dans le complexe hôtelier de la mer Rouge où elle prétendait avoir travaillé avant d'embarquer à bord du *Baroudeur des Mers*.

Un épais écran de fumée semblait s'étendre sur le passé de la jeune femme. Qu'y avait-il de vrai dans ce qu'elle avait raconté ? Tout… ou rien ?

— Le costume de danseuse était à sa taille, remarqua le prince.

— Il semblait fait pour elle, Altesse, admit Abdul.

Zageo fronça légèrement les sourcils. *Altesse*… Il était habitué à ce que l'on s'adresse à lui ainsi. Et soudain, à cause des réflexions acides d'Emily, cela le gênait presque.

— Les policiers, venus de Stone Town, ont emmené Jacques Arnault ce matin, dit Abdul. Ils ont réussi à arrêter la bande de trafiquants avec lesquels il était en contact à Zanzibar.

Le prince demeura silencieux.

— Qu'avez-vous décidé au sujet de Mlle Ross ? reprit Abdul. Faut-il la livrer aussi à la police ?

— Non. Nous n'avons aucune preuve de sa culpabilité. Accordons-lui le bénéfice du doute en attendant d'avoir obtenu des renseignements à son sujet.

— La gardez-vous ici ou la laissez-vous partir ?

— Elle restera ici. Au moins jusqu'à lundi. De toute manière, elle n'a rien à faire à Stone Town pour le moment, étant donné qu'aucune Hannah Coleman n'est arrivée au Salamander.

Il marqua une pause avant d'ajouter :

— Si du moins cette Hannah Coleman existe !

— Des Coleman ont bien séjourné au Salamander il y a six ans.

Le prince ne parut guère convaincu.

— Soit ! Mais Coleman est un nom si courant qu'il s'agit peut-être d'une simple coïncidence.

Un sourire sardonique lui vint aux lèvres.

— Donc, les administrations australiennes sont fermées aujourd'hui et demain ? Je vais en profiter pour mener ma petite enquête à ma façon.

Abdul toussota.

— Avec… euh, avec Véronique, Altesse. Est-ce fini ?

— Oui. J'avais décidé de rompre depuis déjà un certain temps. Cela n'a rien à voir avec l'arrivée de Mlle Ross.

De toute manière, il lui faudrait un certain temps avant de remplacer Véronique par Emily. Si du moins il y parvenait…

— Avez-vous des instructions à me donner, Altesse ?

Altesse. Encore et toujours ! Emily n'avait pas tort de trouver cela ridicule.

— Oui. Arrangez-vous pour que l'appartement de Paris soit mis au nom de Véronique. Je lui ai téléphoné hier et le lui ai promis.

Abdul hocha la tête.

— Très bien.

Il s'apprêtait à sortir quand il ajouta :

— A propos des Coleman… Ils ont donné une adresse au Zimbabwe. Souhaitez-vous que je mène une enquête de ce côté ?

— Pourquoi pas ? Tâchez de découvrir pourquoi la sœur d'Emily Ross, si du moins sœur il y a, ne s'est pas encore manifestée.

6.

En toute honnêteté, Emily devait reconnaître qu'être prisonnière dans un palais n'avait rien de déplaisant.

Après avoir dormi sur la couchette dure d'un bateau, elle appréciait son lit merveilleusement confortable. Lorsque Heba avait drapé tout autour une moustiquaire aérienne en tulle blanc, la jeune femme avait eu l'impression de flotter sur des nuages.

A son réveil, elle avait retrouvé ses vêtements. Tous ! Ceux qui se trouvaient dans le petit sac imperméable de survie comme ceux qu'elle avait dû laisser à bord. Ils avaient été lavés, repassés et soigneusement rangés dans les placards.

C'était bon signe. Cela signifiait — peut-être ! — que sa vie allait reprendre un cours normal. Déjà, ses craintes de la veille s'envolaient.

« Je me suis laissée emporter par mon imagination », se dit-elle en revêtant une jupe en jean et un T-shirt. Une tenue très simple qui n'avait rien à voir avec le costume suggestif à paillettes qu'elle avait été obligée de porter la veille !

Heba, aidée par ses jeunes assistantes Jasmine et Soleila, lui servit son petit déjeuner sur le balcon de sa suite : du café bien fort, des croissants dorés, des fruits…

Dès qu'elle eut terminé, on lui apporta des magazines. Heba ouvrit le dernier numéro de *Vogue* pour lui montrer des photos de célébrités lors d'une projection privée à Paris.

— Voyez ! fit-elle avec orgueil. Son Altesse avec Véronique.

Emily retint sa respiration en voyant le cheikh Zageo Al Farrahn en smoking, aux côtés d'une femme superbe en robe du soir ornée de plumes d'autruche. Seule Véronique, le top model mondialement connu, pouvait se permettre de porter une tenue aussi extravagante.

Cette fois, il ne s'agissait plus des *Mille et Une Nuits*, mais de la jet-set internationale. On ne voyait là que des gens richissimes, célèbres, talentueux, titrés…

Emily se sentit soudain bien insignifiante. Comment avait-elle pu, la veille, s'imaginer que le prince Zageo s'intéressait à elle, quand il avait toutes les plus belles femmes du monde à sa disposition ?

« A côté de cette Véronique, je ne suis rien, pensa-t-elle. Rien du tout. »

Elle s'éclaircit la voix pour demander :

— Depuis combien de temps sont-ils ensemble ?

— Depuis deux ans.

Il ne s'agissait donc pas d'une aventure d'une nuit, ni même de quelques semaines, mais d'une liaison solide.

Emily ne comprenait plus. Elle avait pourtant cru lire de l'intérêt dans les yeux du prince…

« J'ai rêvé ! pensa-t-elle. Il était intrigué, rien de plus. »

— Mais Véronique n'est pas venue avec lui, cette fois, fit remarquer Jasmine d'un ton plein de sous-entendus.

La manière dont elle regardait Emily en disait plus que de longs discours et, malgré elle, la jeune femme se sentit rougir.

— Ses engagements professionnels l'en ont peut-être empêchée ? suggéra-t-elle, peu flattée à l'idée que les serviteurs du palais semblaient déjà tenir pour acquis le fait qu'elle allait prendre la place de Véronique auprès de leur maître, ne serait-ce que momentanément.

— C'est possible, dit Heba. Son Altesse va voyager en Afrique pendant plusieurs mois et je suppose que Véronique le rejoindra ici ou là, dans l'un des hôtels de la chaîne Al Farrahn.

Le Salamander devait faire partie de cette chaîne de palaces de rêve, songea Emily. Pour posséder tout cela, Zageo devait être immensément, fabuleusement riche !

Mais elle s'en moquait. Ce qu'elle souhaitait ? Echapper à l'atmosphère de ce palais, remettre les pieds sur terre et reprendre le cours normal de sa vie. Même s'il ne s'agissait pas d'une vie toujours facile.

— Je dois aller à Stone Town, dit-elle à Heba. Comment puis-je partir d'ici ?

Heba parut suffoquée par sa question.

— Vous devez attendre que Son Altesse vous fasse appeler.

A quoi bon discuter ? soupira Emily. Elle avait déjà compris qu'elle n'obtiendrait aucune aide de la part des servantes. Quant à quitter le palais en fredonnant, en prétendant être libre comme l'air… Les gardes auraient tôt fait de l'arrêter.

« Me voilà coincée dans cette prison dorée, où je dépends du bon vouloir du cheikh Zageo. »

La matinée s'écoula lentement, pendant que l'impatience de la jeune femme allait croissant. Que se passait-il ? Pourquoi était-elle condamnée à tourner en rond dans cette suite luxueuse ?

Lorsqu'on vint enfin lui apprendre que « Son Altesse » l'attendait, elle bondit sur ses pieds.

— Enfin !

Tout en récapitulant les arguments qu'elle allait développer pour obtenir sa libération, Emily suivit les gardes.

Elle s'attendait à ce qu'ils l'amènent dans le grand hall, ou encore dans le salon où le prince l'avait reçue la veille. Mais elle se trompait : ils la conduisirent en jeep jusqu'au port privé.

Quelque peu déstabilisée par le tour que prenaient les événements, Emily eut quand même le temps de s'apercevoir que le voilier de Jacques Arnault ne se trouvait plus au mouillage, à quelques encablures de là.

Les gardes lui firent signe de monter à bord de l'énorme cabin-cruiser qui était amarré à la jetée.

Emily fronça les sourcils. Que signifiait ceci ? Un bateau aussi rapide pouvait l'emmener loin de Zanzibar en moins de temps qu'il n'en fallait pour le dire… Hésitante, elle contempla l'eau scintillante.

— Un plongeon ? N'y songez même pas, Emily ! lança une voix ironique. Vous n'iriez pas loin.

Zageo ! Tous les arguments qu'elle avait préparés durant la matinée lui parurent soudain complètement vains. Rien ne saurait ébranler cet homme.

Partir ? Recouvrer sa liberté ? Quelle illusion ! Elle était son « invitée » et le resterait jusqu'à ce qu'il en décide autrement.

Malgré tout, son esprit d'indépendance la poussa à se rebeller.

— Pourquoi suis-je encore ici ? Mon cas devrait être éclairci maintenant. N'aviez-vous pas l'intention de prendre des renseignements à mon sujet ?

— Pendant le week-end, il est impossible d'obtenir des informations.

— Quand en aurez-vous ?

— Pas avant lundi.

Cela signifiait qu'elle devrait, pendant deux jours au moins, subir la compagnie de cet homme ?

Il s'inclina courtoisement.

— Je vous en prie, montez à bord.

Le « je vous en prie » n'était que de pure forme, elle le savait. En réalité, il s'agissait d'un ordre.

— Vous aviez dit que j'étais votre invitée, maugréa-t-elle.

— Absolument.

— Un hôte attentionné tiendrait compte de mes souhaits. Or, je n'ai pas envie de monter sur ce bateau.

— Il dispose d'un équipage et vous n'aurez aucun travail à fournir.

— Je n'ai pas envie de me retrouver sur l'eau, insista-t-elle, consciente de la puérilité de ses objections.

— Et c'est une spécialiste de plongée sous-marine qui parle ?

— La plongée, c'est autre chose.

— Nous verrons.

Que signifiaient ces deux mots prononcés d'un ton plein de sous-entendus ?

Il lui tendit la main pour l'aider à sauter sur le pont. Quand leurs doigts se rencontrèrent, Emily eut l'impression d'être traversée par un choc électrique.

Ce matin-là, le prince était vêtu de manière très décontractée, d'un short et d'un T-shirt. Emily s'efforça de ne pas regarder ses jambes hâlées et musclées. Il était beaucoup trop beau, beaucoup trop sexy, et beaucoup trop viril… Et cela, que ce soit en longue tunique flottante ou en tenue sportive.

Dans un geste instinctif de défense, elle croisa les bras sur sa poitrine pour les laisser retomber aussitôt en rougissant. Car ce mouvement n'avait pas eu d'autre effet que celui de faire ressortir ses seins. Et le prince l'avait immédiatement remarqué.

— Détendez-vous, Emily, murmura-t-il avec un sourire moqueur. Je vous emmène en excursion jusqu'à l'île de Pemba. Là-bas, l'eau est aussi transparente que du cristal et les récifs de corail offrent de fabuleuses possibilités de plongée.

— Est-ce loin ?

— Non. Les gens s'y rendent en ferry depuis Zanzibar.

Elle se sentit un peu rassurée. Un ferry ? Le cas échéant, elle disposerait au moins d'un moyen de transport pour aller à Stone Town.

Les moteurs se mirent à bourdonner. Silencieux, efficaces, des marins vêtus d'uniformes immaculés s'occupaient des manœuvres.

— Venez, dit le prince.

Il entraîna la jeune fille dans un salon bien différent de celui de Jacques Arnault, où régnait un désordre sans nom. Confortables canapés en cuir crème, tables basses en teck à cornières de cuivre. De l'autre côté de portes coulissantes de verre, elle aperçut une longue table de salle à manger où devaient pouvoir prendre place au moins une dizaine de convives.

Elle s'assit près d'une baie vitrée pour voir défiler les jardins qui entouraient le palais, puis la mangrove où elle avait pataugé la veille.

Le bruit des puissants moteurs s'accentua. Déjà, le bateau prenait de la vitesse.

— Ne prenez pas cet air inquiet, Emily, fit Zageo avec amusement. Nous reviendrons, je vous le promets.

— Pourquoi m'emmenez-vous à l'île de Pemba ?

Elle avait réussi à parler d'un ton naturel. Mais intérieurement, l'angoisse la rongeait. Devant cet homme autoritaire et sûr de lui, elle se sentait si vulnérable…

Il parut surpris.

— Vous n'avez jamais entendu parler des récifs de Pemba ?

— Jamais.

— De la part d'une personne qui se prétend monitrice de plongée sous-marine, bizarre ! Cette île est réputée dans les milieux spécialisés.

— Je ne suis pas venue à Zanzibar pour pratiquer la plongée, fit-elle d'un ton plein de défi.

— Malgré tout, que vous ne connaissiez pas Pemba me semble surprenant.

— Pourquoi ne me laissez-vous pas partir ?

— Pour aller où ? Votre sœur ne s'est toujours pas manifestée à l'hôtel Salamander. J'ai laissé des instructions pour que l'on me prévienne dès son arrivée. En attendant, autant profiter des possibilités exceptionnelles de plongée qu'offre l'île de Pemba.

C'était logique… Même s'il ne lui laissait guère de choix.

— Vous ne me croyez toujours pas, remarqua-t-elle avec amertume. Pour vous, je suis une danseuse du ventre, doublée d'une trafiquante de drogue aux fréquentations douteuses…

D'un geste, elle désigna le décor luxueux qui l'entourait.

— Et vous persistez à me garder dans votre prison dorée.

— En attendant d'y voir plus clair, Emily. D'ailleurs, si vous êtes vraiment une monitrice de plongée, je n'aurai plus aucun doute après vous avoir vue évoluer dans les récifs coralliens de Pemba.

— Mon diplôme ne vous suffit pas ? Vous avez besoin de preuves tangibles ?

Le sourire du prince n'eut pas d'autre effet que celui d'accélérer follement les battements déjà rapides de son cœur.

— Je souhaite peut-être, tout simplement, passer un

moment agréable en votre compagnie, dit-il avec une soudaine douceur.

Elle se leva brusquement.

— Dans quel but agissez-vous ainsi ? s'exclama-t-elle avec agitation. Pourquoi perdez-vous votre temps avec moi ? Pour vous, je ne suis rien ni personne. Juste une petite Australienne insignifiante que le hasard a amenée dans votre palais.

Il se mit debout à son tour, la dominant de toute sa taille. Lui prenant les mains, il les plaqua contre sa poitrine musclée. A travers le coton du T-shirt, elle sentit la chaleur de sa peau, elle perçut les battements de son cœur.

— Le hasard, répéta-t-il, pensif. Non, je n'y crois pas. Chaque événement, même le plus petit, a sa signification.

Que voulait-il dire ? Emily préféra ne pas chercher à comprendre.

Le prince l'avait lâchée. Elle aurait pu laisser retomber ses bras, mais une force inconnue clouait ses mains contre sa poitrine, tandis que son trouble allait croissant.

Il se pencha. Lentement, très lentement… Ses lèvres n'étaient plus qu'à quelques centimètres des siennes. Il les effleura d'un baiser infiniment léger. Aussi léger que l'aile d'un papillon… Et il n'en fallut pas davantage pour l'électriser tout entière.

Emily ferma les yeux, troublée jusqu'au plus profond d'elle-même.

De nouveau, les lèvres de Zageo effleurèrent les siennes. Puis il l'enlaça.

Elle savait qu'elle aurait dû mettre fin à cette trop habile séance de séduction. Elle savait qu'elle aurait dû le repousser. Mais comment ? Toutes ses forces l'avaient abandonnée. En cet instant, ce n'était plus sa raison qui commandait, mais ses sens.

Submergée de désir, Emily sentit ses doigts, comme animés d'une volonté propre, explorer le torse puissant de Zageo, les muscles de ses épaules. Puis ils se nouèrent dans son épaisse chevelure, tandis qu'elle attirait sa tête contre la sienne, pour qu'il approfondisse encore son baiser.

Ce n'était plus du sang qui coulait dans ses veines, mais

du feu. Toute en douceurs et en courbes, elle s'arqua contre lui, tout en muscles.

Chacune des fibres de son corps en éveil, Emily était incroyablement consciente de son propre désir, mais aussi de celui de Zageo, si évident contre son corps brûlant.

Elle fondait, perdant tout contrôle d'elle-même. C'était à la fois délicieux… et effrayant.

7.

Zageo se laissait lui aussi emporter par ce désir fou qui les jetait l'un vers l'autre, mais cela ne l'empêcha pas de sentir le mouvement de résistance d'Emily.

Elle se raidissait contre lui. Quand elle releva les yeux vers lui, il vit une peur panique assombrir ses prunelles couleur saphir. Son ravissant visage n'exprimait plus qu'une stupeur intense, mêlée de terreur.

S'il n'agissait pas immédiatement, elle allait le repousser, se débattre. Au prix d'un terrible effort, il réussit à se contrôler. Et ce fut avec un léger sourire qu'il murmura :

— Cela suffit ?

Déjà, il l'avait lâchée. Elle recula de quelques pas, tout en portant la main à sa bouche dans un geste instinctif. Elle eut cependant l'honnêteté de ne pas l'accuser d'avoir profité de la situation.

— Ce... ce n'était pas très intelligent, balbutia-t-elle enfin.

— Au contraire.

— Je... je ne sais pas ce qui m'a pris. Je n'ai pas toute ma tête à moi en ce moment.

— Nous nous sommes laissés emporter l'un et l'autre. Un homme, une femme... le désir. Rien de plus naturel, au fond.

Emily respirait maintenant plus calmement. Sans regarder Zageo, elle murmura :

— Vous devez être habitué à avoir un succès fou.

— Vous aussi. Car vous êtes très séduisante.

S'il croyait qu'elle allait se laisser amadouer par des compliments !

— De toute manière, nous avons eu tort, fit-elle d'un ton sec. Et vous le savez.

— Non. A mon avis, c'est une grande erreur d'ignorer ses pulsions physiques. Le corps possède des intuitions fulgurantes. Des intuitions que jamais l'esprit ne saurait avoir.

— Je ne suis pas d'accord, s'entendit-elle déclarer d'un ton docte. Le fait de se laisser entraîner par ses sens empêche de s'attaquer aux problèmes vraiment importants. Si j'avais une aventure avec vous…

Il l'interrompit.

— Quels sont-ils, ces problèmes importants qu'il vous faut résoudre ?

Ignorant la question, Emily serra les poings.

— Je refuse de me laisser séduire par le cheikh Zageo… Zageo Al Farrahn.

— Bravo ! lança-t-il en riant. Vous avez prononcé mon nom sans la moindre erreur.

— Je mène ma vie à ma façon, reprit-elle d'un air buté.

— Est-ce une raison pour nier votre sensualité ? insista-t-il. Nous sommes des adultes. Nous sommes attirés l'un par l'autre. Pourquoi refuser le plaisir s'il est réciproque ?

— Encore faudrait-il que vous soyez libre et moi aussi.

Il parut surpris.

— Vous m'aviez laissé entendre que vous l'étiez. Sinon, jamais je…

— Mais *vous* ne l'êtes pas ! coupa-t-elle, accusatrice.

— Comment cela ?

— Et Véronique ?

Zageo comprit immédiatement. Les commérages à l'étage des femmes, évidemment…

Elle le fixait d'un air méprisant.

— Cette fois, elle n'a pas pu venir avec vous, continua la jeune femme. Est-ce une raison pour vous offrir toutes celles qui croisent votre route ?

— Véronique a préféré rester à Paris plutôt que de m'accompagner ici, déclara Zageo d'un ton sec. Mais entre elle et moi, tout est fini.

Emily fronça les sourcils. Etait-ce vrai ou pas ?

— Cela signifie que j'ai retrouvé ma liberté, reprit-il. Je peux choisir celle qui me plaît.

— « Je peux choisir celle qui me plaît » ! répéta-t-elle, sidérée. Et moi, dans tout cela, je n'ai absolument aucun droit ?

Elle poursuivit avec amertume :

— Non, apparemment. Vous m'avez fait escorter par des gardes jusqu'au quartier des femmes de votre palais. Ce matin, toujours sous bonne escorte, vous m'avez obligée à monter à bord de ce bateau. Vous…

— Vous ai-je forcée à répondre à mes baisers ?

En quelques mots, il l'avait réduite au silence.

— Par ailleurs, avouez qu'il vaut mieux que vous soyez sous ma protection plutôt qu'en prison. Car si les événements avaient suivi leur cours normal, vous seriez dans une cellule à présent.

— Mais au moins, on mènerait une enquête, et j'en sortirais vite complètement blanchie.

— Vous avez intérêt à me laisser mener les recherches moi-même. Je vous assure que cela ira beaucoup plus vite qu'en confiant l'affaire à la police locale.

Il la fixa d'un air songeur avant de reprendre :

— Vous vous plaignez de ne pas avoir le choix ? En voilà un : soit vous venez avec moi jusqu'à l'île de Pemba et vous me démontrez que vous êtes une spécialiste de la plongée, soit j'ordonne au capitaine du yacht de nous conduire à Stone Town, où vous serez remise à la police.

Presque avec sadisme, il poursuivit :

— Il ne vous restera plus qu'à prendre votre mal en patience au fond d'une geôle crasseuse en attendant que les inspecteurs trouvent le temps de vérifier votre histoire. Ce qui viendra en son temps ! Cela dépendra de la pile de papiers qui s'accumulent déjà sur leurs bureaux.

Exaspérée, Emily s'écria :

— Il existe une troisième solution. Vous n'avez qu'à me laisser partir, tout simplement !

— Impossible.

— Pourquoi ?

— Parce que je possède un certain sens du devoir. Je ne

peux pas laisser une trafiquante de drogue, une criminelle potentielle s'évanouir dans la nature.

— Votre sens du devoir ne vous a pas empêché d'embrasser une criminelle potentielle.

— Bah, cela ne pouvait faire de mal à personne ! Et personnellement, j'étais prêt à prendre un risque, ajouta-t-il avec ironie.

Son ton changea soudain, et se fit plus grave.

— Maintenant, Emily, à vous de choisir. L'île de Pemba ou la prison de Stone Town ?

« Me voilà coincée », pensa-t-elle en laissant échapper un long soupir.

— Pemba, dit-elle enfin. Mais j'aurai besoin d'une combinaison spéciale et, avant de plonger, je tiens à vérifier l'équipement.

— Pas de problème. Nous jetterons l'ancre dans le lagon de Fundu, où se trouve un centre de plongée. On nous fournira tout le nécessaire et un guide nous montrera les meilleurs coins du récif.

Emily avait l'impression d'être un poisson pris dans une nasse. Elle se débattait de toutes ses forces pour y échapper, sans résultat, hélas ! A présent, il ne lui restait plus qu'à s'avouer vaincue.

— Bien, murmura-t-elle d'un air absent.

Comment échapper, ne serait-ce que cinq minutes, au regard pénétrant et perspicace de Zageo ?

— Y a-t-il une salle de bains en bas ? demanda-t-elle.

— Chaque cabine dispose d'une salle d'eau. Vous n'avez qu'à descendre et ouvrir une porte, n'importe laquelle.

— Merci.

Zageo la suivit des yeux, sans trop savoir que penser.

Combien de femmes avait-il tenues dans ses bras, jusqu'à ce jour ? Il en avait perdu le compte. Mais aucune n'avait réussi à lui faire ressentir ce qu'il avait ressenti avec Emily.

Cette intense vitalité, et en même temps cette incroyable fraîcheur, cette innocence, cette simplicité dans le don de soi… Il n'entrait là aucun calcul, il l'aurait juré.

A moins que Mlle Ross ne soit une excellente comédienne ?

8.

Emily passa un peu d'eau fraîche sur ses joues brûlantes.

Oh, comme elle s'en voulait d'avoir ainsi perdu la tête ! Mais quelle femme ne l'aurait pas perdue entre les bras d'un homme tel que le cheikh Zageo ?

« Maintenant, il va me prendre pour une vraie danseuse du ventre, prête à se donner au premier venu », se dit-elle, furieuse contre elle-même.

Zageo avait réussi à éveiller en elle une sensualité torride qu'elle ne se connaissait pas. Jamais elle n'avait ressenti cela avec Brian.

Cette constatation la mettait très mal à l'aise. Elle avait la déplaisante impression d'avoir été infidèle à son mari défunt. Alors que, pour elle, Brian avait toujours été le seul… Alors qu'elle l'avait tant aimé. Et soudain, par la faute de cet homme impossible, tout son petit univers tranquille se trouvait ébranlé.

Comment pouvait-elle se sentir attirée à ce point par Zageo ? Il n'y avait rien de commun entre un homme d'affaires international appartenant à la jet-set… et une petite Australienne qui devait travailler pour gagner sa vie. Seul un extraordinaire concours de circonstances les avait réunis. Sinon, jamais ils n'auraient eu l'occasion de se rencontrer.

« Et maintenant, que cela me plaise ou non, me voilà sa prisonnière. »

Un sort malgré tout plus enviable que celui qui lui aurait été réservé dans une geôle sordide de Stone Town !

Sans vraiment le voir, elle contempla le reflet de son

visage empourpré dans la glace qui surmontait le lavabo encastré dans du marbre.

Comment devait-elle se comporter désormais ? Bouder ? Continuer à lutter ? A quoi bon ? Rien ne semblait pouvoir ébranler le cheikh.

Elle prit une profonde inspiration. Puisqu'il la traitait en invitée, elle n'avait qu'à profiter de la vie. Après tout, c'était bien agréable de naviguer à bord de ce luxueux yacht. Cela le serait encore plus d'explorer les récifs des eaux cristallines de Pemba.

Une fois sa décision prise, Emily apprécia chaque moment de cette excursion.

Avec ses hôtels, ses petits restaurants et ses bungalows aux toits pointus coiffés de palmes tressées, le lagon de Fundu ressemblait à un grand centre de vacances. Plusieurs centres louaient du matériel de plongée, des planches à voile ou encore des canots dont le fond de verre permettait d'admirer les fonds.

Zageo et elle, après avoir enfilé des combinaisons en caoutchouc, fixèrent les bouteilles sur leur dos. Maintenant qu'ils s'activaient, la tension qui existait entre eux avait disparu.

Elle constata immédiatement qu'il savait évoluer sous l'eau. Pas à son niveau, certes, mais très correctement pour un amateur.

Un guide les emmena explorer les meilleurs endroits du récif corallien, où régnait une intense vie sous-marine. Fascinée, Emily allait loin, encore plus loin. Elle ne se lassait pas d'admirer les bancs de poissons aux couleurs chatoyantes, les anémones mauves ou roses qui dépliaient leurs tentacules au gré du courant, les coraux aux formes étranges sous l'eau transparente où jouaient les rayons du soleil…

Lorsqu'ils regagnèrent la plage, Zageo ôta tout de suite son masque. Dans ses yeux brillait une nouvelle lueur. Du respect, peut-être ?

— Bravo, dit-il simplement. Vous m'avez impressionné.

— J'ai passé mon examen ?

— Haut la main.

Ils déjeunèrent de délicieux poissons grillés sur la terrasse du meilleur hôtel du lagon. La conversation entre eux était soudain devenue très facile. Ils parlaient à bâtons rompus de tout ce qu'ils avaient vu au cours de la matinée, établissant des comparaisons avec d'autres lieux de plongée.

Après avoir fait honneur à une salade de fruits tropicaux, Emily retint un bâillement.

« Une petite sieste serait la bienvenue », songea-t-elle.

Comme s'il avait deviné ses pensées, Zageo proposa d'un ton léger :

— Nous pourrions louer un bungalow.

Elle sursauta.

— Quoi ?

Comment avait-elle pu baisser la garde ainsi ? Se détendre ? Se comporter normalement, alors que pesait cette menace…

Une menace… ou une promesse de plaisirs infinis ?

— Vous semblez avoir sommeil, fit-il remarquer.

— Pas du tout. Que faisons-nous cet après-midi ? Nous retournons au récif ?

— Le souhaitez-vous ?

— Pas spécialement. Et vous ? Etes-vous satisfait ?

— Satisfait, moi ? répéta-t-il avec un sourire sardonique.

Emily regretta aussitôt le choix irréfléchi de ses mots.

— Je… je parlais de l'examen, s'empressa-t-elle de préciser, tandis que le rouge lui montait aux joues.

Et pour cacher son trouble, elle se mit à parler très vite.

— Vous… vous vouliez voir comment je me comportais sous l'eau. C'est pour ça que nous sommes venus ici, non ? Vous teniez à vous assurer que je ne mentais pas ?

— C'était l'une des raisons, admit-il. J'ai pu me rendre compte que vous étiez tout à fait dans votre élément.

Sa voix avait changé, nota Emily. Elle était à la fois rauque et veloutée… sensuelle. Il ajouta avec une petite grimace.

— Quant à la satisfaction…

Les battements du cœur d'Emily s'accélérèrent. Ce serait si bon de tout oublier pour se laisser aller loin, très loin… Les yeux de Zageo, sa voix, son sourire lui promettaient mille plaisirs, mille voluptés…

Elle revint brusquement sur terre. « Hannah ! Tous ces problèmes. Stone Town… »

Après s'être éclairci la gorge, elle déclara :

— J'ai une idée ! Si nous allions à Stone Town maintenant ?

— Votre sœur n'est pas là-bas.

Elle laissa échapper un soupir exaspéré.

— J'ai embarqué à bord du bateau de Jacques Arnault dans un seul but : venir à Zanzibar, et plus particulièrement à Stone Town, où j'aurais dû arriver en temps voulu, et sans problème.

Zageo demeurait silencieux.

— Au lieu de cela, reprit-elle, je me suis trouvée mêlée à une succession d'aventures sans fin. Jacques Arnault s'est révélé être un trafiquant de drogue, doublé d'un menteur patenté. Pour le fuir, j'ai dû patauger dans la mangrove, puis faire face à un terrible tyran…

— Moi ?

— Vous, bien sûr. Mais maintenant que je suis devenue… votre invitée ?

— C'est cela.

— Si je vous demande gentiment de m'amener à Stone Town, refuserez-vous ?

Pas de réponse. D'un ton implorant, elle enchaîna :

— Nous sommes tout près de Stone Town. Et je voudrais tant aller voir ce qui se passe à l'hôtel Salamander !

Zageo laissa échapper un rire bref.

— Votre sœur n'y est pas. Vous ne me croyez pas ? demanda-t-il.

— Pas plus que vous ne me croyez.

— Pour quelle raison vous mentirais-je ?

Emily n'eut pas besoin de réfléchir longtemps pour répondre :

— Afin de me garder plus longtemps sous votre coupe. Pour vous, je représente une nouveauté. Et comme vous avez le pouvoir de jouer avec mes nerfs, vous ne vous en privez pas.

— Une nouveauté ? répéta-t-il, pensif. Ma foi, en quelque sorte. Vous ne ressemblez à aucune des femmes que j'ai connues. Cela m'intrigue, évidemment. Mais quant à jouer avec vous…

Il plissa les yeux.

— Ce n'est pas un jeu, Emily, murmura-t-il. Il s'agit d'une sorte de voyage dans l'inconnu. Les indications ne sont pas nettes, les panneaux semblent illisibles… Quant à la destination, elle reste incertaine. Mais je pars quand même. Et vous venez avec moi.

Protester ? Emily n'y songea pas. Elle se sentait, elle aussi, embarquée dans une étrange aventure. Un voyage, comme disait Zageo.

Mais elle était certaine que lui savait parfaitement où il allait. Car cet homme ne faisait rien au hasard. Une fois qu'il avait jeté son dévolu sur quelque chose, il l'obtenait toujours.

— Des indications pas nettes ? répéta-t-elle, feignant de ne pas comprendre. Des panneaux illisibles ? Mais pas du tout. Moi, je distingue clairement la direction de Stone Town.

Zageo éclata de rire.

— Quand vous avez quelque chose en tête… Vous voulez aller là-bas ? C'est sûr ? Vous ne préférez pas prendre un peu de repos dans un bungalow ? Une douce pénombre, un lit confortable, un ventilateur…

Ses yeux disaient mille autres choses qu'Emily feignit de ne pas comprendre.

— Vous avez la clim dans le salon du bateau, déclara-t-elle d'un ton neutre. Nous y serons bien plus au frais.

— Imaginez un ventilateur dont les pales tournoient lentement au plafond. Juste le bruit des vagues, le chant des oiseaux, le bruissement des pales. Et vous. Et moi…

L'image, trop précise, la troubla. Mais Emily réussit à demeurer ferme.

— Stone Town, s'il vous plaît, insista-t-elle. Vous m'avez priée de me considérer comme votre invitée. Et en général, quand une invitée exprime un souhait…

— Bon, allons-y ! déclara-t-il dans un soupir.

Emily eut envie de chanter victoire. Cela ne dura guère. Car à peine Zageo s'était-il levé de table qu'il lui prenait la main dans un geste à la fois tendre et possessif.

Leurs doigts s'entrelacèrent tout naturellement tandis qu'ils se dirigeaient à pas lents vers la jetée où les attendait le hors-bord qui devait les ramener au yacht. Celui-ci se trouvait à l'ancre, de l'autre côté de la barrière de récifs protégeant le lagon.

— Quel âge aviez-vous quand vous avez fait la connaissance de votre mari ? demanda Zageo.

— Quatorze ans. Il était au même lycée que moi.

Il parut surpris.

— Au lycée ? Mais quel âge avait-il, lui ?

— Seize ans. Il était grand, blond, très sportif. Toutes les filles étaient amoureuses de lui.

— Je suppose qu'il a multiplié les conquêtes. L'une, l'autre…

— Pas du tout. Dès le début, il avait fait son choix. C'était moi qui lui plaisais.

— Qu'il voulait.

Elle haussa les épaules.

— Il ne faut pas toujours tout ramener au sexe. Brian aimait tout en moi.

Zageo se tourna vers elle pour la détailler de la tête aux pieds.

— Je peux le comprendre.

De nouveau, elle haussa les épaules.

— Je ne parlais pas de mon apparence physique, mais de la personne que je suis intérieurement. Brian a pris tout son temps pour m'étudier. Ce n'est pas lui qui, d'un seul regard, m'aurait jugée et condamnée.

— En dépit des étranges circonstances qui ont voulu que nous fassions connaissance, j'ai pris, moi aussi, tout mon temps pour vous étudier, pour vous comprendre.

— Vous ne cherchez pas plus loin que les apparences, protesta-t-elle. Si je n'avais pas résisté, vous m'auriez entraînée dans un bungalow.

— Ce qui aurait été fort agréable. Après tout, vous n'avez plus quatorze ans. Nous sommes attirés l'un par l'autre. Pourquoi nous refuser du plaisir ?

— Grâce au ciel, j'ai encore la possibilité de choisir.

Le regard que Zageo lui adressa la glaça. La liberté de choix ? Elle sentit tout d'un coup qu'elle avait tort de s'imaginer qu'elle en disposait. Elle avait évité le bungalow, mais restaient les luxueuses cabines du yacht.

Oh, bien sûr, elle savait que jamais Zageo ne s'abaisserait à employer la force. Mais s'il l'embrassait de nouveau, aurait-elle le courage de lui résister ?

Au moins, il avait accepté de l'emmener à Stone Town. Et, avec un peu de chance, Hannah allait y arriver elle aussi.

Viendrait alors le temps de l'action.

9.

Le grand yacht les ramenait vers Zanzibar de toute la vitesse de ses puissants moteurs. Un steward en uniforme impeccable leur avait servi du café. Assise en face du prince, Emily s'efforçait d'ignorer sa présence, ses regards brûlants qui la troublaient infiniment.

— Parlez-moi de Brian, dit-il soudain.

Jugeant qu'il s'agissait d'un sujet sans danger, Emily n'hésita pas à lui répondre :

— Nous étions tous les deux très sportifs. Or, dans le Queensland, une région très touristique, des jeunes capables d'enseigner la plongée sous-marine ou la planche à voile trouvent toujours du travail. Il nous est aussi arrivé de convoyer des yachts d'un port à l'autre pour le compte de leurs propriétaires, qui manquaient de temps pour s'en charger eux-mêmes.

— Vous étiez déjà mariés ?

— Bien sûr. J'avais vingt et un ans quand j'ai épousé Brian.

— Qui en avait alors vingt-trois ?

— C'est cela.

— Il était bien jeune, fit-il, critique.

— Mais très raisonnable.

— Quand on se marie, on souhaite planter ses racines. Avoir une maison, fonder une famille… Qu'avez-vous fait pendant les cinq années qu'a duré votre mariage ?

— En fait de racines… Nous avons plutôt mené une vie d'aventure.

— Et voyez où cela vous a menée ! A bord du bateau

d'un trafiquant de drogue ! Votre mari avait-il seulement songé à assurer votre avenir ?

— Comment cela ?

— Matériellement.

— Seigneur ! Quelle question ! s'exclama-t-elle, presque choquée.

— Il faut penser à tout.

Emily haussa les épaules.

— Quand on est très jeune, on ne songe pas à cela. Heureusement ! Et comment Brian aurait-il pu imaginer qu'il allait mourir si tôt ? La trentaine venue, nous avions l'intention de revenir en Australie, de nous y établir pour de bon…

Elle esquissa un sourire amer.

— De planter nos racines, comme vous dites. D'avoir des enfants, etc. Mais avant cela, nous souhaitions parcourir le monde, voir d'autres horizons…

— Il y a toujours d'autres horizons, murmura-t-il d'un air sibyllin.

— Comment cela ?

Sans s'expliquer, il déclara :

— Votre Brian me donne l'impression d'avoir été un adolescent attardé. Il jouait à l'homme, à l'aventurier… Et cela, avec votre complicité.

— Pourquoi pas ?

— Et si, la trentaine venue, il avait refusé de se fixer ? Vous auriez emmené vos enfants dans des voyages sans fin ?

— Pourquoi pas ? s'écria Emily. On apprend beaucoup de la sorte. Une éducation comme celle-là vaut bien tout ce que l'on vous enseigne dans les écoles.

Le voyant sceptique, elle ajouta d'un ton plein de défi :

— De toute manière, Brian était mon mari. Je le suivais où il décidait d'aller.

Zageo haussa les sourcils.

— Je croyais que les Occidentales refusaient ce genre d'obéissance ancestrale.

— Pas du tout. N'est-il pas naturel de souhaiter être avec

l'homme qu'on aime ? Après son mariage avec Malcolm, ma sœur l'a bien suivi au Zimbabwe.

— Où habitent-ils exactement au Zimbabwe ?

— Du côté de High Veld. La famille de Malcolm possède cette ferme depuis trois générations. Et même si les choses ont beaucoup changé dans le pays, il refuse de partir.

— Je crains fort qu'il n'y soit obligé. Le gouvernement a décidé, par tous les moyens, de récupérer les terres appartenant aux étrangers.

Emily frissonna.

— Je le sais. Hannah a peur. Surtout pour les enfants. Jenny a l'âge d'aller à l'école, mais celle où elle aurait dû commencer ses études primaires est désormais fermée. La cadette, Sally, n'a que trois ans.

— Votre sœur a l'intention de venir à Zanzibar avec ses filles ?

— Oui.

— Comment communique-t-elle avec vous ?

— Par e-mail.

Emily laissa échapper une brève exclamation.

— Quelle idiote je suis ! Peut-être m'a-t-elle envoyé un message expliquant son retard ? Dès que nous arriverons à Stone Town, je chercherai un point Internet.

— Vous auriez dû me parler de cela hier. On aurait mis un ordinateur à votre disposition au palais et vous auriez eu la possibilité de consulter vos messages.

— Je n'y ai pas pensé. Vous savez, je me trouvais plutôt en état de choc ! Après avoir réussi à fuir Jacques Arnault, après avoir échappé aux requins, puis aux crocodiles, j'ai eu le malheur de tomber sur des gardes armés de mitraillettes. Puis on m'a emmenée dans un palais des *Mille et Une Nuits*, où un cheikh arrogant m'a accusée de toutes les horreurs possibles et imaginables.

— Un cheikh arrogant..., répéta-t-il dans un éclat de rire.

Emily se sentit rougir.

— Mettez-vous à ma place, maugréa-t-elle.

Le puissant bateau à moteur approchait déjà de Stone Town. Zageo se leva.

— Je vais demander qu'une voiture vienne nous chercher au port.

Emily, qui espérait avoir une certaine liberté de mouvement, fit la grimace.

— Ne pouvons-nous aller à pied jusqu'au Salamander ? Avec un peu de chance, je trouverai un cyber-café en cours de route.

— Inutile. Vous aurez un ordinateur à l'hôtel.

— Bien, fit-elle du bout des lèvres. Merci.

Mais lorsqu'elle pénétra dans la longue Mercedes noire aux vitres teintées et que le chauffeur en uniforme ferma les portières, elle eut de nouveau l'impression d'être en prison. Avec son geôlier, le cheikh Zageo Al Farrahn. Ce dernier surveillait chacun de ses mouvements. Cela devenait étouffant.

« Et il prétend que je suis son invitée ? » pensa-t-elle, les nerfs à vif. « Quel sens étrange de l'hospitalité ! »

Pourquoi fallait-il que Zageo soit le plus bel homme du monde ? Le plus attirant... et le plus dangereux. Si elle perdait la tête, elle sortirait meurtrie de l'aventure, elle le savait déjà. Rien n'était possible entre eux. Le prince appartenait à un monde si différent du sien qu'ils auraient pu tout aussi bien vivre sur des planètes séparées par des millions d'années-lumière.

— Tiens, des pyramides, murmura-t-elle, pour dire quelque chose et rompre la tension qui recommençait à monter.

— Pardon ?

Elle désigna les étals qui se succédaient sur les trottoirs.

— Les vendeurs de fruits et légumes les empilent en pyramides. Peut-être s'agit-il d'une influence égyptienne ? D'ailleurs, les habitants de Zanzibar semblent venir de tous les coins du monde. Quel melting-pot ! Je viens de remarquer, à quelques dizaines de mètres de distance, un temple hindou, le minaret d'une mosquée et le clocher d'une église.

— Un melting-pot, en effet, acquiesça Zageo. Des Egyptiens, des Phéniciens, des Perses, des Indiens et même des Chinois se sont établis à Zanzibar. Sans parler des Africains et des marchands d'Arabie. Puis les Portugais sont arrivés, et enfin les Britanniques.

Les Portugais ? Lorsqu'elle avait vu le prince pour la première fois, Emily lui avait trouvé un air d'aristocrate andalou. Mais l'Andalousie était si proche du Portugal !

— Auriez-vous un peu de sang portugais ? interrogea-t-elle.

Quand il lui sourit, Emily eut l'impression que son cœur s'arrêtait de battre.

— Mon arrière-grand-père maternel était portugais. Mon arrière-grand-mère à moitié indienne, à moitié anglaise. Et ma grand-mère paternelle, française. Intéressant mélange, non ? Voilà une famille très internationale.

— Et très riche, fit-elle. Je suppose que, outre toute la chaîne d'hôtels Al Farrahn, vous possédez des puits de pétrole ?

— Quelques-uns, fit-il avec indifférence. Il n'y a pas de mal à être riche, vous savez, Emily.

— Je n'ai pas dit cela, mais…

Il l'interrompit.

— Certes, je profite de tout cet argent. Mais cela me permet également de donner du travail à beaucoup de monde.

— Mesurez-vous la distance qui nous sépare ? Tout ce que vous trouvez naturel, ce luxe incroyable…

D'un geste, Emily engloba le chauffeur dont elle distinguait la silhouette derrière la vitre, l'écran de télévision, les sièges en cuir naturel de la Mercedes.

— Je me sens gênée, expliqua-t-elle. Ça m'agace de ne pas pouvoir payer pour ce que je dépense. De ne pas pouvoir disposer de mon argent, de ma carte de crédit, de ma… euh, de ma…

— De votre liberté ?

— Oui !

— Pourquoi ne vous sentez-vous pas libre en ma compagnie ?

Ses yeux plongèrent dans ceux de la jeune femme, tandis qu'il ajoutait, très bas :

— D'autant plus que vous avez envie d'être avec moi.

Comment aurait-elle pu le nier ? Elle n'en avait pas le courage. Car il avait raison, hélas !

— Ce dont nous avons envie n'est pas forcément bon pour nous, s'entendit-elle déclarer d'un ton égal.

— Vous ne faites pas confiance à votre instinct ?

Elle réussit à répondre d'un ton léger :

— Je sais que, si je mets ma main dans le feu, je m'y brûlerai.

— Et la chaleur des caresses, Emily ? Le bien-être physique ? La passion ? Le plaisir ?

Hypnotisée par son regard, par le son de sa voix, Emily entrouvrit les lèvres, tandis que son cœur battait à tout rompre.

La voiture tourna à gauche pour emprunter une rue plus étroite. Emily tourna la tête et feignit d'admirer les demeures anciennes. Soucieuse de changer de sujet de conversation, elle remarqua :

— Même les maisons les plus pauvres ont des portes impressionnantes, cloutées de fer ou de cuivre.

— C'était pour empêcher les éléphants d'entrer.

— Des éléphants ? En ville ? s'écria-t-elle, incrédule.

Il éclata de rire.

— Il n'y a jamais eu d'éléphants à Zanzibar. Ces portes étaient autrefois fabriquées par des artisans indiens, sur le modèle de celles de leur pays. Le style a plu, et on continue, même de nos jours, à exécuter des portes anti-éléphants.

— Elles donnent à ces demeures un air de forteresse.

— Cela plaît beaucoup aux touristes. D'ailleurs, le tourisme n'est-il pas devenu l'une des principales richesses de l'île ?

— Et les épices ?

— Zanzibar n'a plus le monopole du clou de girofle depuis longtemps. Des pays comme l'Indonésie, le Brésil et même la Chine exportent davantage d'épices. Certes, il existe toujours des plantations ici, mais elles ne possèdent plus l'importance qu'elles avaient autrefois.

— Quel dommage !

— Les années d'or de Zanzibar n'étaient pas seulement basées sur le commerce du poivre ou du clou de girofle, mais sur celui des esclaves. N'oubliez pas que l'île représentait l'un des centres les plus importants de cet odieux trafic.

Avec gravité, il poursuivit :

— Ne regrettez pas le passé. Il faut aller de l'avant.

Les paroles de Zageo résonnèrent étrangement au fond du

cœur d'Emily. Aller de l'avant… Depuis la mort de Brian, combien de fois ne s'était-elle pas répété cela ?

Regretterait-elle d'avoir une brève aventure avec le prince ? Car il ne pouvait s'agir d'autre chose entre eux. Et alors ? se dit-elle. On était au XXIe siècle, après tout !

Elle fixa sa main gauche, désormais sans alliance. Que craignait-elle ? Véronique, le célèbre top model, avait bien eu Zageo comme amant. Pourquoi pas elle ?

La tentation montait, et elle était en train de se trouver mille raisons pour y céder.

Ce ne serait pas trahir Brian. Ce serait… autre chose. Une expérience différente de la vie, en quelque sorte.

Emily se mordilla la lèvre inférieure, choquée de voir ses pensées s'égarer ainsi.

— L'hôtel se trouve très loin du port ? interrogea-t-elle.

— Non. Nous y arriverons dans cinq minutes.

— Pourquoi construire un hôtel de luxe dans ce quartier ?

— C'est la partie la plus ancienne de la ville. Or les touristes adorent la couleur locale. Pourquoi viennent-ils à Zanzibar ? A cause de son passé exotique, presque sulfureux… Des sultans, des esclaves, des épices. Tout cela fait rêver.

— Et vous apporte encore plus de dollars.

— Ma foi, oui, admit-il en riant. N'oubliez pas, cependant, que cela développe l'économie de l'île et crée de nombreux emplois.

Elle lança d'un ton sarcastique :

— Vous considérez donc l'hôtel Salamander comme une œuvre charitable ?

— Je suis un homme bon et généreux de nature, assura-t-il, mi-sérieux, mi-moqueur. Vous ne l'avez pas encore compris ?

— Comment l'aurais-je pu ? fit-elle, sceptique.

— Ne vous ai-je pas proposé l'hospitalité au lieu de vous envoyer croupir dans une prison sordide ? Grâce à moi, vous allez avoir la possibilité de communiquer avec votre sœur par e-mail. Je vous assure : je ne vous veux que du bien.

— Vous êtes donc un vrai saint.

Il éclata de rire.

— Tout juste !

La Mercedes s'arrêta devant le perron d'un luxueux palace, dont l'architecture rappelait celle des vieilles demeures qui avaient frappé Emily.

Dès qu'elle descendit de voiture, la sensation de se sentir prisonnière la submergea de nouveau. Puisque cet hôtel lui appartenait, une suite devait être réservée à Zageo du 1er janvier au 31 décembre, pensa-t-elle avec angoisse.

Ensemble, ils pénétrèrent dans un superbe hall donnant, de l'autre côté, sur des jardins et une plage.

Emily s'immobilisa brusquement, tandis que son sang se figeait dans ses veines.

Qui était la femme près des ascenseurs, qui houspillait un groom poussant un chariot chargé de nombreux bagages griffés ?

Véronique, le top model.

10.

Toujours figée, Emily contemplait cette femme au maquillage parfait et aux ongles impeccables, subtilement vernis de rouge sombre.

Vêtue d'une robe — une robe de grand couturier, certainement —, dont la soie marron glacé s'harmonisait parfaitement avec sa peau couleur café, juchée sur des sandales aux talons invraisemblables, Véronique, le top model qui faisait la couverture de tous les magazines, était absolument superbe. Une silhouette de rêve, un teint velouté, un petit nez droit, une forêt de cheveux sombres et des yeux en amande d'un vert très clair.

Des yeux qui, en cet instant, toisaient avec un indicible mépris celle que Zageo tenait par la main.

Emily se sentit terriblement insignifiante dans sa jupe à trois sous, son T-shirt qu'elle avait acheté sur un marché et ses confortables sandales de marche. Pas une once de maquillage. Quant à ses longs cheveux d'or pâle… elle s'était simplement contentée de secouer la tête pour les sécher après cette longue séance de plongée.

— Véronique ? Quelle surprise, fit Zageo avec froideur.

— Après ton coup de téléphone, la nuit dernière…

Ainsi, Zageo l'avait appelée hier ? pensa Emily.

— … j'ai compris que tu avais besoin de moi.

La voix de la jeune femme était de velours, et elle semblait presque ronronner.

Le prince n'avait pas lâché la main d'Emily. Celle-ci lui lança un regard plein de suspicion. Aurait-il menti en prétendant que tout était fini entre Véronique et lui ?

— Tu n'as pas dû bien me comprendre, alors, déclara-t-il d'un ton coupant.

Une lueur de fureur étincela dans les beaux yeux du mannequin. Elle semblait déterminée à se battre.

« Et devant une femme pareille, je ne fais pas le poids », pensa Emily.

Avec amertume, elle se dit qu'elle n'avait aucune raison de lutter. Que représentait Zageo pour elle ? Jusqu'à présent, rien.

D'une voix qui restait douce, en dépit de l'éclat métallique de ses prunelles, Véronique déclara :

— Tu as tort quand tu t'imagines que je ne veux pas être avec toi. Si je suis venue jusqu'ici, c'est pour te prouver le contraire.

Voyant qu'ils commençaient à attirer l'attention, Zageo eut un geste agacé.

— Ne restons pas ici. Inutile de nous donner davantage en spectacle.

Il adressa un signe à l'un des employés de la réception. Celui-ci comprit immédiatement et courut ouvrir une porte donnant sur un bureau auquel succédait un confortable coin salon : quatre canapés de cuir noir entourant une table basse très design.

Véronique y pénétra la première, de cette démarche si particulière aux mannequins, à la fois arrogante et sensuelle, qui attirait immédiatement l'attention. C'était une star, et elle le savait.

Emily ralentit le pas.

— Je peux attendre dehors, dit-elle.

— Bonne idée ! s'exclama Véronique.

Les doigts de Zageo se crispèrent sur ceux d'Emily.

— Pas question. Mlle Ross est mon invitée, comment pourrais-je la traiter aussi cavalièrement ?

Et il entraîna Emily à l'intérieur avant de refermer la porte sur eux. Véronique se tourna alors vers lui, toutes griffes dehors, folle de rage.

— Tu me préfères cette fille ?

Cette fille. Avec quel dégoût avait-elle prononcé ces deux mots !

Mais Emily ne se froissa pas. Elle gardait les pieds sur terre et savait parfaitement qu'elle n'avait l'air de rien à côté de cette créature fantastique qui semblait sortir tout droit d'un magazine.

Comme Zageo n'avait pas répondu, Véronique répéta d'une voix rageuse :

— Tu me préfères cette fille ?

Ignorant la question, il demanda :

— Comment as-tu réussi à venir de Paris aussi vite ?

Elle laissa échapper un rire bref.

— Tu crois être le seul à posséder un jet privé ?

Voulait-elle lui faire comprendre qu'un autre homme, aussi riche et aussi puissant que lui, l'avait amenée ici ? S'agissait-il d'une tentative pour le rendre jaloux ?

— Dans ce cas, déclara Zageo, tu n'auras aucun problème à retourner demain d'où tu viens.

— Mais c'est ridicule !

— Je suis d'accord. Je t'ai clairement dit ce qu'il en était. Tu as eu tort de venir. Ton insistance me semble plus que déplacée.

— Tu n'as rien compris ! protesta-t-elle. Sais-tu pourquoi je suis restée à Paris ? Pour que tu te rendes compte que je te manquais... Nous sommes si bien ensemble ! Notre mariage...

— Quoi ? coupa Zageo avec incrédulité. Notre mariage ? Mais tu rêves ! Il n'a jamais été question de cela !

Exaspéré, il leva les bras au ciel et, enfin libérée, Emily put s'écarter d'eux. Le plus loin possible.

Mais Véronique ne se déclarait pas vaincue.

— Nous n'en avons pas parlé, c'est vrai. Est-ce une raison pour que cela n'arrive jamais ?

Zageo paraissait agacé au plus haut point.

— Ecoute, nous avions un accord qui nous convenait parfaitement, à l'un comme à l'autre. Tu savais que notre histoire ne durerait pas toujours. Je peux comprendre que tu ne sois pas contente, mais c'est ainsi. Inutile d'épiloguer.

Véronique désigna Emily d'un geste dédaigneux.

— Et tout cela, à cause d'*elle* ?

— Tout a une fin, déclara-t-il avec lassitude. J'avais décidé de rompre avant même de faire la connaissance de Mlle Ross.

Pour Emily, cet aveu fut un soulagement. Au moins, elle n'était pas la cause d'une rupture.

— Mais je suis là, maintenant, continua Véronique, furieuse. Je suis venue à toi. C'est à cause d'*elle* que tu ne veux plus de moi ? Qu'a-t-*elle* donc que je n'ai pas ?

Elle... elle... Lorsque le mannequin prononçait ce mot, c'était avec un intense dégoût.

Emily aurait voulu disparaître à l'instant. Quelle scène déplaisante ! Et quelle horreur d'en être témoin !

Zageo posa son regard sur Emily. Ses yeux sombres, mystérieux et en même temps chargés de tant de promesses, éveillaient mille désirs passionnés au plus profond d'elle-même. Elle sentait son cœur battre follement dans sa poitrine.

— Comparer une capiteuse orchidée de serre au nénuphar nacré qui vient d'éclore librement ? murmura-t-il. Impossible.

Emily se demanda si elle ne rêvait pas. Quoi, le prince la comparait à un nénuphar nacré ? Peu habituée à ce langage fleuri digne des *Mille et Une Nuits*, elle n'en croyait pas ses oreilles.

Les bras croisés, Zageo toisait maintenant Véronique.

— Je t'en prie, reprit-il. Cesse de protester. Ces récriminations sont indignes de toi. Entre nous, c'est fini.

Le mannequin se tourna vers Emily.

— Vous voyez comment ça se passe ? s'écria-t-elle avec rage. Vous êtes éblouie par lui, comme je l'ai été. Mais ça ne dure qu'un temps. Car Son Altesse décide, bien sûr, avec son arrogance tout orientale. Le jour où il en trouvera une autre, vous...

— Méfie-toi, Véronique, coupa le prince. Si tu continues ainsi, je serais capable de revenir sur ma décision de te donner l'appartement de Paris.

Elle rejeta ses cheveux en arrière dans un geste étudié.

— Je voulais simplement rendre service à Mlle Ross, qu'elle sache au moins où elle s'aventure.

La voix de Zageo claqua comme un coup de fouet.

— Assez ! Ou bien tu te tais, ou bien...

Il n'acheva pas sa phrase. Mais la menace était évidente.

Soudain réduite au silence, Véronique pinça les lèvres. Son regard était devenu très dur. Emily devina sans peine le cheminement des pensées de cette… *capiteuse orchidée*. Véronique admettait enfin avoir perdu la partie, et elle se rendait compte qu'il valait mieux ne pas s'opposer davantage au cheikh. N'était-il pas tout puissant à Zanzibar ? Si elle souhaitait garder l'appartement parisien, elle avait intérêt à se montrer plus philosophe.

Après avoir pris une profonde inspiration, la jeune femme réussit apparemment à recouvrer son calme.

— Je n'ai pas cru ce que tu m'as dit hier, dit-elle. Ça… ça m'a semblé impossible. Je suis venue pour que nous puissions nous expliquer, arranger les choses.

— Je suis navré que tu n'aies pas compris. Tu aurais pu t'éviter un pareil voyage.

L'orgueilleuse Véronique paraissait soudain sur le point de s'effondrer.

— J'étais persuadée que, nous deux, c'était pour toujours.

Zageo ne se laissa pas attendrir.

— Si tu avais réellement tenu à préserver notre relation, tu n'aurais pas hésité à me suivre quand je te l'ai demandé.

— J'avais signé plusieurs contrats.

— Et je t'avais offert mon jet privé pour te rendre sur les lieux où tu devais travailler.

Il se montrait implacable. En dépit de ses efforts, le top model ne parvenait pas à trouver d'issue. Bon gré, mal gré, elle devait désormais admettre que sa liaison avec le prince était terminée.

Emily ne put s'empêcher de la plaindre. Lorsque le cheikh Zageo Al Farrahn prenait une décision, mieux valait ne pas se mettre en travers de son chemin.

— Bien, à défaut de toi, je me contenterai donc de l'appartement, fit Véronique, vaincue.

— Le titre de propriété te sera remis dans les plus brefs délais. Considère-toi comme étant mon invitée pendant ton séjour au Salamander, et ce, jusqu'à ton retour à Paris. Demain ?

— Demain.

— Parfait. Je vais mettre le directeur au courant de cet arrangement.

Pendant qu'il s'emparait du téléphone, Véronique adressa à Emily un regard haineux. Puis, très droite, elle sortit en claquant violemment la porte.

Emily laissa échapper un petit soupir. Elle n'était pas mécontente de savoir que Véronique allait quitter Zanzibar dans moins de vingt-quatre heures.

« J'ai assez de soucis sans devoir affronter en plus la jalousie d'une pareille furie. »

Véronique était-elle amoureuse de Zageo ? Emily en doutait. Elle semblait tellement superficielle, tellement préoccupée par les apparences ! Seul le style de vie que pouvait lui offrir un prince richissime l'intéressait. Elle ne pouvait pas s'estimer lésée en recevant un appartement à Paris en guise de cadeau de rupture. D'autant plus qu'il ne s'agissait certainement pas d'un simple studio dans un quartier modeste, Emily l'aurait juré.

Après avoir donné un coup de téléphone pour organiser le séjour de Véronique au Salamander, Zageo alluma l'ordinateur qui se trouvait dans la pièce. Il fit signe à Emily de s'approcher.

Décontenancée, celle-ci obéit néanmoins.

— Ne souhaitiez-vous pas prendre contact avec votre sœur ? demanda-t-il en remarquant son air surpris.

Elle hocha la tête.

Par discrétion, Zageo alla s'installer à l'autre bout de la pièce pendant qu'elle frappait le mot de passe lui permettant d'accéder à sa boîte aux lettres.

Elle trouva un e-mail de sa sœur, daté du jour où, après avoir été droguée, elle s'était réveillée avec un terrible mal de tête à bord du bateau de Jacques Arnault.

> Emily, j'espère que tu recevras ces lignes avant d'embarquer pour Zanzibar. J'ai essayé de partir, mais tout a mal tourné. Une patrouille m'a arrêtée. J'ai eu beau implorer leur clémence, ils ont pris tout ce que j'avais emporté : argent et bijoux. Ils ont

même gardé la voiture. Puis ils ont appelé Malcolm pour qu'il vienne me chercher avec les filles. Nous sommes maintenant sous surveillance militaire à la maison. Les soldats encerclent la ferme. Interdiction absolue de sortir. Ils n'ont pas encore coupé les lignes téléphoniques, mais ça ne saurait tarder.

J'ai peur. Je n'ai jamais eu aussi peur de ma vie. Je suis prête à rester avec Malcolm jusqu'au bout... et advienne que pourra. Mais les filles ? Ce n'est pas juste que des enfants soient victimes. J'espérais que tu allais pouvoir les emmener en Australie. Nos parents s'en seraient occupés. Maintenant, je ne sais plus...

Pardon pour ce message un peu haché. J'écris en vitesse pour te mettre au courant avant qu'ils ne suppriment tous les moyens de communication.

Surtout, n'essaie pas de venir ici. Ça ne servirait absolument à rien. D'accord ?

J'essaierai de te mettre au courant de ce qui se passe. Si je le peux !

Je t'embrasse très fort.

Hannah

Emily se prit la tête entre les mains. Ce message datait d'une semaine, déjà. Que s'était-il passé depuis ?

— Emily ? s'inquiéta Zageo. Un problème ?

Elle leva vers lui un regard effrayé.

— Hannah et sa famille n'ont plus le droit de sortir de chez eux.

Et elle qui se plaignait d'être prisonnière d'un palais, d'un yacht, d'un hôtel de grand luxe ! Une plaisanterie à côté de ce que vivait sa sœur.

Elle se reprit la tête entre les mains.

— Les militaires encerclent leur ferme.

Dans un sanglot, elle ajouta :

— Ils sont peut-être tous morts maintenant.

— Quoi ?

— Lisez vous-même !

Elle libéra la place et se mit à faire les cent pas, en se tordant les mains.

— Vous vouliez une preuve de mon histoire ? La voilà !

Sans mot dire, Zageo alla lire l'e-mail qui était resté sur l'écran.

— Aïe ! fit-il seulement. Ce ne sont pas de bonnes nouvelles.

Emily se sentait paralysée par l'impuissance. Que pouvait-elle faire pour venir en aide à sa sœur ? Rien, elle ne pouvait rien faire.

Soudain, une pensée la frappa et elle s'immobilisa.

Le cheikh Zageo Al Farrahn disposait de moyens dont le commun des mortels n'avait aucune idée. Il possédait au moins un jet privé et probablement plusieurs hélicoptères. Sa chaîne d'hôtels l'avait amené à investir beaucoup d'argent en Afrique, si bien qu'il devait disposer d'appuis politiques importants.

De toute manière, il était très riche et pouvait se permettre de dépenser sans compter. N'avait-il pas offert à Véronique, en cadeau d'adieu, un appartement valant certainement plusieurs millions de dollars ?

Et cet homme voulait qu'elle devienne sa maîtresse ? Etant donné les circonstances, elle pouvait estimer avoir une chance folle !

Un petit rire hystérique lui vint aux lèvres. Le destin avait de ces ironies ! Jacques Arnault avait tenté de la vendre au prince en échange de sa liberté. Et elle songeait à se vendre à lui en échange de la liberté de sa sœur.

Au début, le cheikh l'avait prise pour une danseuse de cabaret. Eh bien, il ne lui restait plus, désormais, qu'à se conduire comme une femme facile.

Pour sauver Hannah et les siens, elle se sentait prête à tous les sacrifices.

11.

Dès leur retour au palais, Zageo et Emily partirent chacun de leur côté.

La jeune femme, qui avait déjà son plan en tête, courut jusqu'au quartier des femmes, tandis que le prince se rendait dans son bureau et faisait appeler Abdul, auquel il donna quelques instructions.

« Comment soulager la détresse d'Emily ? » ne cessait-il de se demander.

Tout d'abord, il fallait découvrir ce qu'il était advenu des Coleman. Hannah avait envoyé cet e-mail désespéré à sa sœur plus d'une semaine auparavant. Depuis, elle n'avait donné aucun signe de vie… Mauvais signe !

Zageo savait maintenant qu'Emily lui avait dit la vérité. La trafiquante de drogue, la danseuse de cabaret à la morale élastique n'avait jamais existé que dans son imagination. Tout ce qu'il apprenait au sujet de cette jeune femme fière et indépendante le fascinait.

Et il la désirait intensément. Lirait-il un jour dans les magnifiques yeux bleus d'Emily une passion égale à celle qu'il éprouvait pour elle ?

Abdul, un as de l'informatique qui avait des connexions un peu partout dans le monde, revint le trouver une demi-heure plus tard avec les renseignements demandés.

— Les Coleman qui ont séjourné au Salamander sont bien ceux qui se trouvent actuellement au Zimbabwe, du côté de High Veld. Malcolm Coleman et sa femme Hannah ont deux enfants…

— Je sais tout cela, fit le prince avec impatience. Sont-ils toujours vivants ?

— Ils l'étaient aujourd'hui, Altesse. Mais ils se trouvent sous surveillance militaire et n'ont pas l'autorisation de quitter leur ferme.

Zageo laissa échapper un soupir de soulagement. Il aurait au moins une bonne nouvelle à annoncer à la jeune femme.

— Leur situation n'est pas brillante, soupira Abdul.

— Je m'en doute.

— Malcolm Coleman s'est farouchement opposé à la politique actuelle du gouvernement. Evidemment, cela n'a pas plu en haut lieu. Son nom se trouve sur la liste des ennemis du régime.

— Est-il en danger ?

— Oui, mais pas dans l'immédiat. A mon avis, il reste une marge de manœuvre, si du moins vous souhaitez tenter quelque chose.

— Je le souhaite.

Abdul en tira les conclusions qui s'imposaient.

— Par conséquent, si je comprends bien, Mlle Ross ne partira pas lundi ?

— En admettant que nous parvenions à venir en aide à sa sœur, je pense que son séjour devrait se prolonger, en effet. Par ailleurs, sa compagnie agrémenterait ma tournée en Afrique.

— Je vois…

Un silence s'installa.

— Le temps presse, reprit Abdul. Malcolm Coleman refuse obstinément de quitter le Zimbabwe, en dépit de la pression des autorités. Son attitude d'opposition systématique est suicidaire. Tout cela risque de mal se terminer.

— Il lutte pour garder ce qui lui appartient. Son grand-père a bâti cette ferme à partir de rien, si j'ai bien compris. Devoir tout quitter sans la moindre compensation… c'est très dur.

— Mais au moins, il aurait la vie sauve. Et la vie n'a pas de prix.

— Abdul, voyez s'il existe une possibilité d'acquérir

cette ferme. Ainsi, Coleman quitterait le Zimbabwe la tête haute et pourrait refaire sa vie ailleurs.

— Vous voulez acheter une propriété au Zimbabwe ? demanda Abdul avec incrédulité.

— Le temps de laisser les Coleman franchir la frontière. Parallèlement, tâchez de trouver un personnage officiel important à qui sourirait l'idée de devenir propriétaire d'une ferme moderne sans avoir à débourser un centime.

Abdul hocha la tête.

— Je comprends. Une solution diplomatique.

— Sous le manteau. Donnant, donnant.

— Naturellement, Altesse.

Après le départ de son assistant, Zageo se détendit. Il était confiant. Ce soir, il pourrait annoncer à Emily que non seulement sa sœur était toujours vivante, mais qu'il avait tout mis en œuvre pour tenter de la sauver, ainsi que sa famille.

Alors, elle ne pourrait plus rien lui refuser.

Donnant, donnant.

12.

Zageo avait dit à Emily qu'il l'enverrait chercher à l'heure du dîner. Cela lui laissait donc tout le temps de se préparer.

L'image de Véronique restait imprimée dans l'esprit de la jeune femme. Il était évident que le cheikh souhaitait voir ses maîtresses très maquillées et habillées de manière sexy. Mais elle ne possédait rien d'approprié dans ses bagages.

Soudain, elle eut une idée.

— Heba, avez-vous toujours la malle avec les costumes de danseuse ?

— Oui. Voulez-vous que je vous la fasse apporter ?

— S'il vous plaît.

Dix minutes plus tard, Emily cherchait un ensemble comme les aimait apparemment Zageo. N'avait-il pas souhaité, la veille, qu'elle se présente à lui ainsi vêtue ?

« Ou dévêtue, plutôt… », ajouta-t-elle intérieurement.

Elle choisit un costume rose vif orné de paillettes noires et argent. Le soutien-gorge projetait ses seins en avant, les découvrant largement. Quant à la jupe, fendue très haut pour permettre une certaine liberté de mouvement, elle collait à ses hanches et à ses cuisses de manière suggestive.

Heba l'examina sans enthousiasme avant de commenter d'un ton critique :

— C'est indécent.

— Tant mieux ! Il faut justement que je sois indécente ce soir, répliqua Emily.

L'opinion de Heba lui importait peu. Elle était prête à tout pour amener le prince à tenter quelque chose pour sauver Hannah et sa famille.

Elle se conduisait comme une vulgaire courtisane ? Tant pis ! Elle savait déjà que, si elle ne faisait pas l'impossible pour aider sa sœur, elle ne se le pardonnerait jamais.

Par ailleurs, ce ne serait pas une expérience si désagréable… Bien au contraire, admit-elle avec une certaine confusion.

C'était vrai, elle était très attirée par Zageo. Mais elle était cependant sans illusions. Si la superbe Véronique avait vécu pendant deux ans avec lui, elle ne pouvait pas espérer avoir plus de deux mois. Peut-être le temps de sa tournée africaine dans les hôtels Al Farrahn ? Après cela, il ne faudrait pas songer à l'accompagner dans sa vie d'homme d'affaires et d'habitué de la jet-set. De toute façon, elle n'aurait pas été à sa place dans ce monde-là, songea-t-elle avec une amertume teintée de tristesse.

Et puis, sa décision était prise. Ce n'était peut-être pas très moral mais, après tout, elle ne devait de comptes à personne, elle était libre de son temps, de sa vie… Et que représentaient quelques semaines, peut-être quelques mois de son existence en regard de la vie d'Hannah et des siens ?

Elle s'enveloppa dans l'ample cape de soie noire qu'elle avait trouvée au fond de la malle. La danseuse devait s'en revêtir au moment d'entrer en scène, avant de s'en débarrasser pour apparaître dans l'un de ses spectaculaires costumes.

Lorsque les gardes vinrent la chercher, ils ne purent pas voir un seul centimètre carré de sa peau, à l'exception de celle de son visage et de ses mains. Même ses cheveux étaient couverts par la capuche.

Ils la conduisirent dans le salon privé qu'elle connaissait déjà. Comme la veille, Zageo portait une longue tunique blanche très large sur laquelle était jetée une autre tunique noire, sans manches, bordée d'un galon doré.

Quand il se leva courtoisement pour l'accueillir, Emily se sentit soudain très intimidée. Si elle s'était écoutée, elle se serait cachée dans un trou de souris…

Mais elle ne pouvait plus reculer maintenant. Prenant son courage à deux mains, elle laissa tomber la cape à ses pieds.

Le prince demeura interdit quelques instants. Et à sa grande surprise, Emily s'aperçut que son apparence, au lieu de susciter son intérêt, semblait au contraire provoquer sa colère.

— Que signifie cela ? lança-t-il d'une voix dure. Vous m'aviez assuré que ces costumes ne vous appartenaient pas.

— Non. Mais je… euh, j'ai pensé que cela vous plairait de me voir habillée ainsi.

— Que cela me plairait ! répéta-t-il avec un indicible mépris.

Les yeux plissés, il l'examinait sans mot dire. Emily avait l'impression que l'on n'entendait plus que les battements fous de son cœur. Elle avait répété son petit numéro. Elle devait avancer vers lui en ondulant des hanches, se glisser dans ses bras… et ensuite, il aurait pris l'initiative.

Au lieu de cela, elle demeurait stupidement clouée sur place.

— Et pourquoi avez-vous soudain décidé de me plaire, Emily ?

Il paraissait de plus en plus furieux, ce qu'elle ne parvenait pas à comprendre. Elle s'attendait si peu à une telle réaction de sa part ! A présent, elle n'avait plus aucune idée de ce qu'elle devait faire ou dire.

Avec un rire sardonique, il reprit :

— Votre attitude me surprend d'autant plus que jusqu'à présent, vous avez surtout tenté de mettre de la distance entre nous.

Tête basse, les joues en feu, Emily n'osait plus bouger. Ses motivations n'étaient que trop évidentes, elle s'en rendait compte… un peu tard.

Elle venait de se conduire comme une prostituée. Et pour quel résultat ? Celui de perdre le peu de respect que le prince lui avait jusqu'à présent témoigné.

— Pourquoi ce changement d'attitude ? demanda-t-il en s'approchant à pas lents. Parce que vous êtes sûre, maintenant, que tout est fini entre Véronique et moi ?

Il passa derrière elle, souleva ses longs cheveux d'or pâle avant de déclarer dans un murmure :

— Vous êtes prête à recevoir mes caresses ? Mes baisers ? Dites-le, Emily.

Morte de honte, tendue à l'extrême, elle crispa les mains.

— Vous… vous pouvez faire tout ce que vous voulez de moi.

— Ne soyez pas aussi passive. Quoique, maintenant que j'en ai la permission…

Avec expertise, il défit les agrafes du soutien-gorge et en fit glisser, avec une infinie lenteur, les bretelles sur les épaules de la jeune femme, découvrant peu à peu sa poitrine. Sans réfléchir, dans un mouvement instinctif, Emily remit le vêtement pailleté en place.

— A quel jeu jouez-vous ? s'étonna-t-il.

Ses doigts se posèrent sur ceux d'Emily, frôlèrent le haut de ses seins.

— Arrêtez, fit-elle d'une voix étranglée. Je… je vous en prie, arrêtez !

— Cela ne vous plaît pas ?

— Non… Si ! Euh… non. Je veux dire que…

— Que voulez-vous dire, Emily ?

Morte de honte, elle sentit les larmes lui monter aux yeux. Elle avait tout gâché, tout était allé de travers. Et pourquoi ? Simplement parce qu'elle ne possédait pas la sophistication suffisante pour se livrer à un tel jeu de séduction.

Elle crut entendre la voix du prince : « Ce n'est pas un jeu, Emily. Il s'agit d'une sorte de voyage dans l'inconnu. Les indications ne sont pas nettes, les panneaux semblent illisibles… Quant à la destination, elle reste incertaine. Mais je pars quand même. Et vous venez avec moi. »

Elle prit une profonde inspiration avant de déclarer d'une voix hachée :

— Ce… ce voyage dans l'inconnu… Je suis prête à vous accompagner si… si vous acceptez d'aider ma sœur.

— Et si je refuse, vous me repousserez ?

Elle se mordit la lèvre. Comment avait-elle pu se lancer dans un pareil marchandage ?

— Je… je suis désolée, balbutia-t-elle. Il fallait que je trouve une solution et je… je ne savais pas quoi faire.

— Petite folle ! Vous lancer dans une aventure pareille ! Une aventure qui n'est pas dans votre nature.

La prenant par la taille, il l'obligea à se tourner vers lui.

Puis, du bout des doigts, il essuya les larmes qui glissaient sur ses joues, dans un geste infiniment tendre qui contrastait avec ses yeux étincelants de colère.

— Vous me croyez donc insensible à votre désespoir concernant votre sœur et sa famille ?

— Ils ne représentent rien pour vous.

— Et vous ? demanda-t-il avec douceur. Vous croyez ne rien représenter pour moi ? Comment avez-vous pu agir ainsi ?

De nouveau, Emily baissa la tête.

— Je n'ai pas trouvé d'autre solution, avoua-t-elle avec confusion. Mettez-vous à ma place ! Je ne vous connais pas. Vous m'avez gardée ici en tant que prisonnière…

— En tant qu'invitée.

— Pour… pour jouer avec moi.

— Jouer avec vous ! répéta-t-il avec dégoût. Vous n'êtes qu'une petite folle, oui !

La colère envahit soudain Emily. Se rejetant en arrière, elle fit face à Zageo. Sa timidité s'était envolée. C'était à son tour d'accuser.

— Vous n'avez pas cessé de multiplier les épreuves, rétorqua-t-elle. J'ai l'impression d'avoir été un animal de cirque obligé de sauter de cerceau en cerceau.

— Quoi ?

— Mais oui ! Tout d'abord, vous avez pris votre attitude de grand inquisiteur, refusant de croire un seul mot de ce que je disais. Ensuite, vous m'avez obligée à revêtir une tenue de danseuse du ventre.

— Cela ne semble pas vous avoir beaucoup gênée d'en remettre une ce soir.

— J'essaie de m'adapter à votre cirque !

— Mon cirque ?

Soudain, il la souleva sans effort dans ses bras et l'emporta jusque dans la pièce voisine.

— Mon cirque…, répéta-t-il encore, avec colère, avec amusement, avec… avec Emily ne savait trop quoi.

Soudain, elle se retrouva sur un lit immense couvert de coussins de soie aux couleurs exotiques.

Son soutien-gorge, de nouveau dégrafé, fut expédié à l'autre bout de la pièce.

— Cette fois, on ne recule plus, Emily, déclara le prince avec une soudaine gravité. Nous avons conclu un marché. En échange de mon aide pour sauver les vôtres, vous m'avez permis de faire tout ce que je voulais de vous. N'est-ce pas ?

— Comment puis-je être sûre que vous m'aiderez ?

— Quand je promets quelque chose, je ne me dédis jamais.

Il paraissait animé d'une rage qui n'avait d'égale que sa passion. En quelques instants, Emily se retrouva nue dans les bras de Zageo, entièrement dévêtu lui aussi.

— Et toi, Emily ? interrogea-t-il avec fièvre. Tiendras-tu parole ?

Il la lâcha brusquement et, d'un geste impérieux, désigna la porte.

— Tu peux partir, si tu veux. Tu es libre. Cela devrait te plaire, toi qui tiens tellement à ta liberté, ajouta-t-il avec ironie.

Sa voix redevint coupante.

— Mais si tu pars maintenant, sois prévenue : tu n'obtiendras rien de moi.

Emily demeurait silencieuse. Elle pouvait seulement l'admirer. Il était si beau. Si beau qu'elle ne pouvait presque plus respirer.

Pourtant, elle en avait vu, des hommes nus — ou, plus exactement, en maillot. Des sportifs qui présentaient tous à peu près le même aspect. Même bronzage, du muscle à en revendre, de larges épaules, des estomacs en forme de tablette de chocolat, des hanches étroites, des jambes puissantes…

Zageo possédait tout cela. Et, en plus, un corps superbement proportionné, superbement viril. Sa musculature n'était pas de celles que l'on entretenait dans les salles de gym.

Quant à sa peau couleur pain d'épice, elle paraissait si douce, si chaude… Emily mourait d'envie de la toucher.

Elle n'était guère expérimentée. Après tout, Brian avait été le seul pour elle. Mais la superbe virilité que Zageo exposait avec un étonnant naturel faisait naître en elle des désirs passionnés qu'elle n'avait jusqu'à présent jamais connus.

Prenant son silence pour un acquiescement — et c'en

était un —, il la reprit dans ses bras. Soudain, ses mains se mirent à courir sur son corps. Emily frémissait contre lui, s'offrant déjà tout entière.

Les caresses de Zageo devenaient de plus en plus précises, de plus en plus intimes. Emily vivait, vibrait contre lui, emportée par les vagues d'un plaisir érotique de plus en plus intense, tandis qu'un gémissement voluptueux, un gémissement dont elle était à peine consciente, s'échappait de ses lèvres.

Et ils n'en étaient qu'au stade des caresses !

Toutes ses inhibitions oubliées, elle s'arqua contre lui, l'explorant elle aussi de ses doigts, de sa bouche.

L'humiliation qui l'avait terrassée un peu plus tôt avait disparu. Elle n'était plus qu'une femme affolée de désir. Quand il se souleva au-dessus d'elle, la dominant de toute sa puissance d'homme, elle n'hésita pas et lui tendit les bras.

— Viens, fit-elle dans un souffle.

— Tu le veux ?

— Oui, répéta-t-elle en écho, d'une voix rauque qu'elle ne se connaissait pas.

Il la pénétra d'une seule poussée. Emily s'entendit gémir, crier de plaisir… Ensemble, ils atteignirent l'orgasme. Et avant de retomber sur terre, elle flotta encore longtemps au septième ciel.

Emily s'étira paresseusement, envahie d'une douce langueur. Elle venait de vivre des moments extraordinaires. Jamais elle n'aurait cru possible de vibrer à ce point dans les bras d'un homme.

Cette découverte, ce plaisir, elle les devait au cheikh Zageo Al Farrahn, un homme dont elle ignorait l'existence deux jours plus tôt.

Elle pouvait comprendre que Véronique renâcle à l'idée de perdre un tel amant. Ceux qui étaient capables de faire vibrer une femme ainsi devaient être bien rares. Zageo l'avait révélée à elle-même, l'amenant à des sommets de plaisir inconnus pour elle. Même avec Brian…

Elle s'en voulut de laisser ses pensées s'égarer ainsi. Elle avait aimé Brian. Ils s'entendaient bien, sur tous les plans. Mais comment comparer la tendresse quotidienne avec… avec cette tornade ?

En un peu plus de vingt-quatre heures, elle avait l'impression d'avoir vécu presque autant d'événements qu'en l'espace de toute une vie. Jacques Arnault, la découverte de ses trafics, sa fuite éperdue, la mangrove, les gardes armés de mitraillettes…

Hannah !

Comment, dans ce tourbillon, avait-elle pu oublier sa sœur, ne serait-ce que pendant une heure ? N'était-ce pas pour retrouver Hannah qu'elle était venue à Zanzibar ? N'était-ce pas pour obtenir l'aide du prince qu'elle s'était livrée à lui ?

Zageo, qui lui caressait les cheveux, sentit son changement d'humeur.

— Ils sont vivants, dit-il.

Emily se tourna vers lui, abasourdie. Comment avait-il pu deviner ses pensées ?

— Ta sœur, son mari et leurs filles. Ils sont vivants.

— Comment le sais-tu ? demanda-t-elle avec stupeur.

— Tu ne me crois pas ?

— Si, répondit-elle sans hésiter. Mais comment as-tu pu obtenir ces renseignements ?

— Dès notre retour au palais, j'ai donné quelques instructions.

— Ils se trouvent toujours à la ferme, sous surveillance militaire ?

— Oui. Et ils sont vivants, répéta Zageo. N'est-ce pas le plus important ? Je vais m'arranger pour les tirer de là.

Un intense soulagement submergea soudain Emily. Le prince allait sauver sa sœur ! Jamais elle ne regretterait son sacrifice.

Un *sacrifice* ? Elle eut envie de rire. « Drôle de sacrifice ! » pensa-t-elle.

Comme fasciné, Zageo observait les expressions qui se succédaient sur le visage mobile de la jeune femme.

— Comment vas-tu procéder ? interrogea-t-elle.

— Pas de questions. Fais-moi confiance pour négocier leur liberté.

— Mais…

— Ce n'est pas ton affaire. Tu sais de quoi tu dois t'occuper ?

A cet instant, il était redevenu le cheikh arrogant au ton impérieux.

— De me satisfaire, acheva-t-il.

Malheureusement, avec son expérience limitée, Emily n'avait aucune idée des moyens qu'il fallait employer pour combler un homme. Véronique devait être beaucoup plus expérimentée qu'elle en ce domaine…

— Il… il faudra que tu me dises comment, balbutia-t-elle avec une soudaine gaucherie.

Il lui sourit.

— Crois-tu que ce soit nécessaire ? Tu sembles assez douée.

Et il suffit qu'il lui caresse un sein pour que, de nouveau, le désir l'envahisse.

— Je ne suis pas près de me rassasier de toi, murmura-t-il.

« Moi non plus », faillit-elle répondre. Mais un restant de timidité l'en empêcha.

13.

Le lundi matin, ils s'envolèrent pour le Kenya. Emily ne l'apprit qu'au moment de boucler sa ceinture dans le jet privé aux fauteuils de cuir pâle.

— Mais ce n'est pas la direction du Zimbabwe, protesta-t-elle.

Zageo la toisa.

— Je t'ai promis de m'occuper de ta sœur et des siens. Laisse-moi décider de quelle manière.

— Je ne trouve pas très logique d'aller au Kenya alors que…

Un regard du prince la réduisit au silence. Quelques instants plus tard, pourtant, elle insista encore.

— Si seulement tu m'expliquais comment…

— Les négociations pour assurer la sécurité de la famille Coleman peuvent prendre un certain temps, d'autant plus qu'il faut passer par des voies… diplomatiques. Pendant que les tractations sont en cours, je poursuis ma tournée d'inspection — comme prévu. Et tu m'accompagnes — comme prévu.

Que dire ? Elle n'avait pas le choix.

Et comment aurait-elle pu s'en plaindre ? Grâce à Zageo, elle allait faire un voyage fantastique. Quant à ses nuits… elles n'étaient que passion et volupté.

Au Kenya, l'hôtel de la chaîne Al Farrahn ne ressemblait à aucun autre. Il s'agissait d'un centre de safari construit au cœur d'une réserve dans le style d'un village masai. Les bungalows avaient l'air de huttes en terre, coiffées d'un toit pointu en palmes sèches. Mais à l'intérieur régnait le confort le plus moderne, dans un décor coloré très africain.

Et quelle vue fantastique !

Emily ne se lassait pas de contempler la plaine qui semblait se dérouler jusqu'à l'infini, ponctuée par les grands acacias si caractéristiques. Le spectacle ne cessait pas. Ici, un troupeau d'antilopes se dirigeait vers un point d'eau. Là, quelques zèbres bondissaient dans la savane. Un peu plus loin évoluaient des girafes à la démarche nonchalante.

L'enchantement continua quand ils partirent en excursion dans un minibus. Les animaux, habitués à voir passer les touristes bardés de caméras, ne leur prêtaient aucune attention. Ils se laissaient photographier tout en continuant à brouter, à trotter dans les hautes herbes ou à somnoler à l'ombre d'un buisson.

Emily ouvrait de grands yeux émerveillés.

« Quelle chance ! Quelle chance extraordinaire j'ai de voir tout cela », ne cessait-elle de se répéter.

Mais lorsqu'elle vit une bande de vautours au cou décharné, attendant de fondre sur les restes d'une proie sanglante que dévorait un guépard, elle ne put réprimer un frisson d'horreur.

Ils firent plusieurs excursions. Jamais dans la même voiture, ni avec le même chauffeur — ni les mêmes groupes de touristes.

Laissant Emily s'asseoir avec les autres passagers, Zageo s'installait à l'avant et posait au chauffeur mille questions sur son travail, sa vie. Il observait la manière dont était organisé le safari. Un safari-photo, bien évidemment ! Seul le garde qui les accompagnait était armé.

Les chauffeurs communiquaient entre eux par radio. Leur itinéraire était fixé à l'avance mais, dès que l'un d'eux signalait aux autres un spectacle intéressant, ils avaient la possibilité de se dérouter afin de permettre aux touristes d'en profiter.

Ce fut ainsi que plusieurs minibus purent converger vers une petite famille de lions. Pendant qu'on la mitraillait de photos, la lionne ne cessa pas de jouer avec ses petits. Seul le mâle secoua sa crinière avec une certaine impatience avant de tourner vers les spectateurs un regard dédaigneux.

Emily comprit très vite que Zageo prenait cette tournée d'inspection très au sérieux. Il ne se contentait pas de vérifier les comptes ou l'administration de l'hôtel avec les directeurs. Il voulait tout savoir et parlait avec chacun des employés qu'il rencontrait. Cela pouvait aussi bien être un réceptionniste qu'une femme de chambre ou un jardinier.

Au grand étonnement d'Emily, l'autocratique prince Zageo ne s'adressait pas à ces modestes serviteurs avec hauteur. Bien au contraire, il les traitait avec beaucoup de compréhension et de respect.

« Et eux aussi le respectent », remarqua-t-elle, quelque peu surprise par cette découverte.

Ils l'appréciaient vraiment. Jamais elle ne surprit un employé hausser les épaules ou lever les yeux au ciel après le passage du cheikh.

Cela contribua à modifier l'opinion qu'elle avait de lui.

A présent, Emily comprenait que toutes les apparences étaient contre elle quand les gardes l'avaient amenée devant le prince. Elle naviguait seule avec un trafiquant de drogue… Comment ne l'aurait-on pas prise pour sa complice ?

« Mon histoire ne semblait pas tenir debout », pensa-t-elle.

Et pourtant, Zageo lui avait laissé le bénéfice du doute, alors qu'il aurait pu la livrer immédiatement à la police sans même l'écouter.

Puis, il avait pris la peine d'effectuer quelques vérifications. Et maintenant, il s'occupait de la libération d'Hannah… Tout en lui offrant la plus généreuse, la plus luxueuse des hospitalités.

Que lui donnait-elle en échange de tout cela ? Ses nuits, soit ! Cela ne représentait guère une épreuve. Bien au contraire : toute la journée, elle attendait avec impatience le moment d'être seule avec lui.

Ce matin-là, après lui avoir encore fait l'amour passionnément, dès son réveil, Zageo lui demanda :

— Aimerais-tu paresser près de la piscine pendant que je retourne en safari ?

Elle lui adressa un regard angoissé. En quoi lui avait-elle déplu ? Se lassait-il déjà d'elle ?

— Je… je croyais que tu voulais que je sois avec toi…

Il eut un geste exaspéré.

— Tu n'es quand même pas mon esclave ! Ne te sens pas obligée de me suivre partout. Je tiens à tout inspecter, mais je peux comprendre que cela t'ennuie.

— M'ennuyer ? s'écria-t-elle avec stupeur.

— Oui. Tu préférerais peut-être flâner sur une chaise longue ou bien t'offrir une séance de massage au lieu de crapahuter dans la savane au milieu de touristes pas toujours intéressants, et…

Elle lui coupa la parole.

— Tout ce que l'on voit est passionnant ! Je ne veux rien manquer. Ce serait trop bête. Peut-être ne reverrai-je jamais tout cela de ma vie. Ah, non, alors ! La piscine ou le massage ? Merci ! J'aime cent fois mieux t'accompagner.

Il sourit, amusé par sa véhémence.

— L'aventure te plaît ?

— Elle m'enchante ! J'ai toujours été fascinée par la nature et les animaux. Rien de tout cela ne pourra jamais m'ennuyer.

— Et moi ?

Lui encore moins… Mais elle n'allait sûrement pas le lui avouer.

— Pour moi, tu représentes une aventure… inattendue, admit-elle cependant. Et tu le sais, non ?

Qu'il représente pour Emily une grande aventure, Zageo en était conscient.

Et elle en était également une pour lui. Car elle ne ressemblait à aucune des femmes qu'il avait connues jusqu'à présent. Sa simplicité, son manque absolu de sophistication et de calcul l'enchantaient.

Quant à son corps… Son corps parfait dont il savait jouer

comme d'un violon… Il lui répondait immédiatement, avec une incroyable sensualité.

Il existait cependant un point obscur dans tout ceci. Emily ne cachait pas sa joie de faire ce qui, pour elle, représentait un fabuleux voyage. Mais elle était venue à lui dans des termes qui lui déplaisaient profondément.

Certes, ils avaient conclu un marché. Mais cela gâchait tout.

Zageo ne cessait de se demander comment les choses se seraient passées si la vie d'Hannah n'avait pas été en jeu. Emily se serait-elle donnée à lui aussi spontanément ?

Il craignait fort que non. Oui, cela gâchait tout.

Comme il avait hâte que tout s'arrange là-bas, au Zimbabwe ! Hélas, l'Afrique restait l'Afrique. Le temps ne comptait guère, les négociations traînaient. Et aucun progrès notable n'avait été réalisé jusqu'à présent.

Abdul ne ménageait pourtant ni son temps, ni sa peine. Le plus gros obstacle venait de Malcolm Coleman lui-même. Le beau-frère d'Emily refusait obstinément de quitter sa ferme. Une offre d'achat très intéressante lui avait été faite, mais il n'y avait pas cru.

— La seule solution, maintenant ? dit Abdul. Aller le trouver et tenter de lui faire entendre raison. Il faudrait affréter un hélicoptère. Mais c'est dangereux. Comment passer au-dessus des détachements de militaires sans essuyer leurs tirs ?

Il secoua la tête d'un air soucieux.

— C'est très dangereux, ajouta-t-il. Pourquoi ne pas expliquer à Mlle Ross que Coleman refuse obstinément de coopérer ? Peut-être pourrait-elle…

Il n'eut pas besoin d'en dire davantage. Déjà, la réponse avait fusé.

— Pas question de la mêler à tout cela, répliqua Zageo.

— Bien.

— Par ailleurs, Abdul, je ne veux pas que cette opération se solde par un échec. Est-ce entendu ?

— Oui, Altesse.

— Je crois qu'une conférence officielle doit se tenir dans les jours à venir dans notre hôtel de Zambie ?

Sans attendre la réponse, le prince poursuivit :

— Arrangez-vous pour trouver la liste des participants du Zimbabwe. L'un d'eux devrait me garantir l'immunité. Le prix n'a pas d'importance.

— Le prix de l'immunité, celui de la ferme…, objecta Abdul.

— C'est sans importance, vous dis-je, répéta le prince avec un visible agacement.

Il était prêt à dépenser des millions et des millions de dollars.

Quant à risquer sa vie ? C'était peut-être aller un peu loin pour contenter une femme. Malgré tout, il ne se posait pas de questions. N'avait-il pas promis à Emily de sauver sa sœur, cet entêté de Malcolm et leurs deux enfants ? Eh bien, il mettrait tout en œuvre pour cela.

Emily sentait son anxiété monter. Pourquoi Zageo refusait-il de la mettre au courant des pourparlers en cours avec le Zimbabwe ?

Elle n'osait plus lui poser de questions, sachant qu'il interprétait cela comme un manque de confiance.

Mais cette nuit-là, lorsqu'il lui annonça qu'ils partiraient le lendemain pour la Zambie, elle ne put s'empêcher de remarquer :

— La Zambie est à côté du Zimbabwe. Cela signifie-t-il que…

— Cela signifie que nous allons en Zambie, coupa-t-il.

Elle serra les dents, tandis qu'une vague de rébellion la submergeait. Ils s'étaient fait mutuellement des promesses. Elle-même avait rempli sa part du contrat. Mais lui ?

Elle planta son regard droit dans le sien.

— Pourquoi la Zambie ?

— L'un des hôtels Al Farrahn est situé en bordure du fleuve Zambèze, tout près des chutes Victoria, qui ont été découvertes par Livingstone en…

Elle n'avait pas besoin d'une leçon de géographie, et encore moins d'histoire !

— Ce séjour n'a donc rien à voir avec ma sœur ?

— Je vais rencontrer des gens qui pourront peut-être m'aider.

Elle leva les bras au ciel.

— Qui pourront *peut-être* !

Incapable de contrôler plus longtemps sa colère, Emily s'écria :

— Tu exagères. Nous avions conclu un accord, non ?

— Exact.

— Moi, j'ai accompli ma part du marché. Mais tu n'as encore rien fait, de ton côté. C'est du moins l'impression que tu me donnes.

— Ah, bon ! Ta part du marché ? Cela te coûte tant d'être avec moi ?

Cette fois, Emily demeura silencieuse. Cela ne lui avait rien coûté de suivre Zageo. Bien au contraire. Elle avait volontiers cédé à tous ses désirs… Il lui était même souvent arrivé de les précéder.

Une peur panique l'envahit. Et si, profitant de la situation, Zageo ne tentait rien pour sauver Hannah ?

Elle sauta hors du lit.

— Tu penses que je t'aurais dit oui de toute manière ? répliqua-t-elle, tremblante de fureur. Tu te crois si irrésistible ?

Le prince s'appuya sur un coude et plissa les yeux pour l'observer.

— S'il y avait eu la moindre résistance de ta part, je m'en serais rendu compte.

— Et si je résistais maintenant ?

— Ce serait ridicule.

— Pas du tout.

Emily se raidit, défiant du regard celui qu'elle considérait comme l'homme le plus séduisant du monde.

— Je peux très bien te dire non.

Lorsqu'il fit lentement courir son regard sombre sur elle, Emily sentit le désir l'envahir.

— Pourquoi veux-tu nous priver de tout ce plaisir ? interrogea-t-il avec nonchalance.

Elle réussit à demeurer ferme, comprenant que si elle

lâchait prise maintenant, elle n'aurait plus aucune marge de manœuvre.

— Pourquoi devrais-je tout te donner et toi rien ? riposta-t-elle. Tu pourrais au moins me mettre au courant de tes démarches.

Il laissa échapper un soupir exaspéré.

— Nous voilà de retour au point de départ. Notre relation n'a donc pas progressé plus que cela ?

— Une relation entre un homme et une femme, c'est aussi le partage.

— Et selon toi, nous n'avons rien partagé ?

— Si, concéda-t-elle. Mais je voudrais que tu me dises où tu en es avec Hannah et…

— Je t'ai promis mon aide pour sauver ta sœur et les siens, coupa-t-il. Je les sauverai. Tu n'as pas besoin d'en savoir davantage pour le moment.

Mais pour qui la prenait-il ? Elle eut l'impression qu'il se débarrassait d'elle comme il se serait débarrassé d'un insecte. Piquée au vif, elle s'écria :

— « Je les sauverai », vient de déclarer Son Altesse avec arrogance. Mais quand ? Lorsque nous serons en Zambie, as-tu l'intention de tenter quelque chose ?

— Cela suffit !

Il se leva, enfila un peignoir dont il noua la ceinture avec un geste brusque. Puis, il désigna le grand lit.

— Je te laisse en paix. Plus question de te réclamer quoi que ce soit jusqu'à ce que j'aie rempli ma part du contrat.

La respiration coupée, Emily eut l'impression que ses poumons allaient éclater. Soudain, l'oxygène lui manquait. Son cerveau n'était plus qu'un brouillard.

— Je veux seulement des nouvelles d'Hannah, murmura-t-elle, au bord des larmes. Est-ce déraisonnable ? J'ai peur pour elle, pour Malcolm, pour Jenny, pour…

Zageo était déjà à la porte. Sans même se retourner, il lança :

— Tu n'as pas besoin d'avoir peur pour la vie de ta sœur et de ses proches. Demain matin, de bonne heure, nous partirons pour la Zambie. Tâche d'être prête.

14.

« Je vais rencontrer des gens qui pourront peut-être m'aider… »

Du balcon de sa suite, Emily observait les préparatifs du dîner qui se tiendrait à l'abri d'une élégante tente blanche, sur des pelouses aussi vertes, aussi veloutées qu'un gazon anglais.

Les jardins de l'hôtel Al Farrahn descendaient en pente douce jusqu'au fleuve Zambèze, très large et tranquille à cet endroit. Mais tout changeait au moment où il s'abattait, d'une hauteur de plus de cent mètres, dans un bouillonnement d'eau et d'écume.

Les chutes Victoria… Quel spectacle impressionnant ! Une merveille de la nature qu'Emily ne se lassait pas d'admirer.

Des gardes de sécurité et des policiers ne cessaient de patrouiller autour de l'hôtel. Sur une scène installée à l'ombre des grands arbres, des ingénieurs du son vérifiaient les haut-parleurs, tandis que des ténors africains essayaient leur voix, répétant des airs qu'Emily avait entendu chanter par Pavarotti, Placido Domingo et Carrera.

Elle avait à peine vu Zageo depuis leur arrivée dans cet hôtel magnifiquement situé. Une employée de l'hôtel avait été chargée de la conduire jusqu'à sa chambre et de lui offrir tout ce qu'elle pouvait souhaiter. Un cocktail ? Des fruits ? Une glace ? Une chaise longue près de la piscine ? De la lecture ? Une excursion ?

Fidèle à sa parole, le cheikh se désintéressait complètement d'elle.

Elle avait droit à une suite immense pour elle toute seule.

Quant à Zageo, il occupait la chambre voisine. Certes, la porte de communication n'était pas verrouillée, mais il ne l'avait pas ouverte.

Tout était donc fini entre eux ? Ou à peu près ?

A cette perspective, Emily se sentait étrangement désemparée.

Il lui restait cependant un petit espoir. Si la réunion de ce soir se révélait fructueuse, le prince daignerait peut-être lui donner des nouvelles ? Inutile de lui poser des questions maintenant, elle savait déjà que ce serait aller au-devant d'une autre rebuffade.

Dès le début, elle avait été consciente des différences de culture et d'éducation qui existaient entre eux. Elle avait cependant espéré, en dehors de toute logique, qu'il comprendrait qu'une Australienne ne pourrait jamais se comporter en compagne effacée et docile.

Quelle erreur !

Seul le cheikh Zageo Al Farrahn possédait le pouvoir de décision. Quant à elle, elle n'avait rien à dire. Chez lui, les femmes vivaient à part. Et se taisaient.

Peu à peu, le soleil descendait à l'horizon, dans un fabuleux flamboiement de couleurs. Les ténors africains se mirent à chanter l'un des airs qu'ils avaient répétés pendant l'après-midi. Emily descendit, s'installa sur une terrasse de bois exotique et, tout en sirotant le jus de fruits tropicaux qu'on lui avait apporté, contempla le coucher du soleil.

Quant à Zageo… il demeurait invisible. Il devait se trouver avec les personnages politiques importants, de l'autre côté des jardins.

Elle s'adossa aux coussins de son fauteuil, tout en écoutant d'une oreille distraite les commentaires émerveillés d'un groupe de touristes.

Ils furent les premiers à repérer les hippopotames. A seulement quelques mètres de la berge du Zambèze, les animaux bougeaient si peu que, dans le crépuscule qui s'épaississait de seconde en seconde, on aurait pu les prendre pour de gros rochers arrondis.

Plus loin, éclairés par les derniers rayons du soleil, un

petit groupe d'éléphants traversa la rivière, allant d'une île à l'autre.

L'Afrique. La splendeur de l'Afrique éternelle !

Comme Emily regrettait que Zageo ne soit pas avec elle, en cet instant ! Ç'aurait été si bon, si doux de partager un pareil spectacle avec lui. Hélas, il ne voulait plus la voir. Et — elle avait pu le constater avec Véronique —, lorsqu'il décrétait que tout était fini, il ne fallait pas espérer le voir changer d'avis.

Son cœur était lourd. Zageo lui manquait tant ! Physiquement, intellectuellement, émotionnellement… Et même si elle savait que leur relation ne serait que très provisoire, elle ne pouvait se résigner à le perdre.

Certes, ils étaient très différents. Un Oriental, une Occidentale. L'eau et le feu. Malgré tout, ils s'étaient découvert tant de points communs !

Elle regrettait de lui avoir fait cette horrible proposition… Elle s'était pratiquement vendue. Oui, vendue ! N'avait-elle pas commis la bêtise de lui parler d'un accord, d'un marché ?

Que d'erreurs ! Des erreurs probablement irréparables…

Elle remonta dans sa suite et observa le dîner qui se déroulait sous la grande tente. Les invités semblaient être traités royalement, même si, du balcon, elle ne pouvait distinguer que le ballet sans fin des serveurs en uniforme blanc orné d'épaulettes dorées. Il ne lui fallait pas espérer voir Zageo, même de loin.

Elle soupira. De toute manière, cela ne changerait pas grand-chose, pensa-t-elle.

Découragée, elle se mit au lit. Ce grand lit dans lequel elle se sentait si seule… Pendant des heures, elle se tourna et se retourna, cherchant en vain le sommeil.

Et lorsqu'elle réussit enfin à s'endormir, elle fut réveillée en sursaut.

Une haute silhouette se tenait à quelques mètres d'elle. Dans la pénombre, elle ne parvenait pas à distinguer ses traits, mais elle sut immédiatement que c'était Zageo.

Aussitôt, le soulagement l'envahit, en même temps qu'un espoir intense.

— Zageo ? dit-elle d'une voix qui trahissait sa joie. Je suis si contente que tu sois là !

Il restait volontairement à distance. Et Emily devina qu'il regrettait de l'avoir réveillée. Etait-il seulement venu la voir dormir ? Mais pourquoi ?

Lui manquait-elle ? La désirait-il toujours ? Autant qu'elle le désirait ? Peut-être… Mais son orgueil l'empêcherait de l'admettre, pensa-t-elle.

— Tu es contente ? lança-t-il d'un ton dur. Parce que tu veux des nouvelles de ta sœur, sans doute ?

Emily s'assit au milieu du grand lit.

— Non. Je regrette de t'avoir fait croire que je restais avec toi seulement pour obtenir quelque chose.

— Ce n'est pas vrai ? interrogea-t-il d'un ton sarcastique.

Elle laissa échapper un petit soupir.

— Tu sais bien que non.

— Ton petit jeu ne marche pas, Emily. Si tu t'imagines que je vais me laisser prendre à des cajoleries de comédie…

— Zageo ! s'exclama-t-elle, horrifiée. Tu crois que je triche ! Non ! Non, non et non !

Toute honte bue, elle avoua :

— Je… j'étais heureuse avec toi. Tu… tu es un amant fabuleux, et toute ma vie je me souviendrai des moments que nous avons passés ensemble.

— Tu ne te refuseras plus à moi sous prétexte que je n'ai pas…

— Non ! Je t'en supplie, oublie les bêtises que j'ai pu dire ! J'ai besoin de toi.

Sans hésiter, elle lui ouvrit les bras.

— Viens.

Le cœur battant à tout rompre, elle attendit sa réaction. Une réaction qui fut interminable à venir… Il restait immobile, silencieux. Puis, enfin, il prit la parole :

— Tu as envie de moi ?

— Oui.

— Prouve-le.

Sa voix restait très dure.

— Prouve-moi que ce que je ferai demain ne sera pas en pure perte.

Demain… Hannah ? Grâce au ciel, elle réussit à ne pas poser de questions, sachant que si elle avait le malheur de mentionner le nom de sa sœur, il se fâcherait de nouveau. Son intuition lui disait qu'elle devait absolument lui montrer qu'il comptait vraiment pour elle. Qu'il comptait plus que tout.

Sans hésiter, elle sauta hors du lit. Il ne bougea pas.

Il portait l'un des peignoirs en tissu éponge blanc fournis par l'hôtel. Quant à elle, elle s'était glissée entre les draps sans le moindre vêtement, espérant que, peut-être, Zageo la rejoindrait.

Elle avait hâte de le toucher, de le caresser, de le sentir… Toutes ses inhibitions, en face de l'homme qui avait su éveiller son corps au plaisir, s'étaient depuis longtemps envolées.

Avec détermination, elle dénoua la ceinture du peignoir qui glissa sur le sol.

Zageo ne bougeait toujours pas. Sans se laisser démonter, elle le frôla de ses seins avec une folle sensualité. Puis, les yeux clos, elle se mit à le caresser. Partout. Lentement, voluptueusement…

Sous ses doigts, elle sentit ses muscles se raidir.

— Détends-toi, Zageo, murmura-t-elle. Je ne veux pas me battre avec toi. Je veux te faire l'amour.

Il ne répondit pas. Sans cesser de le caresser, elle poursuivit d'une voix presque inaudible :

— Tu as su éveiller mes sens… Tu m'as appris mille choses que j'ignorais. Je te veux, oui. Je te désire.

Elle baissa encore la voix.

— J'ai besoin de toi.

Soudain, il s'anima. La soulevant sans effort, il l'allongea sur le grand lit et l'écrasa de tout son poids. Son visage n'était plus qu'à quelques centimètres de celui de la jeune femme. Dans la pénombre, elle vit ses yeux étinceler.

— Ne joue plus jamais avec moi, Emily.

— Je ne jouais pas, je te le jure.

Elle s'arqua contre lui, tout en douceur contre ce corps

puissant et musclé. Elle avait faim de lui, elle voulait lui appartenir cette nuit, le lendemain, tous les jours. Toujours.

Un rêve impossible, elle le savait. Mais tant qu'il durerait, autant le vivre pleinement.

Très vite, ils ne furent plus qu'un. Elle se donna à lui comme jamais, peut-être, elle ne s'était donnée. Ils montèrent haut, très haut, atteignant des sommets d'une volupté inouïe. Et, ensemble, ils atteignirent l'extase.

Puis, épuisés, leurs sens enfin apaisés, ils s'endormirent dans les bras l'un de l'autre.

Lorsque Emily se réveilla, le lendemain matin, elle était seule dans le grand lit. Zageo l'avait quittée silencieusement.

Pourquoi ?

Elle se souvint de ce qu'il lui avait dit, la veille : « Prouve-moi que ce que je ferai demain ne sera pas en pure perte. » Hannah ? Avait-il décidé d'entreprendre quelque chose pour la sauver ? Ou bien dormait-il dans la suite voisine ?

Zageo n'était pas homme à faire des promesses en l'air. Il avait décidé d'agir… Comment ? Fidèle à lui-même, il s'était bien gardé de le lui dire.

Emily courut dans la salle de bains. Elle avait hâte de se doucher, de s'habiller… Il fallait qu'elle soit prête à toute éventualité.

15.

Prenant son courage à deux mains, Emily alla frapper à la porte de communication. Après les moments exceptionnels qu'ils avaient partagés la nuit dernière, elle estimait avoir le droit de lui dire… au moins bonjour.

Pas de réponse. C'était décevant, mais, à 9 heures du matin, elle s'y attendait plus ou moins.

Elle descendit et jeta un coup d'œil dans la salle à manger et sur la terrasse où les clients prenaient leur petit déjeuner. Zageo ne semblait être nulle part en vue — pas plus, d'ailleurs, que son fidèle assistant, Abdul Haji.

En traversant le hall, elle aperçut Leila, la jeune employée zambienne qui, la veille, avait été chargée de la conduire dans sa suite.

— Bonjour, Leila. Avez-vous vu le prince ce matin ?

— Oui, mademoiselle. Il est parti de très bonne heure avec M. Haji. Le jour se levait à peine.

— Ils ne sont pas encore revenus ?

— M. Haji est de retour, je l'ai vu se promener près des berges. Voulez-vous que j'aille le chercher ?

— Non, ce n'est pas la peine. Merci.

Abdul ne lui devait rien. Il risquait de se froisser en se voyant ainsi convoqué par la maîtresse du cheikh. Toutefois, si elle le rencontrait par hasard…

— Avez-vous besoin de quelque chose, mademoiselle ? demanda Leila.

— Rien, merci. Je vais flâner un peu en attendant le retour de… de Son Altesse.

Peu à peu, elle s'habituait à cette formule qui lui avait semblé tellement ridicule au début.

Où avait bien pu aller Zageo ?

Abdul pourrait certainement la renseigner. Mais il fallait d'abord le trouver. Après avoir exploré les jardins, puis les berges du fleuve, elle revint vers la réception de l'hôtel et alla d'un salon à l'autre.

Elle s'attarda un peu plus longtemps dans le salon Livingstone — qui devait son nom à l'explorateur David Livingstone. Après avoir découvert les chutes du Zambèze en 1856, il les avait baptisées chutes Victoria en l'honneur de la reine d'Angleterre. Ce salon était décoré comme un club colonial britannique à l'ancienne : des fauteuils en cuir, des tables de jeu, des journaux.

Mais Abdul ne se trouvait pas là non plus.

Emily sortit sur la terrasse, d'où l'on dominait les jardins. A la place de la tente blanche, on ne voyait plus qu'un gazon impeccable ombragé par les grands arbres au feuillage vernissé. Poursuivant son exploration, elle passa près de la piscine, longea les élégantes tentes où l'on proposait différentes sortes de massages.

Et soudain, elle aperçut Abdul, qui, accoudé à la rambarde, contemplait d'un air soucieux l'eau qui se précipitait en contrebas.

Quand elle accéléra le pas pour le rejoindre, il lui lança un regard si hostile qu'elle marqua un mouvement d'hésitation.

Il eut un geste agacé.

— Pas encore de nouvelles. Il faut attendre.

Attendre quoi ? En tout cas, Abdul semblait en savoir plus qu'elle. Peut-être, en s'y prenant avec adresse, parviendrait-elle à apprendre quelque chose ?

— Zageo est parti de très bonne heure…, avança-t-elle.

Il haussa les épaules.

— Quelle folie, cette aventure !

Son regard semblait plus hostile que jamais.

— Tenter d'arriver jusqu'à cette ferme en hélicoptère, sans autorisation officielle… Oui, quelle folie ! Par moments, je me demande si Son Altesse a toute sa tête. Et si votre beau-frère persistait dans son obstination aveugle ? Pourquoi prendre autant de risques pour une pareille tête de mule…

Emily se sentit pâlir. Pour respecter sa promesse, Zageo était prêt à tout ? Elle eut soudain l'impression que tout se mettait à tourner autour d'elle.

« Je vais m'évanouir », pensa-t-elle.

Elle s'agrippa à la rambarde.

Jamais elle ne l'aurait imaginé capable de mettre sa vie en péril. Elle pensait que sa participation se limiterait à des pourparlers diplomatiques, à des dessous de table… Mais cela ! Non, c'était trop. C'était fou. C'était…

— Je… je suis désolée, balbutia-t-elle. Je… je ne voulais pas que ça aille si loin.

Abdul haussa de nouveau les épaules.

— Quand le prince prend une décision, rien ni personne ne peut le faire changer d'avis.

Emily baissa la tête.

— Si je ne l'avais jamais rencontré…

— A quoi bon lutter contre le destin ?

Elle agrippait toujours la rambarde de ses mains tremblantes.

— Mon beau-frère fait preuve d'entêtement ?

Abdul laissa échapper un rire sans joie.

— Et comment ! Remarquez, je peux le comprendre. Un homme n'abandonne jamais facilement ce qu'il considère comme sa propriété. Mais Malcolm Coleman aurait dû admettre depuis longtemps qu'il n'avait pas le choix. Les gens comme lui doivent quitter le Zimbabwe. Hier soir, on l'a encore confirmé à Son Altesse.

Hier, au cours de la réunion… Et après cela, il était venu la trouver avant de se lancer dans une aventure qui risquait de se terminer très mal. Pour lui, pour Hannah, pour les enfants.

Submergée par le désespoir, elle murmura :

— Je n'aurais pas dû lui demander de m'aider.

— Vous le lui aviez demandé ?

— Oui, confessa-t-elle, accablée. A Zanzibar… Dans l'après-midi, j'avais trouvé cet e-mail de ma sœur. Puis Son Altesse et moi avons dîné ensemble au palais, et…

Abdul l'interrompit.

— A ce moment-là, sa décision était déjà prise.

— Quoi ?

— Après être allé sur l'île de Pemba, Son Altesse m'a fait appeler dès son retour au palais. Il m'a demandé de m'occuper du sauvetage des Coleman.

— Cela s'est passé… avant le dîner ?

— Dès son retour. Le prince souhaitait vous aider. Il a d'ailleurs dû vous le dire.

Emily ressentait une sensation de nausée. Elle avait tout gâché en se présentant à lui vêtue comme une prostituée prête à offrir — à vendre — ses charmes. A ce souvenir, elle se sentit envahie par l'humiliation.

« Je peux comprendre pourquoi il était si furieux », pensa-t-elle.

— La situation politique au Zimbabwe est très difficile, reprit Abdul. Nous avons essayé d'entreprendre des négociations, mais elles ont toutes échoué.

Et, lors de leur dernière nuit au Kenya, elle avait accusé Zageo de ne rien faire !

Terriblement secouée par ces révélations, Emily se traîna jusqu'à un banc et s'y laissa tomber.

— Son Altesse a emporté votre passeport afin de prouver aux Coleman qu'il vient en ami, dit encore Abdul.

— Ah, bon ? Il a pris mon passeport, fit-elle d'une voix morne.

— Vous n'étiez pas au courant ?

— Zageo m'avait dit qu'il tenterait quelque chose, sans entrer dans les détails.

— Si tout va bien, il les ramènera ici.

— Sans… sans l'autorisation des dirigeants ?

— Pas vraiment. Ils ont promis de fermer les yeux. Mais je ne leur accorde aucune confiance.

A ce moment-là, la sonnerie de son portable retentit.

— Excusez-moi, dit-il en sortant son téléphone.

Et il s'éloigna pour pouvoir parler tranquillement. Emily attendit, à la fois terrifiée et pleine d'espoir.

Abdul la rejoignit quelques minutes plus tard. Son attitude avait complètement changé.

— Allons-y ! s'écria-t-il.

— Où ça ?

— A l'aéroport. Vous y êtes attendue aussi.

Il marchait si vite qu'elle dut trottiner pour se maintenir à sa hauteur.

— Zageo… ?

— Il est sur le chemin du retour, mais il n'est pas encore hors de danger. Il a pris l'un des hélicoptères qui emmènent les touristes au-dessus des chutes Victoria. Ces appareils ont l'autorisation de survoler une frange du territoire du Zimbabwe. Mais Son Altesse a plus que largement empiété, et si des soldats trop zélés s'en mêlent…

Emily porta la main à son cœur.

— Mon Dieu !

Elle avala sa salive.

— Ma… ma sœur ? Ses enfants ? Son mari ?

— Ils sont tous dans l'hélicoptère. Cela va les rassurer de vous voir.

Comme elle, Hannah n'avait donc pas eu confiance en Zageo ? La honte la submergea. Comment avait-elle pu le juger aussi mal alors qu'il se lançait dans une entreprise presque désespérée ? C'était l'homme le plus généreux, le plus extraordinaire du monde.

Comment pourrait-elle jamais le remercier assez ?

A l'hôtel, un minibus les attendait pour les conduire sur le terrain d'atterrissage réservé aux hélicoptères, à dix minutes de route à peine.

Ils furent accueillis par le directeur de la base aérienne, qui les conduisit immédiatement dans une salle où se trouvaient de nombreux groupes de touristes venus survoler les chutes. Des baies vitrées, on pouvait contempler le ballet sans fin des hélicoptères qui décollaient ou se posaient.

Le directeur indiqua un point noir à l'horizon.

— Le voilà. Descendons.

— Pas de problèmes ? demanda Abdul.

— Pour le vol, non : notre meilleur pilote est aux commandes.

L'angoisse étreignit Emily.

— Y a-t-il des blessés ?

— Pas à ma connaissance. Ils n'ont pas demandé d'aide médicale d'urgence, en tout cas.

Ils sortirent. Le point noir grossissait d'instant en instant. Puis, l'hélicoptère atterrit sur une piste circulaire cimentée, située à une cinquantaine de mètres d'eux. Si près que l'air soulevé par les pales fit voler les longs cheveux d'Emily, et plaqua sa légère robe de lin sur elle.

L'angoisse et l'espoir la submergeaient tout à la fois. Elle avait hâte de voir Hannah et sa famille. Mais quelle serait leur réaction ? Allaient-ils la remercier pour son aide ? Ou bien lui en voudraient-ils de s'être mêlée de tout cela ?

Zageo sauta en bas le premier. Aussitôt, son regard rencontra celui d'Emily. « Voilà. J'ai payé, moi aussi », semblait-il dire.

Hannah descendit à son tour. Hannah, sa sœur qui n'avait pas réussi à arriver à Zanzibar. Sa sœur grâce à qui — ou par la faute de qui — elle et Zageo s'étaient rencontrés.

Mais, pensa-t-elle en frémissant, maintenant qu'ils avaient, chacun de leur côté, rempli leur part du contrat, voudrait-il encore d'elle ?

16.

Quelle journée étrange ! D'un côté, Emily ressentait une joie et un soulagement intenses à l'idée d'avoir retrouvé sa sœur saine et sauve. Et, de l'autre, elle était submergée par l'anxiété.

Car elle n'avait aucune idée de ce qui l'attendait. Où en était-elle désormais avec Zageo ? Comment aurait-elle pu le savoir : ils n'avaient pas encore eu l'occasion d'échanger deux mots.

En effet, dès leur retour à l'hôtel, le prince l'avait laissée en compagnie de sa famille. Fallait-il considérer cela comme une marque de tact… ou d'indifférence ?

Hannah ne cessait de la bombarder de questions. Où avait-elle rencontré ce cheikh ? Depuis combien de temps le connaissait-elle ? Quelle était exactement leur relation ? Pourquoi un homme comme lui s'était-il donné la peine, au risque de sa vie, d'aller les chercher jusqu'au cœur du Zimbabwe ?

Mais Emily n'avait pas encore entendu le pire…

— Tu ne t'es quand même pas vendue à lui en échange de notre sauvetage ? demanda Hannah avec un air faussement horrifié.

Elle plaisantait. Mais pas tout à fait. Emily avait vu une lueur inquiète briller dans ses prunelles aussi bleues que les siennes.

— Zageo est toujours prêt à rendre service…, prétendit-elle.

— Et il est superbe !

Hannah porta la main à son cœur.

— Superbe ! répéta-t-elle.

Son inquiétude à présent oubliée, elle hocha la tête d'un air approbateur.

— Tu as de la chance, assura-t-elle, tenant pour acquis le fait que sa sœur et le prince vivaient une merveilleuse histoire d'amour. Pour le moment, du moins… Mais je me demande combien de temps ça va durer ?

— Le plus longtemps possible, j'espère, répondit Emily, consciente du fait que tout était peut-être *déjà* fini.

— Bravo ! s'écria Hannah avec un sourire encourageant. Et permets-moi un conseil d'aînée…

— Oui ?

— Même s'il rompt dans quelques semaines, tâche d'en profiter au maximum. Tu as de la chance : tout le monde ne vit pas une belle aventure avec un prince fabuleusement riche. Et fabuleusement séduisant !

Même s'il rompt dans quelques semaines… Cette petite phrase ne cessait de résonner aux oreilles d'Emily. Bien sûr, sa sœur ne lui avait rien appris de nouveau. Elle savait parfaitement que tout cela aurait une fin.

Après avoir accompagné les Coleman jusqu'au luxueux bungalow qui avait été gracieusement mis à leur disposition par la direction de l'hôtel, sur les instructions de Zageo, Emily regagna sa propre chambre à pas lents.

Elle avait cru que son mariage avec Brian durerait toujours. Du moins pendant cinquante ou soixante ans ! « Jusqu'à ce que la mort vous sépare… » Qui aurait jamais pu deviner que la mort, justement, les séparerait si vite ? Comment connaître l'avenir ?

Au lieu d'entrer dans sa suite, elle alla frapper à la porte voisine. Celle de Zageo. Pas de réponse.

Elle n'allait donc pas pouvoir parler avec lui des événements de la journée ? Très déçue, elle introduisit sa carte dans la serrure de sa propre chambre.

« J'ai tort de me montrer trop insistante. Cela n'a pas réussi à Véronique… », se dit-elle.

Lorsque Zageo déciderait qu'il ne voulait plus d'elle, elle savait déjà qu'il ne servirait à rien de protester. Tenter de le faire changer d'avis ? Autant s'adresser à un mur.

Le lendemain, le jet privé du prince devait conduire Hannah et les siens jusqu'à Johannesburg, en Afrique du Sud, où des places leur étaient déjà réservées sur un vol régulier pour l'Australie. Emily n'en savait rien encore, mais peut-être qu'elle serait priée de les accompagner ? Cette nuit-là était peut-être la dernière qu'elle passait à proximité de Zageo.

Le cœur lourd, elle pénétra dans une chambre où elle savait déjà qu'elle allait se sentir bien seule. A moins que Zageo ne vienne la rejoindre ?

Le cœur de la jeune femme bondit dans sa poitrine. Il était sur le balcon ! Si elle s'était écoutée, elle se serait jetée dans ses bras et l'aurait dévoré de baisers, tout en le remerciant. Ç'aurait été tellement naturel…

Mais à cause de ce marché qu'elle lui avait proposé, il n'y avait rien de naturel dans leur relation. Etrangement intimidée, Emily demeurait clouée sur place, attendant qu'il parle.

— Tout se passe bien pour ta famille ? demanda-t-il poliment.

— Oui, grâce à toi, fit-elle d'une voix étranglée par l'émotion. Ils ont vécu un grand traumatisme, mais ils sont sains et saufs. N'est-ce pas le principal ?

— J'étais préparé à ce que ton beau-frère tente de discuter. Il n'a même pas essayé. Il en était arrivé de lui-même à la conclusion qu'il lui était impossible de rester au Zimbabwe.

— C'est ce qu'il m'a dit. Zageo, je te serai éternellement reconnaissante de les avoir sauvés.

Elle prit une profonde inspiration avant de poursuivre :

— Mais quand… quand nous avons conclu ce… ce marché, je n'aurais jamais pensé que… que tu serais capable de mettre ta propre vie en péril.

— Je ne pouvais pas faire moins.

— J'ai eu si peur pour toi !

Il haussa les sourcils.

— Vraiment ?

— Oh, Zageo ! s'exclama-t-elle, choquée par son scepticisme. J'étais morte d'angoisse !

— Tu te serais inquiétée pour n'importe qui se trouvant en danger.

D'un ton léger, il ajouta :

— Enfin, tout est bien qui finit bien. Tu n'as plus besoin d'avoir peur.

Bien sûr, pensa-t-elle, sinon de le perdre…

— Voici ton passeport, déclara-t-il. Tu es libre d'aller où tu veux. Peut-être à Johannesburg avec ta sœur demain ?

Un morne désespoir envahit Emily. Ce qu'elle redoutait tant venait de se produire.

— Tu… tu ne veux plus de moi ?

Avec une soudaine colère, Zageo répliqua :

— Ne renverse pas les rôles, s'il te plaît ! Tu m'as souvent dit que je ne te laissais aucun choix. Eh bien, tu l'as maintenant, le choix ! Rien ne te retient, ni personne. Surtout pas moi !

— Zageo, je… j'ai envie d'être avec toi, avoua-t-elle dans un murmure. Où que tu ailles.

— Pour faire du tourisme en Afrique ? rétorqua-t-il d'un ton plein de sarcasme. Pour voyager en jet privé, séjourner dans des palaces ?

— Cela me serait bien égal de prendre des bus brinquebalants et de loger dans des pensions minables… à condition d'être avec toi, dit-elle.

— Ah ! s'exclama-t-il, comme saisi par une illumination soudaine. Alors, c'est le sexe qui t'intéresse ?

La brutalité de ses paroles la fit ciller. Malgré tout, comprenant que c'était sa dernière chance, elle répliqua :

— Au début, lorsque tu as décidé de me garder au palais, c'était parce que je te plaisais physiquement. Et la nuit dernière, je n'ai pas eu l'impression que tu en avais assez de moi.

— Beaucoup d'hommes ont besoin d'une stimulation de ce genre avant d'affronter la mort.

Humiliée par cette réponse, Emily s'écria :

— Tu m'as utilisée parce que j'étais là ? Une autre aurait aussi bien convenu ?

— Ne m'as-tu pas toi-même utilisé ?

D'une certaine façon, c'était la vérité, elle devait bien l'admettre. Mais elle était bien décidée à se battre jusqu'au bout. Pour elle, l'enjeu était trop important.

— M. Haji m'a dit ce matin que tu avais décidé d'aider Hannah avant même que je ne te le demande. Je m'en veux de t'avoir mal jugé. Mais j'ai une excuse…

— Ah, bon ? Laquelle ?

— Oui. J'étais présente quand tu as rompu avec Véronique. Je me suis dit que tu me traiterais de la même façon dès que tu te serais lassé de moi.

Il laissa échapper un rire dur.

— Avec Véronique, je savais ce que j'achetais. La plupart des femmes sont comme elles. Vénales. Mais toi, tu es différente…

— Toi aussi ! s'écria-t-elle. Avec toi, j'ai toujours l'impression de marcher sur du verre. Imagine un peu : nos cultures, nos modes de vie sont tellement différents !

— C'est exact.

— Malgré tout, nous avons trouvé un terrain d'entente. Et… si nous restions plus longtemps ensemble, je suis sûre que nous en découvririons d'autres. Pas seulement au lit, mais dans d'autres domaines. L'art, les voyages, le sport…

Emily avait l'impression de ne plus pouvoir respirer. Elle venait de plaider sa cause, mais Zageo l'avait-il seulement entendue ?

Un long silence s'installa.

— Si je comprends bien, dit-il enfin, tu souhaites continuer ce voyage avec moi ?

— Oui.

— Nous serons amis… et amants ?

— Oui.

— Plus de marchandage ?

— Non.

Zageo crispa les poings. La sagesse, il le savait, serait de laisser partir cette femme. Sans autre discours, et sans délai.

— Emily, reprit-il. La liberté de choix est un leurre. Cela n'existe pas plus dans ta culture que dans la mienne. Nous agissons tous selon les valeurs qui nous ont été transmises par notre éducation.

— Nous pourrions apprendre à mieux nous connaître, accepter quelques compromis…

— Non.

Abdul avait raison. Depuis que cette femme était entrée dans sa vie, il n'était plus le même. Il devait absolument se reprendre.

— Nous avons tous les deux respecté notre parole, déclara-t-il. A présent, ce qui nous réunissait n'existe plus.

Emily parut s'affaisser. Et ce fut d'une voix pratiquement inaudible qu'elle balbutia :

— Est-ce… un adieu ?

— Oui.

Emily n'insista pas. Elle demeura très droite, le regard perdu au loin, tandis que le prince se dirigeait vers la porte de communication.

Au moment de sortir, il se retourna et vit des larmes silencieuses couler sur les joues de la jeune femme.

Il s'immobilisa. Souvent, il avait pensé qu'Emily était une femme spéciale, une femme différente de toutes les autres. Lorsqu'elle se donnait, elle se donnait entièrement. De tout son corps, de toute son âme, et de tout son cœur aussi — peut-être…

Pourquoi refuser tout cela ? Pourquoi ne pas relever le défi et la garder à ses côtés ?

— Je n'ai pas eu le temps de te remercier, dit-elle avec dignité, sans le regarder. Tu as sauvé ma famille. Et tu as fait beaucoup pour moi. Merci, Zageo.

Il fit brusquement demi-tour et la saisit par la taille.

— Regarde-moi.

Elle leva vers lui des yeux baignés de larmes.

— Ce voyage dans l'inconnu à la destination incertaine… Te souviens-tu de notre conversation ?

— Oui.

Il n'hésita plus.

— On repart, si tu veux. Comme amis, comme amants.

Elle se jeta à son cou, et leurs lèvres se rencontrèrent dans un baiser passionné.

17.

« Le dernier hôtel de la chaîne Al Farrahn », pensa Emily en admirant la vue spectaculaire qu'elle pouvait contempler de sa terrasse.

La baie du Cap… Ils se trouvaient maintenant en Afrique du Sud. Le voyage touchait à sa fin. Un voyage de trois mois, tout bonnement extraordinaire. Quel continent fabuleux ! Ses couleurs, ses paysages à couper le souffle, son artisanat, sa flore, sa faune… Et, bien sûr, la gentillesse, l'hospitalité des habitants.

La prochaine étape ? Dubaï.

A cette pensée, Emily se sentit envahie par l'appréhension. En Afrique, personne n'avait paru trouver leur relation étrange. Il en irait tout autrement dans un pays arabe. Comment serait traitée la… la concubine ? La favorite du prince ?

Zageo déciderait peut-être de l'installer dans une ville européenne, afin de lui éviter un trop grand choc culturel. « Londres, Paris, Rome… n'importe où. Cela m'est bien égal. » Tout ce qui comptait pour elle ? Rester avec Zageo. Et cela, même si elle ne le voyait que de temps en temps, quand son emploi du temps lui permettrait de lui rendre visite.

« Il m'est devenu aussi indispensable que l'air que je respire, que l'eau que je bois », se dit-elle. « Je l'aime de tout mon cœur, de tout mon corps et de toute mon âme. Je ne peux pas me passer de lui. »

La voix de Zageo la ramena à l'instant présent.

— Eh bien, Véronique ne m'a pas pleuré longtemps ! remarqua-t-il, sarcastique.

A la seule mention du nom de celle qui l'avait précédée, Emily se sentit glacée. Elle venait tout juste de penser à Paris… Or c'était là que Zageo et Véronique s'étaient aimés pendant deux ans.

« Cela durera-t-il aussi longtemps pour nous ? » se demanda-t-elle avec angoisse.

Zageo ferma le quotidien britannique qu'il était en train de lire.

— Elle va épouser Claus Eisenberg, l'industriel allemand. Pour lui, ce sera un troisième mariage avec un top model. Je ne crois pas que ça durera plus longtemps avec Véronique qu'avec les autres. Mais comme elle ne cherche pas un amour éternel…

Son ton moqueur incita Emily à demander :

— Et toi, Zageo, crois-tu que l'amour puisse durer ?

— Oui, répondit-il sans hésiter. Mes parents ne peuvent pas se passer l'un de l'autre. Ils s'aiment comme au premier jour.

— Ils ont beaucoup de chance.

— D'après ce que tu m'as dit, tes parents aussi s'entendent à merveille.

Il désigna l'ordinateur qu'il lui avait offert pour qu'elle puisse être en contact régulier avec les siens.

— Tu n'as pas consulté tes e-mails aujourd'hui.

— Tu as raison. Je vais voir si j'ai du courrier.

Zageo pensait vraiment à tout. Cet ordinateur, par exemple… Elle ne l'avait pas demandé. D'ailleurs, elle ne lui avait jamais rien demandé. Ce qui ne l'avait pas empêché de la couvrir de cadeaux. Par exemple, tous ces vêtements somptueux qui s'entassaient dans les placards…

— La femme qui m'accompagne se doit d'être très élégante, décrétait-il lorsqu'elle protestait.

Dès qu'elle eut accès à ses e-mails, elle vit qu'un message d'Hannah était arrivé. Elle s'empressa de l'ouvrir.

— Des nouvelles de ma sœur ! annonça-t-elle, heureuse de pouvoir tout partager avec lui.

— Que raconte-t-elle ?

— Malcolm semble content de son nouveau travail. Il a

pris la direction de la ferme de canne à sucre de mon père. Jenny et Sally ont maintenant des tas de petits amis. Cela leur fait beaucoup de bien, elles qui n'avaient aucun contact avec d'autres enfants quand elles vivaient à la ferme. Et Hannah… Oh, quelle bonne nouvelle !

Elle battit des mains.

— Hannah est enceinte ! Elle rêvait d'avoir un troisième enfant, mais Malcolm et elle avaient hésité jusqu'à présent : la situation au Zimbabwe était tellement instable ! J'espère qu'elle aura un garçon, cette fois.

— Tu pourrais t'imaginer avec trois enfants ?

— Je préférerais quatre. Deux filles et deux garçons.

— Quatre ? Sais-tu que cela représente un nombre important dans de nombreuses religions ?

— Vraiment ?

— Mais oui. Même dans ta religion chrétienne. Par exemple, les quatre cavaliers de l'Apocalypse…

Il continua à parler tandis qu'elle l'écoutait, fascinée. Il savait tant de choses !

Soudain, il se leva.

— Dépêche-toi de répondre à Hannah. N'oublie pas de lui transmettre, ainsi qu'à Malcolm, toutes mes félicitations pour la future naissance. Puis je t'emmène.

— Où ?

— J'ai quelque chose à te montrer.

En voyant la longue Mercedes décapotable qui les attendait devant l'hôtel, Emily laissa échapper une exclamation admirative.

— Oh, là, là, quelle voiture ! Et c'est pour nous ?

Zageo éclata de rire.

— Bien sûr. Par cette belle journée, qu'y a-t-il de mieux que de se promener cheveux au vent ?

— Quelle bonne idée !

L'enthousiasme de la jeune femme fit sourire Zageo. Elle ne protestait plus quand il l'entraînait dans des expéditions qu'elle aurait trouvées extravagantes, quelques semaines auparavant. Quand cela lui plaisait, à lui, cela lui plaisait à elle aussi.

Le chauffeur en uniforme s'empressa d'ouvrir les portières. Puis, il mit le contact et démarra en douceur. Ils longèrent la côte pour arriver au cap de Bonne-Espérance, à l'extrême sud du continent africain. Cette pointe rocheuse, surmontée par un phare, représentait le but de promenade de nombreux touristes. Un escalier interminable permettait d'en atteindre le sommet.

— Que préfères-tu ? demanda Zageo. Monter à pied ou prendre le funiculaire.

— Marchons ! Cela nous laissera le temps d'admirer la vue.

Main dans la main, ils commencèrent l'ascension. Emily adorait quand ils marchaient ainsi, du même pas, les doigts entremêlés.

« Profite à fond de cet instant », se dit-elle une fois de plus.

La mort de Brian lui avait fait comprendre la fragilité de l'existence, la précarité des choses. Autant vivre le moment présent, sans trop compter sur le lendemain.

Ils firent une première halte sur une plate-forme. Tout en contemplant les falaises et l'océan, Emily déclara :

— Toi qui aimes tant la mer, tu devrais venir en Australie. Si tu voyais les plages au nord de Cairns ! Des plages de sable blanc interminables. Et la Grande Barrière de corail ! Il y a aussi ces incroyables formations rocheuses, près de Victoria, qu'on appelle les Douze Apôtres, et…

Elle s'arrêta brusquement en le voyant sourire. Se moquait-il d'elle ?

— Si tu acceptes de me servir de guide, dit-il en lui pressant la main, je t'accompagnerai volontiers là-bas.

Emily se sentit soudain plus légère. Ces quelques mots suffisaient à son bonheur. La rupture n'était pas encore trop proche… Car elle ne se faisait aucune illusion. Tout cela n'aurait qu'un temps. Il ne lui fallait pas espérer passer le reste de sa vie auprès de celui qu'elle aimait passionnément. Non, le cheikh Zageo Al Farrahn et une certaine petite Australienne ne vieilliraient pas ensemble.

Elle en était consciente et se contentait, pour le moment,

de savourer sa présence à chaque instant. Elle amassait des souvenirs merveilleux.

Ils arrivèrent enfin au sommet et s'accoudèrent au mur de protection. Zageo la prit par la taille et se pencha vers elle.

— Voici l'endroit où se rencontrent deux grands océans, déclara-t-il avec une pointe de grandiloquence. L'océan Atlantique et l'océan Indien.

Sa joue frôla les cheveux de la jeune femme.

— Deux grands océans…, répéta-t-elle. Et, bizarrement, on ne voit aucune différence, ni dans la couleur des vagues, ni dans les courants.

— Ils se fondent harmonieusement. La nature l'a voulu ainsi. Seuls les hommes tiennent à établir des démarcations.

Emily soupira.

— Tu as raison… hélas !

— Aurais-tu assez de courage pour mêler ta vie à la mienne ? demanda soudain Zageo.

Le cœur d'Emily se mit à battre la chamade. Que voulait-il dire exactement ? Leurs vies ne se trouvaient-elles pas déjà suffisamment mêlées ?

— J'ai assez de courage pour tout entreprendre avec toi, s'entendit-elle répondre.

Et une certaine anxiété l'envahit. Où voulait-il en venir ? Elle n'en avait aucune idée mais elle devinait qu'il s'agissait de quelque chose d'important.

Il lui effleura les lèvres d'un léger baiser.

— Nous sommes parvenus à oublier toutes nos différences. Comme ces deux océans, nous ne faisons qu'un. Emily, veux-tu m'épouser ? Braver les idées reçues, les préjugés ? Devenir la mère de mes enfants ? Rester à mes côtés, quelles que soient les difficultés que l'avenir nous réserve ?

Une telle proposition, à laquelle elle n'aurait jamais osé songer, laissa Emily sans voix. La respiration coupée, elle le fixait avec une stupeur indicible.

— Emily ? murmura Zageo.

Elle se lova contre lui.

— Oui ! Oh, oui ! Je suis à toi, pour toujours. Parce que…

L'aveu qu'elle avait réussi à retenir jusqu'à présent lui vint spontanément aux lèvres.

— Parce que je t'aime.

Il l'étreignit follement.

— Et parce que, moi aussi, je t'aime, fit-il en écho.

A paraître le 1er septembre

Best-Sellers n°526 • roman

Le temps d'un été - Emilie Richards

Trois femmes – Tessa, sa mère et sa grand-mère – se retrouvent dans la propriété familiale, une grande demeure de Virginie, chargée d'histoire et de souvenirs, où ont vécu plusieurs générations avant elle. Tessa, la plus jeune des trois, noyée dans le chagrin d'avoir perdu sa petite fille, s'est éloignée peu à peu de son mari. Nancy, sa mère, n'a quant à elle jamais cessé de lutter pour échapper à ses origines. Mais à présent qu'elle mène une vie confortable et mondaine, elle est persuadée que son mari ne l'a pas épousée par amour, et qu'elle a trahi celle qu'elle est vraiment. Helen, la grand-mère, est une battante qui a fait face aux épreuves toute sa vie durant, mais s'est murée dans une solitude têtue, prétendant n'avoir besoin de personne et négligeant ses talents artistiques. Toutes trois, bien qu'unies par un lien indestructible, se sont repliées sur leurs propres blessures. Mais si chacune est hantée par un secret douloureux, elles vont tenter, le temps d'un été, de se remettre à croire en l'espoir.

Best-Sellers n°527 • roman

Un été au lac des Saules - Susan Wiggs

A vingt-sept ans, Olivia Bellamy a déjà deux fiançailles annulées derrière elle. Et alors qu'elle s'attend à une demande en mariage, son petit ami lui annonce leur rupture. Pour tromper son désespoir, elle accepte la proposition de sa grand-mère : passer l'été au lac des Saules pour remettre en état le camp de vacances appartenant à ses grands-parents et où, enfant, elle a passé tous ses étés. Pour la décoratrice de talent qu'elle est, la mission est passionnante. D'autant plus que l'endroit est paradisiaque et empreint de nostalgie… même s'il ne lui évoque pas que de bons souvenirs. Adolescente mal dans sa peau et fragilisée par le divorce de ses parents, elle y a, à l'époque, beaucoup souffert. Une seule personne, alors, l'aidait à supporter le rejet des autres… une personne à laquelle elle se refuse de penser : le passé est passé. Mais voilà que, le jour où se présente l'entrepreneur venu l'aider à réaliser son projet, elle reconnaît avec stupéfaction Connor Davis, le garçon qu'elle a secrètement aimé durant son adolescence… et qui lui a brisé le cœur.

Best-Sellers n°528 • thriller

Jusqu'au bout du mal - Michelle Gagnon

A peine remise d'une grave blessure et déterminée à retrouver sa confiance en elle après avoir frôlé la mort, l'agent spécial Kelly Jones refuse l'idée de ne pas reprendre le travail sur le terrain. Aussi décide-t-elle envers et contre tout d'accompagner Jake Riley, son fiancé, ainsi que son équipe d'élite, pour d'une périlleuse mission de libération d'otage. Une mission qui la conduit dans les bas-fonds de Mexico. Mais malgré son courage, Kelly redoute secrètement de ne plus être à la hauteur. C'est alors que dans les bidonvilles de Mexico, elle retrouve l'homme qu'elle recherche depuis des années. Un tueur machiavélique qui semble désormais mettre en scène un effroyable rituel macabre en choisissant ses victimes, des enfants, dans la frange la plus pauvre de la société. Horrifiée et décidée à saisir cette ultime chance de faire ses preuves, Kelly se sépare momentanément de Jake et de son équipe pour se lancer seule dans une mission plus périlleuse que jamais…

Best-Sellers n°529 • thriller

Noire était la nuit - Lisa Jackson

Le jour de son quinzième anniversaire, à La Nouvelle-Orléans, Abby Chastain a vu sa mère se jeter par la fenêtre de l'hôpital psychiatrique Notre-Dame-des-Vertus où celle-ci vivait enfermée, victime d'hallucinations. Et personne n'a jamais su quelle terrifiante vision avait bien pu pousser Faith Chastain à commettre l'irréparable. Vingt ans plus tard, Abby est encore hantée par le souvenir de cette tragédie. L'hôpital, désormais abandonné, est promis à la destruction. Mais Abby pressent qu'il n'a pas révélé tous ses secrets. Et, lorsque des meurtres en série sont commis, elle comprend que les démons du passé sont en train de se réveiller : toutes les victimes ont un lien avec elle, ou avec l'hôpital. A commencer par son ex-mari, sauvagement assassiné. Un lien secret que l'inspecteur Montoya va devoir comprendre pour empêcher le dangereux psychopathe de poursuivre sa série macabre. Mais le tueur, lui, a d'autres plans…

Best-Sellers n°530 • thriller

Elles étaient si jolies - Andrea Ellison

Quand le lieutenant de la brigade des homicides de Nashville, Taylor Jackson, découvre la scène de crime qui l'attend au bord d'une autoroute par une étouffante journée d'été, elle reconnait instantanément la signature de l'Etrangleur du Sud : une victime jeune, jolie, et des indices macabres qui ne laissent aucun doute sur l'identité du meurtrier. Profondément choquée par cette effroyable mise en scène, Taylor est prête à tout pour arrêter l'assassin, avec l'aide de son amant Jack Baldwin, un célèbre profiler du FBI. Car elle ne s'est pas dévouée corps et âme à ce métier pour se laisser manipuler par un tueur psychopathe qui la provoque en laissant derrière lui des poèmes. Des poèmes qui vont la mener dans les beaux quartiers de Nashville qu'elle connaît bien, là où les secrets sont si bien préservés au nom des apparences.

Best-Sellers n°531 • suspense

Noire révélation - Brenda Novak

Madeline, rédactrice en chef du journal de Stillwater, n'avait que 16 ans lorsque son père, le respectable Révérend Barker, a mystérieusement disparu de la petite ville. Vingt ans ont passé depuis, et tout le monde, y compris sa belle-mère et son demi-frère, lui conseille d'oublier ces douloureux souvenirs. Mais un hasard vient bouleverser leur existence et raviver le drame : la voiture de Barker est retrouvée au fond d'une carrière abandonnée. Contre l'avis de tous, Madeline engage Hunter Solozano, un détective privé, pour l'aider à remonter cette piste. Mais de sulfureux indices sont retrouvés dans la voiture de Barker, qui laissent Madeline perplexe. Et sa propre famille, au lieu de lui venir en aide, se mure dans le silence et cherche à la détourner de son enquête. Comme si tous étaient complices d'un passé trouble, soigneusement caché à Madeline ces vingt dernières années. Comme si le démon qui s'était emparé de la ville vingt ans plus tôt était sur le point refaire surface…

Best-Sellers n°532 • historique

Le secret d'Elysse - Brenda Joyce

Irlande, 1839

Si Elysse De Varenne occupe une place d'honneur dans la haute société irlandaise, elle n'ignore pas les cruelles rumeurs qui circulent sur son mariage. Des rumeurs qu'elles s'efforcent de démentir par tous les moyens. Pas question d'admettre qu'elle n'a pas vu son époux depuis le jour où ils ont échangé leurs vœux, et encore moins que leur union n'a jamais été consommée ! Car on ne tarderait pas alors à découvrir le scandaleux secret qui a poussé le ténébreux Alexi De Varenne à l'épouser six ans plus tôt… Hélas, son personnage de parfaite épouse vole en éclats lorsqu'après six ans d'absence, Alexi décide de rentrer en Angleterre. En effet, comment continuer à faire croire en leur mariage quand l'irrésistible Alexi refuse de lui adresser la parole ?

Best-Sellers n°533 • historique

Le mystérieux fiancé - Shannon Drake

19ème siècle, Londres.

Sous la protection des Carlyle depuis son enfance, Ally a grandi dans un havre de paix, loin des troubles qui agitent le royaume. Et si cette existence dorée a des inconvénients – comme celui d'être promise à un inconnu –, Ally a bien conscience que ses origines modestes auraient pu la conduire à un sort moins enviable. Aussi est-ce résignée qu'elle se rend au bal qui officialisera ses fiançailles avec Mark Farrow, l'époux que son parrain lui a choisi. Mais alors qu'elle est en chemin, sa voiture est attaquée par un ténébreux bandit. L'homme, aussi inquiétant que séduisant, fait aussitôt naître en elle un désir implacable. Un désir qu'elle s'efforce de réprimer pour lui tenir tête : comment ose-t-il s'en prendre à elle, Alexandra Grayson, pupille du puissant comte de Carlyle ? Son argument, elle le sait, est peu convaincant… Pourtant, contre toute attente, l'homme la libère dès qu'il apprend son nom, visiblement bouleversé par sa découverte…

Composé et édité par les

éditions HARLEQUIN

Achevé d'imprimer en août 2012

CPI

BRODARD & TAUPIN

La Flèche

Dépôt légal : septembre 2012

N° d'imprimeur : 69420

Imprimé en France